陕西师范大学优秀学术著作出版资助

中国学校体育话语权研究

雷敏 著

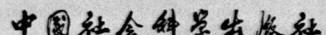

中国社会科学出版社

图书在版编目（CIP）数据

中国学校体育话语权研究 / 雷敏著. -- 北京：中国社会科学出版社，2024.11. -- ISBN 978-7-5227-4418-6

Ⅰ. G807.01

中国国家版本馆 CIP 数据核字第 2024RQ8814 号

出 版 人	赵剑英
责任编辑	吴丽平
责任校对	郝阳洋
责任印制	李寡寡
出　　版	中国社会科学出版社
社　　址	北京鼓楼西大街甲 158 号
邮　　编	100720
网　　址	http://www.csspw.cn
发 行 部	010-84083685
门 市 部	010-84029450
经　　销	新华书店及其他书店
印　　刷	北京明恒达印务有限公司
装　　订	廊坊市广阳区广增装订厂
版　　次	2024 年 11 月第 1 版
印　　次	2024 年 11 月第 1 次印刷
开　　本	710×1000　1/16
印　　张	19.5
插　　页	2
字　　数	281 千字
定　　价	108.00 元

凡购买中国社会科学出版社图书，如有质量问题请与本社营销中心联系调换
电话：010-84083683

版权所有　侵权必究

序　言

雷敏的《中国学校体育话语权研究》付梓，邀为作序。作为她的导师，我倍感欣慰。

随着话语权研究的深入和细化，学者们开始进行"体育话语权""体育国际话语权"和"竞技体育话语权"的研究，而"学校体育话语权"的研究则较为少见，尤其是学校体育话语权的理论阐释。雷敏的著作能够抓住时代发展的需求，围绕学校体育话语权进行系统研究，尤其是对学校体育话语权的概念界定和理论阐释，具有一定的创新性。

《中国学校体育话语权研究》这部著作，有几个方面给我留下了深刻印象。第一，将话语权引入学校体育领域，探索话语权力理论在学校体育领域中的展现，能够弥补学校体育话语权研究的盲点。第二，大胆尝试对"学校体育话语权"的概念进行界定和理论阐释，为"学校体育话语权"的后续研究奠定基础。第三，在内容上有所突破，探索了学校体育话语权的内容要素，找出了学校体育话语权的核心要素，并依据传播理论和软实力理论提出了我国学校体育话语权的提升策略，这对提升学校体育话语权、提高学校体育的地位及发展水平，具有积极意义。

作为探索性的研究成果，这部著作虽有诸多可取之处，但也存在一些需要进一步完善的地方。希望雷敏再接再厉，吸取专家学者们的意见和建议，以此为新的起点，产出更多优秀的成果。

目 录 | Contents

第一章 导论 …… 1
 第一节 选题依据与研究意义 …… 1
 第二节 文献综述 …… 7
 第三节 研究对象与方法 …… 46
 第四节 理论基础 …… 57

第二章 概念解析：学校体育话语权的概念与要素 …… 64
 第一节 相关概念 …… 64
 第二节 学校体育话语权的概念界定 …… 82
 第三节 学校体育话语权的要素 …… 98
 本章小结 …… 116

第三章 现状审思：我国学校体育话语权的现实状况 …… 117
 第一节 我国学校体育话语主体的现状 …… 119
 第二节 我国学校体育话语内容的现状 …… 126
 第三节 我国学校体育话语平台的现状 …… 139
 第四节 我国学校体育话语环境的现状 …… 146
 第五节 我国学校体育话语效果的现状 …… 164
 本章小结 …… 168

第四章 问题剖析：我国学校体育话语权存在的问题与原因 …… 169
 第一节 我国学校体育话语权存在的问题 ………… 169
 第二节 我国学校体育话语权不足的原因剖析 …… 192
 本章小结 ………………………………………… 209

第五章 发展策略：我国学校体育话语权的提升策略 …… 210
 第一节 实现价值认同：转变观念，树立"健康第一"的教育理念 ………………………………… 210
 第二节 促进有效表达：培养话语能力，提高话语质量 …… 214
 第三节 优化传播渠道：拓宽话语平台，提升宣传力度 …… 216
 第四节 提供制度保障：营造良好的话语环境 …… 219
 第五节 增强实力基础：提高学校体育的实力 …… 225
 第六节 完善考试制度：凸显学校体育的主体地位 …… 228
 本章小结 ………………………………………… 238

结　语 …………………………………………………… 239

附录一 调查问卷 ……………………………………… 242
附录二 访谈提纲 ……………………………………… 250
附录三 前期研究成果 ………………………………… 252

参考文献 ………………………………………………… 282

后　记 …………………………………………………… 303

第一章 导论

第一节 选题依据与研究意义

一 选题依据

20世纪70时代，米歇尔·福柯（Michel Foucault）突破"话语"的语言学研究范畴，将"话语"融入社会学研究，并结合反映各种社会关系的"权力"提出话语权力理论，用"话语权"（Discourse Power）来体现各种社会权力关系，从而反映不同话语主体的社会地位和话语影响力。学者们普遍认为，话语权是话语主体表达利益诉求的权利和权力，能够反映事物的发展水平和社会地位。不同话语主体试图获得更多的话语权，确定其权威地位[①]，从而维护并实现利益诉求。

随着社会进步和媒体发展，话语权的研究从社会学逐渐扩展到传播学领域，20世纪90年代以后，话语权研究不断深入，学术界将话语权引入政治、教育、文化、体育、媒体等行业，产生了政治话语权、教育话语权、文化话语权、体育话语权和媒体话语权等称谓。近年来，话语权研究不断深入，有研究个人、组织、国家的话语权，如教师话

---

① 梁立启等：《话语权：全球化时代中国体育的诉求》，《北京体育大学学报》2014年第11期。

语权、协会话语权、国际话语权；也有不同话语主题的话语权，如教育话语权、文化话语权等；此外，伴随新媒体时代的发展，又出现了关于网络话语权、博客话语权、微博话语权等的研究。

进入21世纪，话语权的研究范围更加广泛，伴随国际体育交流的频繁和体育全球化、国际化的发展，学者们将话语权引入体育领域，开始进行"体育话语权"的研究，重点研究国家在国际体育赛事和国际体育组织中如何提升体育话语权、建构国家形象、维护国家的体育权益。随着话语权研究的深入，学术界将话语权研究进一步细化到学校体育领域，希望通过获得更多的话语权来维护学校体育权益，有关"学校体育话语权"的研究应运而生。

(一) 教育强国体育强国建设的时代性

2020年10月，中共中央办公厅、国务院办公厅印发了《关于全面加强和改进新时代学校体育工作的意见》，意见中指出"要立足时代需求"。新时代，学校体育被摆在了更加重要和突出的位置，"学校体育是提升学生综合素质的基础性工程，是加快推进教育现代化、建设加强教育强国体育强国的重要工作"。我国教育强国和体育强国建设，需要全面加强和改进学校体育工作。学校体育作为教育的重要组成部分，具有"以体育智、以体育心"的独特教育功能①，新时代建设教育强国，必须加强学校体育工作。同时，学校体育是体育事业不可或缺的部分，体育强国不仅是竞技体育强国、社会体育强国，还是学校体育强国。在我国教育强国体育强国建设的时代背景下，进行学校体育话语权研究不仅关系学校体育的发展，还关系到教育事业和体育事业的

---

① 教育部：《中共中央办公厅、国务院办公厅印发〈关于全面加强和改进新时代学校体育工作的意见〉和〈关于全面加强和改进新时代学校美育工作的意见〉》，http://www.moe.gov.cn/jyb_xxgk/moe_1777/moe_1778/202010/t20201015_494794.html，2020年10月15日。

发展，关系到教育强国和体育强国的建设，甚至关系到国家未来的发展。因此，本书不仅适应国家在新时代进行建设教育强国和体育强国的时代需求，也是实现2035年基本形成多样化、现代化、高质量的学校体育体系远景目标的需要。

（二）学校体育发展需要的现实性

学校体育肩负着增强学生体质健康、提高学生运动水平、培养终身体育意识、提高学生体育素养、塑造学生人格、锤炼学生意志、培养学生全面发展等任务，学校体育的发展关系到亿万学生的体质健康，关系到健康中国战略的实施，是民族未来的基石。党中央和政府高度重视学校体育的重要作用，颁布一系列推动学校体育发展的政策和文件。例如，2007年中共中央、国务院颁布了第一个关于学校体育国家层面的纲领性文件——《关于加强青少年体育增强青少年体质的意见》，2012年国务院办公厅转发了教育部、发展改革委、财政部和体育总局联合颁布的《关于进一步加强学校体育工作的若干意见》，2016年国务院颁布了《关于强化学校体育促进学生身心健康全面发展的意见》，2020年中共中央、国务院颁布了《关于全面加强和改进新时代学校体育工作的意见》等。党的十九大提出健康中国的国家发展战略，健康中国建设是全方位的健康、是全民的健康，尤其是青少年的健康。青少年的健康状况不仅与学校体育工作密切相关，还需要各部门协调配合，以及家庭、学校、政府和社会的共同努力，青少年体质健康的最终落脚点是"学校体育"。

多年来，在国家政策的大力支持下，各地各部门共同努力，使得我国学校体育工作取得了许多积极的进展。但是，总体上来说，我国学校体育工作的成效相对较小，发展较为缓慢，学校体育仍然是学校教育的薄弱环节，还存在"对学校体育重要性的认识不足、体育课和课外活动时间不能保证、体育教师短缺、场地设施缺乏"等突出问题，此外,"社会力量支持学校体育不够,学生体质健康水平仍是学生素质的明显短板"①。在体育领域,与竞技体育、社会体育相比,学校体育的发展相对比较滞后;在教育领域,体育课被挤占、学校体育被边缘化的现象时有发生。总体而言,学校体育在体育领域、教育领域的地位虽然有所提升但是依旧低下。进行学校体育话语权研究将有助于提高学校体育的发展水平和社会地位,这恰好能够满足学校体育发展的现实需要。

(三) 学校体育话语权研究的迫切性

话语权是人们掌握和控制社会的权利和权力,能够体现人们的社会地位,引导社会舆论。开展学校体育话语权研究,明确学校体育话语权的概念与要素,才有可能提出切实可行的建议,真正拓展学校体育的"话语空间",为其赢得"话语听众",实现"有效传播"。争夺、拥有、提升学校体育话语权的目的在于抢占学校体育工作管理与实践的制高点,提升学校体育软实力。只有重视、提升学校体育话语权,才有可能消除学校体育"缺位"和"失语"的现象,使学校体育"有地位""有作为",从而真正提高学校体育的发展水平,提升学校体育的地位。提升学校体育话语权对于推动学校体育的发展至关重要。但是,目前关于学校体育话语权的研究极为少见,需要及时开展关于学校体育话语权研究。因此,开展学校体育话语权研究迫在眉睫。

学校体育话语权研究对于提升学校体育的地位、提高学校体育的发展水平、确立学校体育的主导权、提升学校体育软实力、推动学校体育发展等具有极为重要的积极作用。开展学校体育话语权研究,能够促使人们树立"健康第一"的教育理念,增强学校体育的社会认同,

---

① 《国务院办公厅关于强化学校体育促进学生身心健康全面发展的意见》,中国政府网,http://www.gov.cn/zhengce/content/2016-05/06/content_ 5070778.htm,2016年5月6日。

引导有利于学校体育发展的社会舆论，提高学校体育的地位，进而推动学校体育的健康、持续发展。学校体育话语权对于学校体育发展的重要性和迫切性与目前相关研究极度匮乏的矛盾，使得我们必须对学校体育话语权进行系统、深入的理论与实践研究。

二 研究意义

研究学校体育话语权，有利于从话语权的视角分析学校体育的问题所在，有助于学校体育话语主体对学校体育权益的诉求的有效表达，有利于拓宽学校体育的发展空间，保障体育教师和学生的体育权益，全面提高学生体质健康水平。进而推动健康中国建设，推动教育强国体育强国建设，加快高质量学校体育体系的形成。

（一）理论意义

1. 探索学校体育领域内话语权的理论研究

将话语权引入学校体育领域，探索话语权力理论在学校体育领域中的展现，能够弥补关于学校体育话语权研究的盲点。关于学校体育话语权的理论研究目前尚不多见，该研究还未引起学术界的普遍重视。在体育领域，关于话语权的研究主要集中在竞技体育话语权和国际话语权两个方面。在教育领域，关于话语权的研究主要集中在思想政治话语权和意识形态话语权等方面。应用话语权力理论研究学校体育，可以为学校体育的理论研究注入新鲜血液和活力，有利于学校体育理论的完善和发展，并丰富话语权力理论，为提升学校体育话语权提供理论支撑与参考。

2. 界定学校体育话语权概念的理论尝试

目前关于教育话语权和体育话语权的研究较为多见。但是，关于学校体育话语权的研究却极为少见。在教育话语权的研究中，学者们更关注的是思想政治教育话语权的研究，以及在教育领域中教师与学生享有的话语权等研究。在体育话语权的研究中，关于竞技体育话语权的研究较为普遍。学者们研究竞技体育话语权以提升国家的国际地位，以便我国的竞技体育在国际体育赛事中能够享有公平、公正的待遇，从而得到充分发展。对于"学校体育话语权"，目前还没有一个明确的定义，学校体育既是教育的基石，也是体育的重要组成部分。本书尝试对学校体育话语权进行概念界定、内涵解读和要素分析等理论研究。

（二）实践意义

1. 推动全社会树立"健康第一"的教育理念

学校体育话语权是话语主体表达自身学校体育权益诉求的权利和权力。不同话语主体为了维护自身的学校体育权益，希望争取获得更多的学校体育话语权。目前社会包括家长关于学校体育的认知不足，认同感不高，主管教育的行政部门、主管体育的行政部门、校长、体育组长、体育教师、学生等相关话语主体对于学校体育话语权的认识不足，存在认知偏差，甚至偏见。要充分享有并行使学校体育话语权，需要全社会普遍树立"健康第一"的教育理念，切实维护自身的学校体育权益。

2. 促使不同话语主体更有效地表达自身的学校体育权益诉求

对学校体育相关利益者来说，进行我国学校体育话语权研究，有助于了解我国目前学校体育话语权的现实状况、存在问题和原因所在，在提高自身认知水平和话语能力的基础上，更加高效地表达自身的利益诉求以维护学校体育相关权益。

3. 提出相应策略与建议有助于推动学校体育的发展

学校体育话语权存在的问题必将影响学校体育的发展，影响国家健康中国战略的实施，影响教育强国、体育强国建设的步伐，不利于我国教育事业和体育事业的整体发展。因此，本书通过剖析问题，寻找我国学校体育话语权不足的原因，进而提出学校体育话语权的提升策略，并对政府、社会、校领导和体育教师提出相应建议，期望能够促进学校体育的发展，提高学校体育的发展水平，提升学校体育的地位，实现学校体育的最终目标，促进学生身心健康全面地发展。

三 研究目的

对我国学校体育话语权进行研究，旨在从话语权的视角推动学校体育的发展。首先，通过对学校体育话语权进行概念界定、内涵解读和要素分析，为后续我国学校体育话语权的实践研究提供理论指导。其次，通过对我国学校体育话语权各要素的现实状况进行调查分析，发现我国学校体育话语权存在的问题以寻找我国学校体育话语权不足的原因，为最终提出切实可行的提升策略奠定基础。最后，积极探索享有、提升学校体育话语权的途径以期增加学校体育的社会认同，提高学校体育的发展水平，提升学校体育的社会地位，推动学校体育的发展，进而达到促进我国体育强国建设、教育强国建设和健康中国建设的目的。

第二节 文献综述

一 国内研究现状

关于国内的相关研究，本书主要从四个方面入手，进行整理：一是梳理话语权的相关研究，为本书提供理论参考和研究视角；二是整理教育话语权的相关研究，为本书提供母学科的研究范式；三是梳理体育话语权的相关研究，为本书提供研究思路；四是归纳学校体育话语权的相关研究，寻找现有研究的不足，为本书提供现实借鉴。

(一)关于话语权的研究

我国关于话语权的研究与国外相比起步较晚,始于20世纪90年代初。通过检索中国知网发现,关于话语权的期刊论文发表于1994年,起初关于话语权的研究多是以语言为基础的建构主义研究,后续开始出现以话语的功用性为基础进行的传播学研究,之后又有以权力为主体的政治学研究等。

根据研究对象的不同,关于话语权的研究主要分为两类:一类以"话语权"自身为研究对象的研究,如话语权的概念、作用,不同群体的话语权状况,如何提升话语权等;另一类则以话语权为视角关于传播学、政治学、教育学、文学、经济学、管理学等不同学科的理论与实践研究,如媒介话语权、政治话语权、教育话语权、文化话语权、国际话语权等。

1. 以话语权自身为研究对象的研究

(1)关于话语权基本认识的研究

国内学者首先对话语权的概念、内涵、功能作用、类型等进行研究,普遍认为话语权可以表达话语主体的利益诉求,能够在话语传播的过程中体现话语背后所体现的意识形态,反映各种社会权力关系。

郑乐平认为,话语权是一种术语、范畴、陈述和信仰,具有历史、社会和制度的特性[①];冯广艺通过辨析话语权的概念,提出正确运用话语权就要争取、行使、尊重和保留话语权[②];张志洲认为话语权以话语为载体,其产生的关键在于话语所包含的价值观和意识形态[③];张国庆认为,享有话语权的关键是拥有公信力、认同感、沟通力和宽容心,

---

① 郑乐平:《超越现代主义和后现代主义:论新的社会理论空间之建构》,上海教育出版社2003年版,第62页。
② 冯广艺:《论话语权》,《福建师范大学学报》(哲学社会科学版)2008年第4期。
③ 张志洲:《中国国际话语权的困局与出路》,《绿叶》2009年第5期。

其中公信力是话语权的生命之源①；陈开举认为，话语权具有重要的社会协调功能，包括表达、实现和沟通协调功能②；高嵩等人认为，话语权是保障公民利益的重要手段③；谭达顺认为，话语对公众传播能够起预期作用，认为衡量话语权分量的重要因素是自身合法权益表达与诉求的实效性④；张宏认为，话语权决定文化传播的影响力⑤；刘轶、董涛认为，话语权是现代传播体系构建的核心⑥；张晓义、永树理认为，话语权越大，影响或者操控人们意识形态的能力就越大，话语权的支配者通过意识形态来影响和操控人们的观念和看法，而被支配者几乎没有话语权⑦。

关于话语权的类型，史姗姗将话语权分为话语创造权、表达权、传播权、议题设置权和运用权⑧；韩庆祥认为，话语权可以分为有声话语权和无声话语权，有声话语权体现的是"讲得好"，显示有思想，而无声话语权则体现"做得好"，展现有实力、有地位，此外还将话语权分为国内话语权和国际话语权⑨。

关于话语权的影响因素，曾文莉、谭秀湖认为，话语权与社会关系密切相关，从政治方面上讲，话语权反映国家的主导意识；从商业

---

① 张国庆：《话语权：美国为什么总是赢得主动》，江苏人民出版社2010年版，第44页。
② 陈开举：《话语权的文化学研究》，中山大学出版社2012年版，第155页。
③ 高嵩等：《弱势群体体育利益话语权保障研究》，《河北体育学院学报》2013年第6期。
④ 谭达顺：《在失衡的格局中失权：我国国际体育话语权现状分析及拓展路径研究——基于伦敦奥运会不公平事件的思索》，《成都体育学院学报》2013年第5期。
⑤ 张宏：《中国出版走出去的话语权和传播力构建》，苏州大学出版社2015年版，第20页。
⑥ 刘轶、董涛：《平台·内容·机制：构建我国现代传播体系的三个维度》，载姜加林、于运全编《构建融通中外的对外话语体系："第四届全国对外传播理论研讨会"论文集》，外文出版社2016年版，第99页。
⑦ 张晓义、永树理：《中国体育国际话语权：现实困境与提升方略——以里约奥运会为切入点》，《思想战线》2017年第4期。
⑧ 史姗姗：《思想政治教育话语权研究》，博士学位论文，武汉大学，2014年，第Ⅰ页。
⑨ 韩庆祥：《全球化背景下"中国话语体系"建设与"中国话语权"》，《中共中央党校学报》2014年第5期。

角度看，话语权受媒体广告商及其拥有者的控制；从文化的视角看，话语主体的知识水平、思维观念、文化等都受到一定时期社会文化制度和思潮的影响①。

（2）关于不同群体话语权的研究

学者们研究不同群体的话语权状况，如女性话语权、教师话语权、农民工话语权等，尤其关注弱势群体的话语权，分析其话语权缺失的表现和原因并提出相应建议。例如，陈开举认为，弱势群体的教育水平相对较低，不具备足够的话语能力，不能有效地表达自己的利益诉求，因此建议要重视弱势群体的教育，认为教育是培养话语权的有效途径，可以通过提高弱势群体的教育水平和话语能力，有效地表达其利益诉求②；高嵩等人将弱势群体分为自然性弱势群体和社会性弱势群体，认为弱势群体生活有困难、政治影响力低、参与政治的机会少、利益诉求和表达能力差，自身利益表达的话语权缺失、利益诉求很难顺畅地被反映甚至没有渠道反映，成为沉默和失语的群体③；童志坚、袁古洁认为，弱势群体的失语或者沉默主要在于政府的缺位管理，没有保障弱势群体话语权的制度，在制定公共政策时弱势群体毫无发言权，其利益被忽视，利益表达机制不完善，利益诉求渠道不畅通，弱势群体毫无利益表达途径或者利益诉求无法得到回应与反馈④。

（3）关于话语权提升策略的研究

关于话语权提升策略的研究较多。例如，韩庆祥认为，提升话语

---

① 曾文莉、谭秀湖：《中国电视娱乐节目受众话语权力研究》，中国广播电视出版社2012年版，第100页。
② 陈开举：《话语权的文化学研究》，中山大学出版社2012年版，第48页。
③ 高嵩等：《弱势群体体育利益话语权保障研究》，《河北体育学院学报》2013年第6期。
④ 童志坚、袁古洁：《弱势群体体育权利保障的国际法渊源分析》，《体育科学》2013年第8期。

权要做强实力、掌握话语体系、利用思想力量建立中国理论、建立话语自信、完善话语方式、提高传播力，从而赢得并掌握话语权①；蒋建国认为，话语权是一种软实力，对外话语体系的建立是沟通不同文化和促进文明的桥梁，增强我国话语权的影响力必须增强话语自信、紧扣时代主题、体现我国的价值观、融通中外开放包容，强化创新意识等②；何亚非认为，话语权的关键在于赋予其中的价值观，价值观只有被认同，才能吸引人们的注意力，引起人们的兴趣③；周明伟认为，话语体系的建设是国际话语权竞争的一个关键环节，要着力构建融通中外的话语体系，构建话语体系是传播我国道路理念、制度、核心价值观和提高国际感召力的重要环节④；袁莎认为，提升对外话语权，要建立起有效的话语体系，注重考虑说者、听者和话语内容，要使话语具有说服力需要注意使其话语表达具有情感诉求，使说者的话语能够引起听者的情感共鸣和认同，此外，话语内容本身应该具有逻辑诉求，包括话语内容的逻辑性、可信性和与语境的契合性等⑤。

2. 以话语权为研究视角的研究

以话语权为视角，将其应用到不同领域或者不同行业的研究，包括文化话语权、媒体话语权、国际话语权等，研究的内容主要涉及话语权与文化软实力的关系，话语权与媒体的关系以及国家在国际交流

---

① 韩庆祥：《全球化背景下"中国话语体系"建设与"中国话语权"》，《中共中央党校学报》2014 年第 5 期。

② 蒋建国：《不断增强中国话语的影响力和感召力》，载姜加林、于运全编《构建融通中外的对外话语体系："第四届全国对外传播理论研讨会"论文集》，外文出版社 2016 年版，序 xvii—xix 页。

③ 何亚非：《发挥华侨传播中华文化优势》，载姜加林、于运全编《构建融通中外的对外话语体系："第四届全国对外传播理论研讨会"论文集》，外文出版社 2016 年版，第 2 页。

④ 周明伟：《着力构建融通中外的话语体系》，载姜加林、于运全编《构建融通中外的对外话语体系："第四届全国对外传播理论研讨会"论文集》，外文出版社 2016 年版，第 6 页。

⑤ 袁莎：《话语、权力与说服：建构有效的对外话语体系》，载姜加林、于运全编《构建融通中外的对外话语体系："第四届全国对外传播理论研讨会"论文集》，外文出版社 2016 年版，第 137 页。

过程中的话语地位等①。根据研究借鉴的需要阐述了关于媒体话语权和国际话语权两个热点的研究。

（1）关于媒体话语权的研究

媒体是实现主流意识形态话语权的重要阵地，媒体宣传具有传播意识形态的作用，话语权的竞争在很大程度上体现为媒体话语权的竞争②，因此，学者们较为关注媒体话语权的发展。刘学义从传播学的视角分析了话语权的转移，梳理了我国媒体话语权发展嬗变的过程，分析了话语权变化的特点与动因等③；陆攀认为，媒体是实现主流意识形态话语权的主要阵地④；朱肇营认为，媒介话语权研究的是不同形态的文化与文化要素之间相互对立与借鉴的过程，文化冲突表现为制度上的冲突，如竞赛规则、竞赛制度、组织制度与管理制度等。⑤

（2）关于国际话语权的研究

学者们认为在当前复杂的政治、经济、文化背景下，伴随全球化、信息化的发展，国际话语权是话语权在国际舞台上的体现，提升国际话语权是国家的必然选择，国际话语权体现了国家之间的权力关系。关于国际话语权的研究成果较多，包含国际话语权的概念、类型和提升策略等。

关于国际话语权的概念，学者们一般采用不同学科的理论。例如，传播学、国际关系学、文化学等的理论对其进行界定和阐释。梁凯音认为，国际话语权是以国家利益为核心，针对社会发展事务和国际事

---

① 刘勇：《当代中国主流价值观话语权的思想溯源与现实建构》，博士学位论文，安徽大学，2017年，第6页。

② 陆攀：《体育报道与主流意识形态的话语权——基于话语分析的视角》，《绥化学院学报》2015年第5期。

③ 刘学义：《话语权转移：转型时期媒体言论话语权实践的社会路径分析》，中国传媒大学出版社2008年版，第3页。

④ 陆攀：《体育报道与主流意识形态的话语权——基于话语分析的视角》，《绥化学院学报》2015年第5期。

⑤ 朱肇营：《基于篮球文学的媒介话语权探析》，《芒种》2017年第6期。

务等发表意见的权利及其影响、调控国际舆论的权力,争夺国际话语权主要争夺的是国际主导权,争夺的目的是在国际事务与纷争中为本国赢得利益①;刘永涛认为,国际话语权是一种国际政治权力②;王爽等认为,国际话语权是影响和控制国际舆论的能力③;袁赛男认为,国际话语权是一个国家在国际上说话的权利,以及在国际上所产生的影响力④;冷淞则认为,国际话语权是通过信息传播来影响国际舆论、塑造国家形象,形成有利国际环境,提升主导国际事务的能力,国际话语权在很大程度上取决于其媒体的传播能力,包括媒体的规模、实力和影响力,国际话语权还是衡量一个国家软实力的重要指标⑤;沈翔认为,国际话语权是一个国家软实力在国际舞台上政治权力关系的直接反映⑥。

关于国际话语权的类型,梁凯音认为,国际话语权是知情权、表达权和参与权的体现;国际话语权包括对国际事务与事件的定义权,对各种国际标准和游戏规则的制订权,对是非曲直的评议权和裁判权⑦。

关于国际话语权提升策略的研究较多。刘笑盈认为,实现国际话语权的关键要素是国家硬实力、话语表达渠道和话语体系⑧;张志洲认

---

① 梁凯音:《论国际话语权与中国拓展国际话语权的新思路》,《当代世界与社会主义》2009年第3期。
② 刘永涛:《语言与国际关系:拓展政治分析的新视角》,《世界经济与政治》2011年第7期。
③ 王爽等:《中国国际体育话语权现状浅析及困局解读》,《当代体育科技》2014年第5期。
④ 袁赛男:《中国国际话语权的现实困境与适时转向——以"一带一路"战略实施中的新对外话语体系为例》,《理论视野》2015年第6期。
⑤ 冷淞:《新形势下媒体国际传播与话语权竞争》,中国社会科学出版社2016年版,第140页。
⑥ 沈翔:《中国体育国际话语权现状与提升对策》,《科技资讯》2017年第12期。
⑦ 梁凯音:《国际话语权:文化强国的必然要求》,《中国教育报》2011年12月6日第11版。
⑧ 刘笑盈:《关于构建中国话语体系的思考》,《对外传播》2013年第6期。

为，提高话语质量是提升国际话语权的关键①；张铭清认为，争夺国际话语权必须提高国家软实力②。2011年党的十七届六中全会提出了"推动中华文化走向世界……创新对外宣传方式方法，增强国际话语权"。此后，关于如何获得、实现和提升我国国际话语权成为研究热点和重点。梁玉春分析了我国国际话语权面临的困境，并提出相应的提升策略③；王爽等认为，掌握国际话语权的前提是国家实力、传播平台和话语权队伍，实现有效话语权的重要因素是议程设置、舆论导向和表达方式④；刘轶、董涛认为，提升国际话语权首先要构建国际话语体系，注重话语内容的创新，对外阐释与推介核心价值，丰富话语内容，创新话语形式，实现多渠道的话语输出，提升国际传播的影响力⑤；袁赛男认为，文化传统的差异导致了我国对外话语的困境，享有国际话语权在于信息传播能力和国家形象话语的构建能力⑥；张晓义认为，参与国际事务可以避免自身的边缘化，通过参与国际事务，增进与他国的信任与好感，为本国争取更多的话语权，才有可能获得主导地位和话语权⑦。

综上所述，我国关于话语权的研究较多，涉及的范围较广，成果较多，但是这些研究也存在不足之处：一是对话语权的概念和内涵界

---

① 张志洲：《话语质量：提升国际话语权的关键》，《红旗文稿》2010年第14期。
② 张铭清：《话语权刍议》，《中国广播电视学刊》2009年第2期。
③ 梁玉春：《实然与应然：中国国际话语权面临的困境与提升策略》，《云南行政学院学报》2013年第4期。
④ 王爽等：《中国国际体育话语权现状浅析及困局解读》，《当代体育科技》2014年第5期。
⑤ 刘轶、董涛：《平台·内容·机制：构建我国现代传播体系的三个维度》，载姜加林、于运全编《构建融通中外的对外话语体系："第四届全国对外传播理论研讨会"论文集》，外文出版社2016年版，第99—100页。
⑥ 袁赛男：《中国国际话语权的现实困境与适时转向——以"一带一路"战略实施中的新对外话语体系为例》，《理论视野》2015年第6期。
⑦ 张晓义：《体育全球化：中国体育的态度与制度应对》，《北京体育大学学报》2016年第2期。

定还没有形成一个统一而又准确的定义；二是对话语权兴起与发展的历史背景研究还不够深入，对话语权的理论研究还缺乏清晰的梳理和明确的认识；三是在信息化的时代背景下，对于如何拓宽话语平台与渠道的具体实践研究较少；四是关于借鉴西方话语权经验和方法的研究较少①。

（二）关于教育话语权的研究

以话语权的视角研究教育领域或者教育行业的理论与实践，就出现了关于教育话语权的研究。国内关于教育话语权的研究包括对教育话语权基本认知的研究，对不同群体的教育话语权研究，对教育话语权的现实状况、存在问题和提升策略等研究。

1. 关于教育话语权基本认知的研究

关于教育话语权的概念、含义、构成等的研究。例如，张学文认为，教育话语权是一个民族或者国家思想状况、价值观念和形象认同的综合反映②。张凌认为，教育话语权是通过教育手段体现的权力意志传播，其包含两层含义：一是教育主体拥有的在教育活动中表达个体或者群体意愿的权利；二是教育主体拥有的通过教育话语进行影响的权力③。

2. 关于学科、群体教育话语权的研究

国内学者关于学科教育话语权的研究，大多集中在思想政治教育话语权方面，董世军等对思想政治教育话语权进行概念界定④，许苏明

---

① 冷凇：《新形势下媒体国际传播与话语权竞争》，中国社会科学出版社2016年版，第20页。
② 张学文：《重塑话语体系：构建中国特色的高等教育话语逻辑》，《中国高教研究》2015年第7期。
③ 张凌：《问题探究：教育话语权形成的逻辑起点》，《教育理论与实践》2021年第10期。
④ 董世军等：《现代思想政治教育话语及其困境分析》，《长春大学学报》2007年第1期。

认为思想政治教育话语权在社会认同、社会关系和知识体系中发挥着重要的建构作用①。

也有学者对高等教育话语权进行了研究,徐涛、张迈曾认为高等教育话语权受社会变革的影响②;王丽平认为,高等教育话语权是高等教育自身发展的一种潜在影响力③;周炯认为高等教育话语权的构建在于通过价值主导权对大学生进行教育引导和意识形态的驾驭④。

刘运显、舒大凡研究了高校辅导员的教育话语权,认为辅导员可以通过掌握教育话语权来帮助学生实现健康发展⑤。郭三娟、殷雨晴研究了基础教育中教师话语权的缺失与建构⑥。

3. 关于教育话语权现状与问题的研究

关于教育话语权存在问题的研究。例如,张凌认为,教育话语权式微在于没有解决好四个问题:一是话语主体的问题,认为教育活动不是教育工作者的单方行为;二是话语对象的问题,认为过于强调学生的个体教育诉求,将会导致教师话语权弱化和学生诉求分散;三是话语场域的问题;四是话语表达的问题,认为话语失范或失当将导致教育话语权的弱化⑦。

---

① 许苏明:《论思想政治教育的话语转换》,《东南大学学报》(哲学社会科学版) 2014 年第 2 期。

② 徐涛、张迈曾:《高等教育话语的新变迁——机构身份再构建的跨学科研究》,《河北大学学报》(哲学社会科学版) 2004 年第 3 期。

③ 王丽平:《知识经济时代中国高等教育转型的理论与实践》,《太原大学学报》2013 年第 4 期。

④ 周炯:《论微时代情境下高校思想政治教育话语权建构》,《湖南师范大学教育科学学报》2015 年第 3 期。

⑤ 刘运显、舒大凡:《论如何提升辅导员在大学生网络思想政治教育中的话语权》,《学校党建与思想教育》2016 年第 8 期。

⑥ 郭三娟、殷雨晴:《基础教育改革中教师话语权的缺失与构建》,《教育理论与实践》2018 年第 3 期。

⑦ 张凌:《问题探究:教育话语权形成的逻辑起点》,《教育理论与实践》2021 年第 10 期。

陆红梅、李军分析了道德教育话语权存在的困境，包括无视学生主体性和教育话语模式过于单一和僵化等①。谢群、徐建军认为，辅导员在以网络语言为主导的话语体系中处于弱势地位②。朱以才、刘志民认为，高等教育共同体话语权的现状是亚非国家的教育话语经常被动模仿和依附西方发达的高等教育话语。③ 唐小华分析了学生话语权的状况，认为学生的教育话语权存在被搁置的问题，家长不敢说、学校不愿说以及某些与学生紧密相关的群体想当然地说④。李飞、刘莹提出幼儿园教师的教育话语权存在身份、角色、地位和压力四个方面的困境⑤。张凌认为，教育话语权式微的原因是在进行教育深化改革的过程中，教育话语权与个人成长的教育权益诉求不匹配，以致教育话语权被削弱⑥。

4. 关于教育话语权提升策略的研究

关于提升不同群体教育话语权的研究。例如，郭三娟、殷雨晴认为教师要提高教育话语权，应该抓住学生在思想上、学习上和生活上最关注的问题⑦。范蕴玉、周建祥认为，可以通过提高辅导员的表达能力、引导能力和控制能力来提升其教育话语权⑧。李爱国认为，提升辅

---

① 陆红梅、李军：《高校道德教育话语权创新及其实践途径》，《黑龙江高教研究》2010年第12期。

② 谢群、徐建军：《高校辅导员网络思想政治教育话语权的建构——基于网络语言视角》，《湘潭大学学报》（哲学社会科学版）2018年第1期。

③ 朱以财、刘志民：《"一带一路"高等教育共同体话语权：现状评析与提升路径》，《现代大学教育》2020年第1期。

④ 唐小华：《学生课堂话语权蕴含的价值观教育》，《教学与管理》2020年第18期。

⑤ 李飞、刘莹：《学前教育立法背景下幼儿园教师的话语权重构》，《陕西学前师范学院学报》2020年第1期。

⑥ 张凌：《问题探究：教育话语权形成的逻辑起点》，《教育理论与实践》2021年第10期。

⑦ 郭三娟、殷雨晴：《基础教育改革中教师话语权的缺失与构建》，《教育理论与实践》2018年第3期。

⑧ 范蕴玉、周建祥：《高校辅导员思想政治教育话语能力提升策略研究》，《重庆电子工程职业学院学报》2019年第5期。

导员的教育话语权应该搭建话语平台、转变话语形式、优化话语内容及加强舆情监管等①。

陶丽、顾丹丹认为，实现学生话语权的主要路径是创设生成性话语语境、合理分配话语权、培育权利意识与消解课堂话语霸权②。张凌认为，提升教育话语权的途径是创新优化教育话语，提高话语传播的质量与完善升级话语体系③。陈曦等认为，新媒体时代重构教育话语权，应该充分利用大数据，提升课堂话语权，增强网络空间话语权④。

（三）关于体育话语权的研究

进入 21 世纪以后，随着话语权研究的深入和细化，其研究范围不断延伸，并逐渐融入不同领域。伴随国际体育交流的频繁以及体育全球化和国际化的发展，学者们将话语权引入体育领域，开始进行"体育话语权"的研究。通过文献检索发现，我国学者关于体育话语权的研究始于 2006 年，且以女性体育文化的传播困境与发展为开端，之后的研究涉及不同群体的体育话语权、武术话语权、国际体育话语权和竞技体育话语权等。

1. 关于体育话语权基本认识的研究

学者们对于体育话语权的诉求、概念、作用和重要性等有较多研究。例如，刘剑从历史的角度分析了 20 世纪 20 年代我国体育话语权的诉求，通过消解西方体育意识，唤醒国人对近代体育话语权的广泛

---

① 李爱国：《基于微信平台的高校辅导员思想政治教育话语权提升策略研究》，《黑河学刊》2020 年第 2 期。

② 陶丽、顾丹丹：《师生互动视角下学生话语权的缺失与建构》，《湖北师范大学学报》（哲学社会科学版）2020 年第 1 期。

③ 张凌：《问题探究：教育话语权形成的逻辑起点》，《教育理论与实践》2021 年第 10 期。

④ 陈曦等：《大数据语境下教育者话语权的重构》，《教育理论与实践》2021 年第 1 期。

觉醒，强化对体育活动的参与意识，从而寻求民族体育自治，增强国人的主权意识，回收体育话语权①；梁立启等分析了中国体育话语权的诉求，认为西方发达国家主导着现代体育话语权，提出发展壮大体育的实力以奠定话语表达基础，用全球化的话语表达平台来提高体育话语质量，实施体育强国战略以优化话语环境，以及打破西方主导的国际体育话语体系②。

张军生、徐立宏认为体育话语权是权利与权力的统一，通过提升体育话语权可以推动体育事业的发展③。程雪峰对体育话语权的内涵进行了界定，分析了话语权生成的支配性结构及其配置性资源和权威性资源等④。曾诚、邓星华认为，体育话语权作为国家软实力的重要组成部分，是提升国家地位的力量来源之一，提升体育话语权有助于塑造国家形象⑤。梁立启等认为，体育话语权是国家体育发展实力与水平的象征与符号，体育话语权有两个层面的含义：一是对内，即在国内积极开展健康中国建设，维护广大人民的体育权益；二是对外，即在国际上，立足于发展中国家之中，勇于突破西方体育话语体系的垄断和集权，维护绝大多数国家的体育权益⑥。

2. 关于不同群体体育话语权的研究

学者们对不同人群的体育话语权进行了研究，涉及女性、运动员、

---

① 刘剑：《20 世纪 20 年代我国体育话语权诉求的历史回顾》，《体育学刊》2010 年第 7 期。

② 梁立启等：《话语权：全球化时代中国体育的诉求》，《北京体育大学学报》2014 年第 11 期。

③ 张军生、徐立宏：《关于我国国际体育赛事话语权的感悟》，《才智》2015 年第 36 期。

④ 程雪峰：《媒介推力与文化强势：对中国体育话语权缺失的再认识》，《中国体育科技》2015 年第 5 期。

⑤ 曾诚、邓星华：《体育国际话语权与中国国家形象建构》，《体育学刊》2016 年第 2 期。

⑥ 梁立启等：《我国体育话语权的产生基础与有效发挥研究》，《武汉体育学院学报》2017 年第 7 期。

农民工等的体育话语权，还有学者对弱势群体的体育话语权进行了研究，不同场域的弱势群体有所不同。例如，在竞技体育场域的运动员是弱势群体；在社会体育场域的农民工、女性等都属于弱势群体；而在学校体育场域内的学生是弱势群体，甚至有时体育教师也是弱势群体。

（1）关于女性体育话语权的研究

唐东辉、张文羽认为在媒体话语权下，女性的体育意识被父权社会所异化，传媒往往忽视女性体育运动①；张守忠、李源分析了性别差异视域下女性竞技体育话语权的缺失，指出由于生理差异、社会分工、文化建构等原因使得女性一直在体育领域处于边缘和从属地位，无法得到社会认可，从而处于被动地位，认为只有赋予女性主体地位，才能提升女性的社会影响力和话语权②。

（2）关于竞技体育场域相关群体话语权的研究

关于运动员话语权的研究，李达伟分析了我国运动员话语权的发展状况，认为在体育界内部，运动员群体在政治上、经济上都处于劣势地位，运动员的话语权还需不断提高和完善；运动员话语权存在滥用、占用、放弃和慎用四种现象；运动员要据理力争、正确行使、充分尊重和有效保留话语权③。季嵘研究了举国体制下运动员的话语权，认为运动员在话语体系中处于被动地位，话语参与意识淡薄、话语反馈环节缺失；要提升运动员的话语权，应该提高其文化素质，建立相应的利益表达机制，充分发挥媒介的作用，成立自治组织④。刘鹏通过对

---

① 唐东辉、张文羽：《当代传媒话语权下对女性体育文化的思考》，《体育与科学》2006年第2期。

② 张守忠、李源：《性别差异视域下女性参与竞技体育话语权缺失与建构》，《南京体育学院学报》2015年第4期。

③ 李达伟：《我国运动员话语权发展研究》，《内江师范学院学报》2012年第4期。

④ 季嵘：《举国体制背景下运动员话语权的提升策略研究》，《南京体育学院学报》（自然科学版）2014年第1期。

"庄朵朵事件"的分析，研究运动员话语权缺失的原因①。

关于裁判话语权的研究，陈凤林通过分析新信息技术 VAR 技术的介入与裁判话语权的冲突，认为 VAR 技术削弱了裁判话语权，二者的冲突主要表现为传统与现代之间、人与机器之间的冲突，二者并非完全对立，而是相辅相成。②

关于运动队话语权的研究，刘雨辰、龙畅认为制约运动队话语权的因素包括领导的重视程度、主办官员、生源质量、学校地位、经费投入、业界地位、资源拥有状况、管理机构、办队文化、科学研究水平等；认为存在主办官员话语权过大，裁判话语影响过大，经费投入影响较大，竞技成绩话语力量偏小，队员话语表述较小，话语空间偏小，教练过于主导运动队话语权等异化现象；提出规范话语环境，弱化官办意识，促进裁判公平，拓宽经费来源，提高竞赛成绩，尊重队员等提升策略。③

（3）关于弱势群体体育话语权的研究

关于农民工体育话语权的研究，张世威、宋成刚应用社会排斥理论分析了农民工体育话语权的缺失，认为农民工作为弱势群体，是介于城市与农村的"边缘群体"，由于受到制度、经济、文化、社会组织和地域空间等方面的社会排斥而缺失体育话语权，应该建立维权体系，构建社会认同体系，消除偏见以实现农民工体育话语权的回归④；王峰等分析了在城镇化过程中农民工的体育话语权，认为农民工的体育权益无法得到保障的原因是政府管理缺位、用人单位忽略、体育社团遗

---

① 刘鹏：《运动员话语权的缺失致因——基于"庄朵朵事件"的思考》，《延安大学学报》（自然科学版）2014 年第 4 期。

② 陈凤林：《国际足球赛事中 VAR 技术与裁判话语权冲突研究》，《科教导刊》2017 年第 16 期。

③ 刘雨辰、龙畅：《高校高水平运动队竞技话语权探析》，《体育世界》2013 年第 6 期。

④ 张世威、宋成刚：《社会排斥与农民工体育话语权的缺失》，《天津体育学院学报》2008 年第 2 期。

忘和自身消极放弃①。

王凤仙认为，弱势群体普遍对自身的体育权益表达缺乏自觉性和主体意识，且缺乏参与意识②；黎彬从传播学的视角出发，认为改变普通民众体育话语权的弱势地位，需要在进行体育传播的过程中改变权力制衡机制③；高嵩等认为，弱势群体体育利益话语权缺失主要原因在于缺乏制度保障、社会载体和主体意识，自身维权意识不强，利益表达机制不完善④；夏青、秦小平认为，体育领域中的弱势群体是难以获取足够体育资源满足自身生存与发展需要的群体，弱势群体的体育利益被漠视，其在体育话语体系中处于"失语"状态，建议拓宽话语渠道，媒体要为弱势群体发声⑤；李慧认为，弱势群体体育话语权的缺失主要体现为主体缺失、客体缺失、媒介缺失、有效讯息缺失和反馈缺失，原因主要在于弱势群体自身的局限性、政府部门的缺位、社会文化的制约、媒体的推动和体育文化的冲突，并提出了提高主体意识、国家政策引导、媒体规范化和培养媒介素养等建议⑥。

国际竞技体育领域也存在弱势群体。詹锦平认为在现代奥运文化中，许多国家由于话语权的缺失而集体失声，沦为奥运文化的弱势群体。他提出公众外交的建议，认为不同文化背景的国家之间要进行长期的交流，要相互理解各自国家的文化⑦。

---

① 王峰等：《城镇化进程中新生代农民工体育话语权的思考》，《体育科学研究》2014年第3期。

② 王凤仙：《基于社会排斥理论的农民工体育权益保障研究》，《南京体育学院学报》（社会科学版）2010年第6期。

③ 黎彬：《ICT时代体育话语权重构的启示》，《首都体育学院学报》2010年第2期。

④ 高嵩：《弱势群体体育利益话语权保障研究》，《河北体育学院学报》2013年第6期。

⑤ 夏青、秦小平：《论弱势群体体育基本利益的保障——基于公民话语权的视角》，《西安体育学院学报》2014年第2期。

⑥ 李慧：《从广场舞纠纷看体育弱势群体话语权的缺失》，硕士学位论文，重庆大学，2016年，第Ⅱ页。

⑦ 詹锦平：《软实力与中国在奥运文化中话语权的相关性分析——兼论中国武术进入奥运的路径之选》，《山东体育科技》2013年第6期。

此外，还有关于强势群体体育话语权的研究。汪文涛等认为在竞技体育领域存在强势群体，强势群体的话语霸权导致一系列的问题，如官员领导的强权，利用其手中的实权和话语霸权，导致运动员选拔、裁判员选派、赛事审批等出现不规范、不公开等问题①。

3. 关于国际体育话语权的研究

将体育话语权与国际话语权相结合，产生了"国际体育话语权"和"体育国际话语权"这两种称谓，学术界对于这两种不同的称谓并没有进行明显区分，二者的含义基本相同。关于国际体育话语权的研究，学者们经常将竞技体育话语权与国际话语权相结合，大多研究的是"国际竞技体育话语权"或者"竞技体育国际话语权"，主要是针对我国由于缺乏国际体育话语权在国际赛事中遭遇不公正待遇而进行的研究，这些研究相对缺少宏观性和系统性，实践层面的研究尤为少见②。目前，国内此类研究较为零散，多数是针对提升我国国际体育话语权的意义或者提升策略进行论述，同时，提升我国体育国际话语权的策略研究还没有形成理论体系，大多研究是应用西方的理论研究范式，缺乏中国自身的体育元素③。

（1）关于国际体育话语权基本认知的研究

关于国际体育话语权基本认知的研究主要涉及国际体育话语权的表现形式、概念、作用和提升意义等。关于国际体育话语权表现形式的研究。例如，张晓义、永树理认为，国际体育话语权表现为对国际体育事务或事件的定义权、对各种国际体育标准和项目规则的制订权以及对是非曲直的评议权和裁判权④；廖莉认为，国际竞技体育话语权

---

① 汪文涛等：《花样游泳掌门人的话语权》，《方圆》2017年第1期。
② 沈翔：《中国体育国际话语权现状与提升对策》，《科技资讯》2017年第12期。
③ 张晓义、永树理：《中国体育国际话语权：现实困境与提升方略——以里约奥运会为切入点》，《思想战线》2017年第4期。
④ 张晓义、永树理：《中国体育国际话语权：现实困境与提升方略——以里约奥运会为切入点》，《思想战线》2017年第4期。

表现为国际赛事具体事务的管理组织权力,包括国际赛事的城市确定权、赛事项目的确定权,项目规则的制订、修改与解释权,竞赛结果的判定权和国际体育争议的仲裁权等[1];梁立启等则认为,国际体育话语权表现为对国际体育事务的参与权、国际体育标准和规则的制定权、对重大体育事件的评议权和仲裁权等[2]。

关于国际体育话语权的概念、作用、提升意义等的研究。例如,廖莉、李艳翎认为,国际竞技体育话语权是一个国家或地区交往的一种特定权力,是在国际体坛主导竞技体育的话语权利和权力,首先要在国际体育组织中有任职的人,其次能够拥有行使某种权利的效果和作用力[3];刘晓丽、万晓红认为,国际体育话语权是指一个国家在各类国际体育赛事组织活动中,能够依靠自身综合实力影响其他国家在国际体育界的意愿和行动的能力[4];谢宜轩认为,国际体育话语权是一种隐性权利,隐含体育话语自身的价值,能够提高国际地位,促进该国体育事业的发展[5];曾诚、邓星华认为,通过提升体育国际话语权可以构建国家形象,提升国际地位,强化国家的身份认同[6];沈翔认为,提升体育国际话语权对于获得并提升国际认可、促进体育事业的健康发展、推动体育强国战略的实施具有重要的理论价值和现实意义,国际体育话语权的竞争体现了中国体育话语与西方体育话语的博弈,体育文化和传播能力是影响国际体育话语权的重要因素,建议构建中国自

---

[1] 廖莉:《论国际竞技体育话语权》,博士学位论文,湖南师范大学,2014年,第44页。
[2] 梁立启等:《我国体育话语权的产生基础与有效发挥研究》,《武汉体育学院学报》2017年第7期。
[3] 廖莉、李艳翎:《国际体育话语权的内涵研究》,《当代体育科技》2014年第16期。
[4] 刘晓丽、万晓红:《建设体育强国时期的中国体育国际形象传播》,《传媒观察》2015年第1期。
[5] 谢宜轩:《基于我国综合实力增长的国际体育赛事话语权研究》,《陕西教育(高教)》2016年第2期。
[6] 曾诚、邓星华:《体育国际话语权与中国国家形象建构》,《体育学刊》2016年第2期。

己的话语体系①。

(2) 关于我国国际体育话语权的现状、缺失表现和原因的研究

学术界普遍认为国际体育格局长期处于一种失衡状态,国际体育话语权分配不公,西方强势体育通过其强大的媒介宣传,将西方体育价值观和意识形态传播到世界各地,导致西方体育主导国际体育,霸占国际体育话语权,而以中国为代表的非西方国家长期处于失语状态②。

陆镜认为我国应该争取在国际组织中处于"主导"地位,语言是争夺国际体育话语权的最大障碍③。马冠楠、刘桂海认为,我国拥有的国际体育话语权与其国际地位不相称,在国际体育组织中未占据决策地位④。谭达顺认为,我国国际体育话语权的现状是在失衡的格局中失权,我国目前处于国际体育话语体系的弱势地位,在国际体育事务中的话语权、表达权、监督权和知情权依旧不高;我国国际体育话语权低下的主要原因在于参与国际体育事务的管理和组织力度不够、现有媒体和网络传播能力远远落后于西方发达国家以及国际体育界对我国体育缺乏了解等⑤。陈晔认为,我国国际体育话语权缺失的表现是我国运动员在奥运会比赛中受到不公正的判罚较多、判罚争议的申诉屡次失败、运动员遭遇不公平判罚时大多沉默;我国国际体育话语权缺失的原因是存在体育文化的差异、缺乏话语意识、维权能力不足、在国际体育组织中任职人员人数较少、缺乏话语分量等,并建议提升国际

---

① 沈翔:《中国体育国际话语权提升的博弈策略》,《科技资讯》2017年第11期。
② 沈翔:《中国体育国际话语权现状与提升对策》,《科技资讯》2017年第12期。
③ 陆镜:《朝中有人与体育话语权》,《南风窗》2008年第15期。
④ 马冠楠、刘桂海:《大国崛起背景下的体育准备》,《南京体育学院学报》2011年第4期。
⑤ 谭达顺:《在失衡的格局中失权:我国国际体育话语权现状分析及拓展路径研究——基于伦敦奥运会不公平事件的思索》,《成都体育学院学报》2013年第5期。

体育话语权以免遭受不公平的判罚①。荆雯则从现代运动项目起源、国际体育组织管理、项目规则的把握和解读与习得性心理弱势四个方面分析了国际竞技体育话语权，认为西方国家是竞技规则的制定者，处于国际体坛的话语霸权地位②。王爽等分析了我国国际体育话语权的现状，认为我国缺乏国际体育话语权的原因是媒体宣传不到位、缺乏核心人物以及自身未有效运用应有的话语权③。梁立启等认为，国际体育话语权的发展现状是西方国家主导国际体育话语权，西方体育话语体系占主导地位，原因在于绝大多数近代体育项目的发源地是西方国家，这使得西方国家在国际体坛中拥有特权，掌握着话语霸权的地位④。廖莉、李艳翎认为，我国竞技体育国际话语权的缺失使得运动员利益受损、裁判员利益受损与项目利益受损⑤。王征、谭智平认为，我国竞技体育话语权的困境在于西方屏蔽中国体育，西方国家用唯金牌论引导世界媒体言论，我国对外宣传的话语力量薄弱，在国际体育组织中的权力不足，语言障碍严重影响国际交流⑥。曾诚、邓星华认为，我国体育国际话语权不足的表现是：在国际体育组织中缺位失语，民族传统体育话语边缘化与体育话语内在逻辑失范⑦。梁立启等认为，目前我国国际体育话语权的有效性不足，主要体现为话语质量不高、表达途径单一与话语能量有限，提出提升话语质量、拓展表

---

① 陈晔：《我国奥运会争议判罚中的话语权分析》，《体育文化导刊》2013 年第 6 期。
② 荆雯：《我国竞技体育国际话语权问题研究》，《体育文化导刊》2013 年第 9 期。
③ 王爽等：《中国国际体育话语权现状浅析及困局解读》，《当代体育科技》2014 年第 5 期。
④ 梁立启等：《话语权：全球化时代中国体育的诉求》，《北京体育大学学报》2014 年第 11 期。
⑤ 廖莉、李艳翎：《论我国竞技体育国际话语权缺失感》，《当代体育科技》2014 年第 15 期。
⑥ 王征、谭智平：《中国竞技体育话语权研究》，《山东社会科学》2015 年第 S2 期。
⑦ 曾诚、邓星华：《体育国际话语权与中国国家形象建构》，《体育学刊》2016 年第 2 期。

达途径和建立话语权威等建议①。高贯发认为西方体育占据霸权地位，我国民族传统体育未能在国际体坛发出自己的声音，西方运动项目的归属感与话语表达的西方语境是导致我国民族传统体育在西方语境下失语的原因②。张晓义、永树理以里约奥运会为例，分析了我国体育国际话语权的现实困境，认为我国在国际上缺乏体育话语权的主观原因在于我国体育话语的质量不高、传播效果不佳和议程设置能力不足。此外，自身的话语表达方式、思维方式等也不符合国际规范或者国际惯例，因此无法得到国际认同。而西方的偏见、"西强中弱"的国际体育格局和我国体育传媒的弱势地位则是我国缺乏国际体育话语权的客观原因③。

除了学术界，媒体界也非常关注我国的国际体育话语权状况。例如，2011年3月29日，解放日报刊登了《评邵斌改判门，中国体育需要话语权》一文，认为我国应该加强在国际体育单项联合会的话语权，这并不是为了凭借话语优势获得不正当利益，而是要履行责任、维护公平公正，获取顺畅的申诉等沟通渠道④。2012年8月13日，《人民日报》发表《申诉全败要弄清玩法话语权很重要》，认为我国在奥运会的赛场争执方面没有话语权，不论是对赛制赛规的批评建议，还是对裁判执法的申辩质疑，我国的数次申诉均未成功。因此，我国必须在研定规矩的过程中、在监督和仲裁机构中增加话语权⑤。2012年8月20

---

① 梁立启等：《我国体育话语权的产生基础与有效发挥研究》，《武汉体育学院学报》2017年第7期。
② 高贯发：《武术话语权刍议》，《体育研究与教育》2017年第2期。
③ 张晓义、永树理：《中国体育国际话语权：现实困境与提升方略——以里约奥运会为切入点》，《思想战线》2017年第4期。
④ 张玮：《评邵斌改判门，中国体育需要话语权》，《解放日报》2011年3月29日第11版。
⑤ 《人民日报：申诉全败要弄清玩法话语权很重要》，光明网，https://topics.gmw.cn/2012-08/13/content_4775936.htm，2012年8月13日。

日,新华社报道《伦敦奥运中国为何屡遭不公 英德受益》,认为当前国际体育的总秩序和总规则的制定者主要是西方国家,这使得国际体育舞台的管理层和决策层多被西方国家占据,中国等发展中国家的参与度与话语权偏少①。同年8月21日,北京晚报刊登了《中国体育需要国际话语权》②,认为中国在国际体育规则变动等重大事件上缺少足够的话语权,在国际各类体育组织中,体育规则的制定等方面,中国的参与程度与其体育大国的实力远远不相匹配,参与国际体育组织建设方面与赛场取得的成绩并不匹配,中国在很多体育项目新规则的制定和发展方向上无法发声。总的来说,新闻媒体关于国际体育话语权的研究,多是从奥运会上的一些争执事件和判罚事件出发,分析中国目前缺乏国际体育话语权的状况,进而提出获得、提升国际体育话语权的重要作用和相关策略。

(3)关于国际体育话语权的提升策略研究

国际体育话语权长期以来一直被西方发达国家占据,这引发了许多国际体育赛事不公正事件的发生。提升国际体育话语权有利于获得国际认同和国民的自我认同,从而避免不公事件的再次发生或者诉求无门。因此,学者们针对提升国际体育话语权进行了大量的研究,并提出不同的建议和对策。

谭达顺认为提升国际体育话语权的路径是:加强国际体育研究,提高我国在国际体育中的学术话语权以提高话语质量,建立中国体育媒体的国际话语平台使国际社会能够倾听到中国体育的声音,通过加快中华民族传统体育文化的传播力度加强文化软实力建设,加强国

---

① 周洪鹏:《新华社评:伦敦奥运中国为何屡遭不公 英德受益》,搜狐体育,https://sports.sohu.com/20120820/n351073565.shtml,2012年8月20日。

② 廖莉、李艳翎:《论我国竞技体育国际话语权缺失感》,《当代体育科技》2014年第15期。

际体育公关人才培养，改变西强中弱的国际体育格局①；陈晔认为可以通过加强话语意识、提高维权能力、加强裁判队伍建设、提高在国际体育组织中的任职人员的数量和质量来提升我国国际体育话语权②；廖莉认为只有在组织中处于决策地位才能拥有话语权，因此建议要使我国在国际体育组织中处于决策地位③；王征、谭智平则建议增强体育实力，促进体育文化交流，加强国际交流，提高在国际体育组织中的地位④；张军生、徐立宏认为，要提高全民体育素质，形成中国特有的体育文化，提高国家文化软实力⑤；程雪峰认为，获得体育话语权的策略在于体育文化的自省与传播的自觉，融入世界体育主流的发展并打造自身文化特色，建立体育文化发展与传播媒介的互动机制⑥；冷淞认为在新媒体时代，应该将我国的话语体系和核心价值观作为一种软实力进行传播，在体育领域要获取国际话语权，就必须聚焦世界体育核心赛事，策划大型民生类文体娱乐活动，开发体育文化衍生品市场，打造电视体育文化产业链条⑦；谢宜轩认为，提升国际话语权的对策包括密切与他国的关系，树立良好的国际形象，依托第三世界，加强国际体育组织后备人才培养，提高体育专业媒体建设等⑧；曾诚、邓

---

① 谭达顺：《在失衡的格局中失权：我国国际体育话语权现状分析及拓展路径研究——基于伦敦奥运会不公平事件的思索》，《成都体育学院学报》2013 年第 5 期。
② 陈晔：《我国奥运会争议判罚中的话语权分析》，《体育文化导刊》2013 年第 6 期。
③ 廖莉：《论国际竞技体育话语权》，博士学位论文，湖南师范大学，2014 年，第 114 页。
④ 王征、谭智平：《中国竞技体育话语权研究》，《山东社会科学》2015 年第 S2 期。
⑤ 张军生、徐立宏：《关于我国国际体育赛事话语权的感悟》，《才智》2015 年第 36 期。
⑥ 程雪峰：《媒介推力与文化强势：对中国体育话语权缺失的再认识》，《中国体育科技》2015 年第 5 期。
⑦ 冷淞：《新形势下媒体国际传播与话语权竞争》，中国社会科学出版社 2016 年版，第 47 页。
⑧ 谢宜轩：《基于我国综合实力增长的国际体育赛事话语权研究》，《陕西教育（高教）》2016 年第 2 期。

星华认为积极参与国际体育事务，增强中华民族传统体育话语的亲和力、感召力和认同感，增强体育话语体系的逻辑性可以提升国际体育话语权①；高贯发提出，要加强话语理论研究、完善话语体系，扩大影响、增强话语分量，加强国际交流、营造良好话语环境的建议②；张鲲、王佳提出，传播体育文化、积极参与体育国际事务、提升竞技体育实力、解决语言障碍的建议③；张晓义、永树理提出，要增强体育话语的逻辑性、说服力和公信力，体育话语只有具备普世价值观，才能得到他人或者他国认同，在当前西方媒体霸占话语权、西强中弱的国际体育格局中，要加强顶层设计，构建我国体育话语体系，拓宽话语平台，扶持华人华侨体育社团，抢占话语制高点，培养体育外交人才，加强国际交流，提高学术水平以提升国际体育话语权④；梁立启等认为，中国体育话语体系必须维护国家、民众的体育权益，构建多元的体育话语体系包括全民体育话语体系、精英体育话语体系和民族体育话语体系以扩大我国国际体育话语权的分量⑤。

4. 关于民族传统体育话语权的研究

我国的民族传统体育以武术为代表。因此，关于武术话语权和武术文化话语权的研究较多。例如，王岗认为，西方占据国际体育话语体系的优势地位导致中国武术在西方语境中必然处于"失语"状态，复兴中国武术必须找回中国武术的文化话语权⑥。同时，应该构建中国

---

① 曾诚、邓星华：《体育国际话语权与中国国家形象建构》，《体育学刊》2016年第2期。
② 高贯发：《武术话语刍议》，《体育研究与教育》2017年第2期。
③ 张鲲、王佳：《竞技体育话语权的提升策略研究》，《四川体育科学》2017年第3期。
④ 张晓义、永树理：《中国体育国际话语权：现实困境与提升方略——以里约奥运会为切入点》，《思想战线》2017年第4期。
⑤ 梁立启等：《我国体育话语权的产生基础与有效发挥研究》，《武汉体育学院学报》2017年第7期。
⑥ 王岗：《找回中国武术的文化话语权》，《中华武术》2008年第6期。

武术文化语境的理论体系，保持其民族性，建立属于自己的话语语境，只有这样，才能在体育全球化的进程中发出中国武术的声音，从而坚守中国武术的文化话语权①。刘占鲁、孙勇以符号学与福柯的话语权力理论为基础，分析了我国武术话语权在奥林匹克语境下的缺失，认为霸权是奥林匹克权力话语系统的宏观控制，知识权力是奥林匹克权力话语系统的微观控制②。李源等认为，提升武术的国际话语权必须实现文化认同、推动武术的国际化发展；我国的传统体育文化在西方强势体育文化的霸权环境下，如果一味地模仿或者遵从西方体育文化的标准，只会失去自身传统体育文化的精神内涵，反而不能获得他人的认同与接纳；并提出加强中国传统体育文化与域外体育文化的交流与融合、通过国际武术交流与表演宣传中国传统文化、提升文化影响力的建议③。詹锦平从软实力的视角进行分析，认为中华武术是一种中国制造，并将中国制造引入体育文化领域，提高文化软实力有利于促进中华武术进入国际奥运文化④。高贯发分析了武术话语权的内涵、基本特征和当代诉求，武术话语权在国际背景下缺失的表现是：武术话语关注较少，缺乏学术话语意识；武术话语空间较窄，缺少话语分量；武术话语身份认同较淡，缺少话语表达平台。针对这些问题，作者提出加强武术话语理论研究、扩大国际武术联合会的影响力、加强武术与国际体育的交流对话以提升武术话语权等建议⑤。孙玉马认为中国武术的对外传播要融入国际话语格局，中国武术目前缺乏多样性的传播方

---

① 王岗：《中国武术发展的文化路径——从文化话语权谈起》，《搏击》2008 年第 5 期。
② 刘占鲁、孙勇：《论奥林匹克语境下武术话语权力的缺失》，《广州体育学院学报》2013 年第 1 期。
③ 李源等：《社会转型期武术文化的现代角色转换与话语权的重拾》，《山东体育学院学报》2013 年第 5 期。
④ 詹锦平：《软实力与中国在奥运文化中话语权的相关性分析——兼论中国武术进入奥运的路径之选》，《山东体育科技》2013 年第 6 期。
⑤ 高贯发：《武术话语权刍议》，《体育研究与教育》2017 年第 2 期。

式、忽视大众传播、缺乏交流与传承；建议中国武术在对外传播的过程中应该构建武术话语体系，坚持文化走出去的战略、让世界了解和认同中国武术的传统体育文化，增强优秀文化传播的责任感，并坚持中国传统体育文化的特性①。

关于民族传统体育话语权的研究，田怡然认为中华民族传统体育目前处于文化失语状态，但是不能生硬地按照西方的标准和价值观来对待中华民族传统体育②；梁立启等认为，各国民族传统体育的话语权意识逐渐觉醒，西方发达国家霸占国际体育话语权的局面逐渐被打破，各国的民族传统体育得到了一定的发展，中国的武术项目的发展任重道远③。

此外，还有学者将体育话语权的竞争与媒体的新闻报道结合起来论述，认为体育话语权的竞争在很大程度上可以体现为体育新闻报道的争夺。例如，陆攀认为体育新闻报道承载着体育价值观和意识形态，新闻报道要传播主流价值观，要获得国家、社会的认同和主流意识形态的认同，把握主流意识形态的主导话语权。④

(四) 关于学校体育话语权的研究

查阅相关文献，发现我国关于学校体育话语权的研究较为少见，但是关于学校体育话语权的议题已经引起国内一些学者的关注。

1. 关于学校体育话语的研究

孙淑慧从话语的视角采用文本分析法对我国 20 世纪 80 年代中期

---

① 孙玉马：《中国武术对外传播中的话语权研究》，《武术研究》2017 年第 7 期。
② 田怡然：《文化生态视角下关于民族传统体育话语权之思考》，《文体用品与科技》2017 年第 6 期。
③ 梁立启等：《我国体育话语权的产生基础与有效发挥研究》，《武汉体育学院学报》2017 年第 7 期。
④ 陆攀：《体育报道与主流意识形态的话语权——基于话语分析的视角》，《绥化学院学报》2015 年第 5 期。

以来的学校体育话语现象进行分析，认为学校体育话语充满改革意识，"生活"话语缺失，理论话语与实践疏离，揭示了学校体育思想的贫乏与困顿①；刘韬在话语分析的基础上，对不同时期的学校体育文本进行分析，认为学校体育话语本身具有意识形态的特征，学校体育话语包括学术话语、政治话语和市场话语，指出应该注意寻求学术、政治和市场三方力量的平衡点以便发出不同的声音②。

2. 关于体育学科话语权的研究

范美丽、钟贵钦从学科规训的视角研究体育学科的话语权，认为大学体育学科面临话语权缺失的危机，根源在于历史的错位、学科规训的规限、知识体系和学术组织的缺失等。③

3. 关于学校体育话语权性别差异的研究

汪全先、王健从社会性别理论出发，对男生、女生享有的学校体育话语权进行分析，认为学校体育存在性别话语权力偏失的问题，指出在学校体育课程选择方面，男生比女生拥有较多的话语权，男女学生享有不同的学校体育话语权，应该重塑学校体育的两性话语权力④；田怡然认为在学校体育领域，西方体育项目占据体育教学内容的主要部分，全球化发展在促进文化融合的同时，也导致了我国民族传统体育项目在体育教学中的失语。⑤

国内关于学校体育话语权的专题研究较为少见，但是在学校体育

---

① 孙淑慧：《20世纪80年代中期以来我国学校体育话语现象的反思与探析》，《成都体育学院学报》2010年第2期。
② 刘韬：《中国学校体育百年话语分析》，博士学位论文，湖南师范大学，2015年，第16页。
③ 范美丽、钟贵钦：《学科规训视野下大学体育学科话语权的缺失与重建》，《贵州体育科技》2015年第4期。
④ 汪全先、王健：《我国学校体育性别问题的根源及其消解》，《体育学刊》2017年第2期。
⑤ 田怡然：《文化生态视角下关于民族传统体育话语权之思考》，《文体用品与科技》2017年第6期。

工作的具体实践中已经涉及话语权的问题，关于提升学校体育话语权的议题已经引起学校体育相关人员与学者的关注。未来，学校体育话语权必将逐渐成为学校体育主管部门、基层体育教师与学术界关注的研究主题。

由此可见，以往的相关学校体育话语权研究主要是经验研究，理论研究尚不成系统，关于"学校体育话语权"的概念、构成要素、表现形式等理论研究较为罕见，已有的理论研究与实践层面的结合不够紧密，多数研究尚局限于话语权缺失的现状表述、经验分析和提升策略研究。新时代国家发布一系列关于学校体育的政策文件以期增强学生体质健康、提高学校体育的地位、促进学校体育的发展、培养学生的全面发展等，学校体育得到国家和政府的高度重视。基于时代的发展和政策的导向，关于学校体育话语权的理论研究将成为开展学校体育管理与实践的迫切需要。

上述国内的相关研究表明，目前我国学术界关于体育话语权、竞技体育话语权、体育国际话语权的研究成果较为广泛，学者们更为关注我国在竞技体育重大国际赛事与世界体育事务管理等方面的话语权状况。究其原因，在体育全球化发展的背景下，人们对竞技体育的喜好和关注。虽然学者们对学校体育的研究也较为深入，但是从话语权的视角出发研究学校体育较为少见，关于学校体育话语权的理论与实践研究相对而言极为薄弱。

二 国外研究现状

"话语"源于语言学研究领域，1952年由美国语言学家哈里斯（Zelling Sabbettai Harris）在《话语分析》（*Discouse Analysis*）中提出。1970年，法国哲学家米歇尔·福柯（Michel Foucault）跨越语言学的研究范畴，在法兰西学院的就职演讲《话语的秩序》（*The Order of Dis-*

couse）中第一次阐释了话语与权力的结合与关系，认为"话语是权力，人们通过话语赋予自己权力"①，并提出权力话语（Power Discourse）的称谓。

（一）关于话语权的研究

1. 关于话语权基本认识的研究

话语权，英文一般译为 Discourse Power，而非 Discourse Right，西方学者用 Power 来强调话语的力量和权力。国外关于话语权的认识中颇具代表性的研究主要有以下三种。②

一是以福柯为代表的后现代主义学派，反对中心话语权，关注个人话语权的研究。

二是以葛兰西为代表的西方马克思主义学派，关注抢夺话语权，致力于民主话语权的研究。

三是以萨德为代表的后殖民主义学派，反对强势群体或者帝国主义的话语霸权，开展消除话语霸权的相关研究。

福柯将话语分析从语言学领域纳入社会学领域，第一次提出了"话语权"的概念，并以葛兰西的文化领导权理论为理论基础，形成了话语权力理论，认为话语权是各种社会力量合力的过程，也是语言、知识和文化影响世界的历史过程。费尔克拉夫认为话语权在任何社会只有一种表达方式，即主流社会认可的话语表达方式；社会只有一套行之有效的话语体系，这种有效的话语体系是主流社会认可的话语体系，而违背主流话语体系的话语表达则是一种无效的发声，不能获得主流社会的认可，只是单方的话语陈述，没有话语反馈，无法形成有效的对话；实现话语权的先决条件是话语机会或者言论自由与言论权

---

① 徐军义：《福柯的话语权力理论分析》，《文教资料》2010 年第 35 期。
② 刘勇：《当代中国主流价值观话语权的思想溯源与现实建构》，博士学位论文，安徽大学，2017 年，第 8—9 页。

利，具有言论自由或机会并不等于拥有话语权，真正的话语权必须是个人的言论能够对自身权利相关的事务起决定性的影响，只有这样，才能真正拥有话语权。① 葛兰西认为话语权是意识形态领导权的实现形式；拉克劳、墨菲等人在葛兰西文化领导权的基础上，提出了话语领导权，认为要争夺并获得话语领导权。②

加布里埃尔·梅迪纳等认为话语权逐渐成为一种行使权力，是影响当地社会和自然资源管理方式的新手段。③ 安娜在《话语权力还是权力话语：〈联合国儿童权利公约〉起草过程中全球儿童规范的重构》("Power of Discourse or Discourse of the Powerful?: The Reconstruction of Global Childhood Norms in the Drafting of the UN Convention on the Rights of the Child") 一文中辨析了话语权力和有效话语的不同，认为话语可以被用来确定历史意义模式和社会习俗。④

2. 关于弱势群体话语权的研究

费尔克拉夫认为社会强势群体充分享有话语权，弱势群体则很少或没有话语权。斯皮瓦克在其代表作《弱势者有话语权吗?》(Can the Subaltern Speak?) 中指出，人们在努力改善弱势者或者弱势群体的话语权时，往往借助强权者的力量，让强权者为弱势者代言，而不是弱势者自己发声，因此提出了"让弱势者自己说话"的口号。该口号一经提出，立即引发了学术界的强烈反响。斯皮瓦克认为强权者通过对话语权进行绝对掌控以维护和延续自身的权益，强权者为弱势者代言时，

---

① [英] 诺曼·费尔克拉夫：《话语与社会变迁》，殷晓蓉译，华夏出版社2003年版。
② 刘勇：《当代中国主流价值观话语权的思想溯源与现实建构》，博士学位论文，安徽大学，2017年，第8页。
③ Gabriel Medina, Benno Pokorny and Jes Weigelt, "The Power of Discourse: Hard Lessons for Traditional Forest Communities in the Amazon", Forest Policy and Economics, Vol. 11, No. 5 - 6, 2009, pp. 392 - 397.
④ Anna H., "Power of Discourse or Discourse of the Powerful?: The Reconstruction of Global Childhood Norms in the Drafting of the UN Convention on the Rights of the Child", Journal of Language and Politics, Vol. 10, No. 1, 2011, pp. 1 - 28.

不可能完全准确地代表弱势者发言。因此,要让弱势者自己发声、自己说话、自己表述。发声是让人知道有人,即你是谁(Who)的问题;说话是让人知道有事,即你在干什么(What)的问题;表述则是让人知道原因,即为什么(Why)的问题。弱势者没有话语权是因为其话语表达不力,或者没有足够的话语表达能力,或者没有表达机会或场所,或者说话没有听众等,这些使得弱势者的话语表达无法获得效果,其话语行为没有效果和影响力,话语者就无法享有话语权。导致弱势者话语表达不力的原因有:一是认知不足,没有掌握社会主流意识形态,不了解有效的话语形式;二是话语能力不足,不能有效表述自己的利益诉求;三是没有合适的话语平台,没有话语表达的场所和听众,无法获得话语反馈和话语效果。同时,作者认为只有采用主流社会认可的话语形式在话语平台进行表达,才能形成有效的话语。①

也有学者从性别的视角出发,研究女性弱势群体的话语权。蒙克曼和霍夫曼研究在女童教育中政策话语的力量,运用批评话语分析法研究女性主义政策,讨论了政策话语影响两性平等的可能性。②

3. 关于媒体话语权的研究

话语权的表达离不开媒体的传播,因此,关于媒体话语权的研究较多。美国语言学家爱德华·萨丕尔(Edward Sapir)认为媒体话语权对现实世界的描述会影响人们对外部世界的看法以及与外部世界的沟通方式,媒体通过议程设置和选择性报道来影响舆论③;德里达认为在媒介领域,话语权由强势集团或人控制,他们通过掌控媒

---

① 陈开举:《话语权的文化学研究》,中山大学出版社2012年版,第16、151—158页。
② Monkman K. and Hoffman L., "Girls' Education: The Power of Policy Discourse", *Theory and Research in Education*, Vol. 11, No. 1, 2013, pp. 63 – 84.
③ 张国庆:《媒体话语权:美国媒体如何影响世界》,中国人民大学出版社2012年版,第5页。

体来操控人们的认识和判断,媒体话语权是一种潜在的现实权力①;斯图亚特·霍尔(Stuart Hall)认为新闻报道具有意识形态,电视话语反映意识形态和文化霸权,意识形态会无声地编入新闻文本之中,政治、经济、文化等霸权可以通过电视传播来影响甚至控制受众;鲍德里亚认为媒体描述的现实是仿真现实,并不是真正的客观实际,其话语已经被赋予了媒体界的意识形态和思想②;哈贝马斯认为媒体是社会舆论的重要组成部分,民众可以通过报纸、广播、电视、网络等媒体形成舆论或者达成共识,媒体可以展示人们的话语权、引导社会舆论、影响媒体受众的意识形态和价值观。霍斯拉维尼克等认为话语权不能回避新媒体传播,因为新媒体已经成为话语权争斗的新兴场所③。

还有关于网络话语权的研究,阿顿通过考察英国BNP(英国民族党)的网站话语,探讨网站作为一种替代媒体的形式,其层次性决定了网站成员无法持续、积极地参与自身身份的构建④;利尔奎斯特等通过企业脸书(Facebook)页面上的对话与独白,分析了社交媒体的话语权力关系,结合批判性话语分析与巴赫金的对话,展示不同声音是如何被提升或者压制,认为脸书在扭曲话语权力关系中起着关键作用⑤。

(二)关于教育话语权的研究

1. 关于教育话语权基本认知的研究

坎德拉分析了课堂互动时的教育话语权,认为学生可以使用教师

---

① 廖莉、李艳翎:《国际体育话语权的内涵研究》,《当代体育科技》2014年第16期。

② 吴瑛:《中国话语权生产机制研究:基于西方舆论对外交部新闻发言人引用的实证分析》,上海交通大学出版社2014年版,第18、20页。

③ KhosraviNik Y., Kopytowska M. W., *Why Discourse Matters: Negotiating Identity in the Mediatized World*, New York: Peter Lang, 2014, p. 380.

④ Atton C., "Far - Right Media on the Internet: Culture, Discourse and Power", *New Media & Society*, Vol. 8, No. 4, 2006, pp. 573 - 587.

⑤ Lillqvist E., Louhiala - Salminen L. and Kankaanranta A., "Power Relations in Social Media Discourse: Dialogization and Monologization on Corporate Facebook Pages", *Discourse Context & Media*, 2016, 12: pp. 68 - 76.

在课堂上行使权力的话语资源，从而捍卫教师的教育话语权①。洛斯·德·容等人认为教育话语权是贯穿教师职业生涯的一个动态的、持续的过程，并嵌入一系列环境和活动中。例如，课堂、专业发展课程和讲习班、与学生家长的对话等方面都体现了话语权的重要性，并通过详尽的事例进一步阐述了关于教育话语权的认知②。

2. 关于不同群体教育话语权的研究

国外学者关于教育话语权的群体研究主要集中在教师和女性方面。关于教师教育话语权的研究，欧文和赫拉米克对在线论坛的教育话语权进行研究，认为教师教育使学员的身份发生转变，从而引发权力的改变③。唐娜·卡姆巴赫·菲利普斯和罗伯特·查·纳瓦认为拉丁裔的实习生通过使用教育话语权能够成为一名好教师④。

关于女性教育话语权的研究。例如，野野村对居家母亲的教育话语权进行研究，认为母亲的教育话语权不仅表现为对家中孩子的批评，也表现为对家中父亲的教育与批评⑤。奈登分析了反思性话语对家庭女性教育话语的影响⑥。蒙克曼通过分析 1995—2008 年的 300 份政策文件，发现女童教育话语权存在一些问题⑦。

---

① Candela A., "Students' Power in Classroom Discourse", *Linguistics & Education*, Vol. 10, No. 2, 1998, pp. 139-163.

② Loes de Jong, Jacobiene Meirink and Wilfried Admiraal, "School-Based Teacher Collaboration: Different Learning Opportunities Across Various Contexts", *Teaching and Teacher Education*, 2019, p. 86.

③ Irwin B. and Hramiak A., "A Discourse Analysis of Trainee Teacher Identity in Online Discussion Forums", *Technology Pedagogy & Education*, Vol. 19, No. 3, 2010, pp. 361-377.

④ Donna Kalmbach Phillipsa & Robert Ch Nava, Narab, "Biopower, Disciplinary Power and the Production of The 'Good Latino/a Teacher'", *Discourse: Studies in the Cultural Politics of Education*, Vol. 32, No. 1, 2011, pp. 71-83.

⑤ Nonomura T., "A Woman's Discourse on 'Mother' and 'Education' in Antebellum America: Lydia Huntley Sigourney, Letters to Mothers, 1834", *Research Bulletin*, 1998, pp. 135-157.

⑥ Neden J., "Reflexivity Dialogues: An Inquiry into How Reflexivity is Constructed in Family Therapy Education", *University of Northumbria at Newcastle (United Kingdom)*, 2012.

⑦ Monkman K. and Hoffman L, "Girls' Education: The Power of Policy Discourse", *Theory and Research in Education*, Vol. 11, No. 1, 2013, pp. 63-84.

3. 关于教育话语权现状与问题等的研究

乔纳森等认为当前教育话语权的主要问题是存在过度的精英话语权①。

凯利和彼得通过分析美国教育话语权政策的发展脉络，呼吁人们反思美国教育话语权政策的不足。

科勒认识到高等教育话语权的重要性，认为教育话语权的关键是话语影响力，建议在政策层面进行进一步的规范。

（三）关于体育话语权的研究

国外关于体育话语权的研究主要集中在两个方面：一是体育运动领域的话语权研究，包括体育自身话语权的研究以及运动员与教练员的话语权研究；二是关于国际体育话语权的研究，主要研究在体育外交的过程中话语权的状况等。

1. 关于体育运动领域话语权的研究

关于体育运动领域（Sports）的话语权研究。例如，亚当斯和哈里斯认为体育在促进发展方面缺乏话语、权力和知识，运用福柯的话语权力理论，评估体育在促进发展领域中的各种政治行为体，如资助者、决策者、学者和体育发展实践者的相关权力、知识和话语。在新自由主义背景下，体育促进发展领域缺乏证据话语、权力和知识②。

还有学者对运动员与教练的话语权进行研究。例如，戴维·约翰斯和詹妮弗·约翰斯运用话语权力理论探讨纪律权力的概念及其与体

---

① Jonathan, J., B., et al., "The Unfulfillable Promise of Meritocracy: Three Lessons and Their Implications for Justice in Education", *Social Justice Research*, Vol. 29, No. 1, 2016, pp. 14 – 34.

② Adams A. and Harris K., "Making Sense of the Lack of Evidence Discourse, Power and Knowledge in the Field of Sport for Development", *International Journal of Public Sector Management*, Vol. 27, No. 2, 2014, pp. 140 – 151.

育的关系,以便解释权力作为支配手段、自我技术作为转换手段如何形成话语实践,认为运动员会质疑教练专业知识话语的有效性,但是只要运动员认为教练的安排是合理的,通过内化解释,他就愿意接受这种权力结构。① 库什和琼斯则应用布尔迪厄理论,对青少年职业足球队进行了为期10个月的研究,认为教练使用的话语大部分是权威性话语,却被教练和球员误认为合法。②

2. 关于国际体育话语权的研究

关于国际体育话语权的研究,其中包括体育外交话语等研究。例如,克莱德·宾菲尔德和约翰·史蒂文森认为体育话语权体现为体育外交、体育政治中话语权的争夺,研究国际体育话语权应该追溯其历史、政治和文化等背景③;古普塔和阿米特认为国际体育机构的决策、国际体育的规则等长期被西方国家垄断,随着非西方国家对国际体育的权力诉求,国际体育权力结构重塑④;托尼·斯基拉托在《竞技话语》(*Sports Discourse*)一书中指出,研究体育离不开体育话语权的讨论,认为庞大的体育话语语境形成复杂的体育话语体系,这也使得体育成为一个庞杂的复合体⑤;大卫·考德威尔认为体育话语取代了体育语言,体育话语是体育研究的重要内容,体育话语权在当代国际

---

① Johns D. P. and Johns J. S. , "Surveillance, Subjectivism and Technologies of Power: An Analysis of the Discursive Practice of High – Performance Sport", *International Review for the Sociology of Sport*, Vol. 35, No. 2, 2000, pp. 219 – 234.

② Cushion C. and Jones R. L. , "Power, Discourse, and Symbolic Violence in Professional Youth Soccer: The Case of Albion Football Club", *Sociology of Sport Journal*, Vol. 23, No. 2, 2006, pp. 142 – 161.

③ Clyde Binfield and John Stevenson, "Introduction", in Clyde Binfield, John Stevenson, *Sport, Culture and Politics*, Sheffield Academic Press, 1993, pp. 13 – 16.

④ Gupta, Amit, "The Globalization of Sports, the Rise of Non – Western Nations, and the Impact on International Sporting Events", *The International of the History of Sport*, Vol. 26, No. 12, 2009, pp. 1779 – 1790.

⑤ Tony Schirato, *Sports Discourse*, London: Bloomsbury, 2013, pp. 1 – 18.

体育活动中具有重要的作用①；乌多·默克尔认为体育是一种外交工具，它是一个国家和地区制定体育政策和话语权的重要手段②；西蒙·罗夫认为体育外交是话语权争夺的一个重要领域③；而斯图尔特·默里则认为所谓的新体育外交就是要在既有的国际体育秩序上争夺话语权，打破原有的国际体育话语秩序，建立新的国际体育话语秩序④。

（四）关于学校体育话语权的研究

1. 关于学校体育话语权性别差异的研究

国外针对学校体育话语权的研究主要集中在从社会性别的角度研究男女生、男女教师之间话语权的差异。有学者通过对体育教师的访谈内容进行话语分析，认为学校体育的权力技术使得领导者具有男性气质，从此导致领导中的女性代表不足，此外，男性领导享有主导性话语权。⑤

学者通过解读福柯的话语权力，探讨了农村社区影响女孩参加学校体育和校外体育活动的话语权力关系，认为占主导地位的性别话语和表演话语在塑造女孩对"活跃"或"运动"意义的建构起积极作用，并认为同龄人的注视延续了表演话语的力量，女孩据此衡量和自我调节其参与体育活动的行为。⑥

---

① Caldwell, David, et al., "Discourse, Linguistics, Sport and the Academy", in David Caldwell, etc., eds., *The Discourse of Sport: Analyses from Social Linguistics*, New York: Routledge, 2016, pp. 17 – 28.

② Merkel Udo, "Sports as a Foreign Policy and Diplomatic Tool", in Alan Bairner, etc, eds., *Routledge Handbook of Sport and Politics*, Abingdon: Routledge, 2016, pp. 56 – 66.

③ Rofe, J. Simon, "Introduction: Establishing the Field of Play", *Sport Diplomacy: Games Within Games*, Manchester: Manchester University Press, 2018, pp. 1 – 10.

④ Murray Stuart, *Sports Diplomacy: Origins, Theory and Practice*, Abingdon: Routledge, 2018, pp. 89 – 112.

⑤ Webb, Louisa A., Doune Macdonald, "Techniques of Power in Physical Education and the Under – representation of Women in Leadership", *Journal of Teaching in Physical Education*, Vol. 26, No. 3, 2007, pp. 279 – 297.

⑥ Casey M., Mooney A., Smyth J., et al., "'Power, Regulation and Physically Active Identities': the Experiences of Rural and Regional Living Adolescent Girls", *Gender and Education*, Vol. 28, No. 1, 2016, pp. 108 – 127.

学者采用社会批判的视角分析了新西兰中学体育课的男生性别问题，认为由于话语权力是社会意义再创造的过程，与身体活动相关的性别主流话语在学校体育课内再创造了身体与健康，认为男生在学校体育课中处于性别主体地位，拥有比女生更多的话语权。①

还有学者对不同地区女生学校体育话语权的差异进行了分析。例如，凯西和穆尼等人借鉴福柯的话语权力理论，探讨了影响农村和社区女生参与学校体育运动的话语权力关系，认为积极塑造的女生身份地位的主流性别话语和表演话语得到规范和重视。要调节或者规范女生或者其他人的运动参与，就应该将更广泛的社会文化和制度等话语权力关系渗透到体育课堂之中。②

也有学者研究如何改变学校体育中性别话语权的社会影响力。格德和戈兰认为要想改变有关性别主导话语的社会影响力，就必须研究学校体育相关的乐趣话语；体育教师不仅可以使学生获得快乐体验，还可以影响学生的性别认识，影响学生在运动学习过程中的乐趣。③

2. 关于体育教师学校体育话语权的研究

有学者对如何提高体育教师的学校体育话语权进行了研究。例如，约翰斯和戴维对体育教师如何影响学校体育政策的实施进行了研究，在香港中学体育部门的微观环境中，分析体育教师进行课程

---

① Gerdin, Göran, "'It's Not Like You are Less of a Man Just Because You Don't Play Rugby' – boys' Problem Matisation of Gender during Secondary School Physical Education Lessons in New Zealand", *Sport, Education & Society*, Vol. 22, No. 8, 2017, pp. 890 – 904.

② Casey M., Mooney A., Smyth J., et al., "'Power, Regulation and Physically Active Identities': the Experiences of Rural and Regional Living Adolescent Girls", *Gender and Education*, Vol. 28, No. 1, 2016, pp. 108 – 127.

③ Gerdin, Göran A., "'Culture of Everyone Doing It' and 'Playing Games' – Discourses of Pleasure in Boys' Physical Education", *Asia – Pacific Journal of Health, Sport and Physical Education*, Vol. 7, No. 1, 2016, pp. 55 – 75.

改革实践教学的话语，认为教师成为政策制定的潜在关键参与者，并揭示形成权力安排的二元关系，认为教师话语赋予权力安排实践优势的同时，还可以边缘化他人。因此在制定学校体育政策时，要将体育教师纳入其中，提高体育教师的话语权，增强体育教师制定政策的参与性，学校体育政策的制定者应该充分考虑体育教师的话语诉求。[1]

斯特普特和凯欧认为体育教师有一种被权力隔离的隔离感，这是因为与学校课程相比，体育是边缘性的。美国教育部2002年的"不让一个孩子落后"的政策鼓励所有课程均配备高质量的教师，但是体育课程却被排除在外。尤其是在一些普通水平的地区，学校一般只配备一名合格的体育教师，而非优秀、高质量的体育教师。[2]

亨特认为小学体育的地位在世界范围内被边缘化，学校体育采用成人多于体育教练（AOTT）的趋势，即采用非专业化的体育教师，导致学校体育活动缺乏和小学体育课程专业水平的认同感低。[3]

肯恩·格林则从权力资源的角度出发，研究学校体育领域内不同主体的权力，认为校长和体育管理部门享有经济、惩罚和劝导三种权力，这些权力是政府赋予的；在体育教师和学生之间，体育教师的资源和偶尔的强制措施非常具有说服力，即体育教师拥有较为丰富的权力资源。此外，肯恩·格林还认为体育教师与其他学科教师之间存在权力竞争，可以通过强化体育考试的使用价值为体育教师提供更多的

---

[1] Johns and David P., "Changing the Hong Kong Physical Education Curriculum: A Post-Structural Case Study", *Journal of Educational Change*, Vol. 4, No. 4, 2003, pp. 345–368.

[2] Stroot, S. A., Ko, B., "Induction of Beginning Physical Educators into the School Setting", in D. Kirk, D. Macdonald and M. O'Sullivan, eds., *The Handbook of Physical Education*, London: Sage Publication, 2006, pp. 425–448.

[3] Hunter L., "Research Into Elementary Physical Education Programs", in D. Kirk, D. Macdonald and M. O'Sullivan, eds., *The Handbook of Physical Education*, London: Sage Publication, 2006, pp. 580–595.

权力资源，进而支撑学校体育的地位[①]，还可以通过提升体育教师的权力提高学校体育的地位。

国外学者关于学校体育话语权的研究趋势依然是学校体育话语权的具体实践问题。例如，如何提升学生、体育教师的话语权，改善学校体育领域话语权性别差异等。

三 国内外研究述评

综上所述，通过综合整理国内外的相关研究现状可以发现，目前国内外关于话语权的研究没有形成成熟的理论，关于话语权的研究主要包括两个方面：一是关于话语权的基本理论研究；二是话语权在不同领域的应用研究。此外，国外关于话语权的研究侧重于话语权力的研究，而国内关于话语权的研究，大多数人认为"权"是权利与权力的统一，话语权包含话语权力与话语权利两个方面。有的研究侧重于研究话语权利，从法律的视角认为话语权是一种人权，是关乎人的生存和发展的权利，研究如何保障和维护弱势群体的话语权利。也有的研究则侧重于研究话语权力，认为在法律面前人人平等，人人都享有话语权利，区别在于拥有话语权力的大小和强弱，话语权力的大小涉及范围与广度，研究的是话语权力影响的覆盖面；而话语权力的强弱则涉及程度与力度，研究的是话语权力影响的深入度。

我国关于体育话语权的研究主要是经验研究，内涵等理论研究较少，大多只是简单的话语权缺失的现状表述、经验分析和提升策略研究。国内现有研究很少从话语权的视角出发研究学校体育存在的现实问题，我国更多关注的是竞技体育国际话语权的问题，期望通过增加

[①] [英] Ken Green：《理解体育教育》，王健、董国永主译，华中师范大学出版社2015年版，第13—14页。

在国际体育组织的人数、增强决策地位、提高外语水平等来提升我国的竞技体育国际话语权；而国外更多关注的是弱势群体、性别差异引发的学校体育话语权不平等的问题，国外的这些相关研究可以为我国学校体育话语权研究提供参考和借鉴。我国关于学校体育话语权的研究较少，对于学校体育话语权的概念、内涵、表现形式、衡量标准等理论研究较少涉及。

目前我国关于学校体育话语权研究的不足之处在于：第一，学校体育话语权的理论研究滞后于现实需求，研究还不成体系，应该提升理论研究层次，深入开展理论研究，丰富和发展学校体育话语权理论；第二，实践应用研究未能有效地解决社会现实问题，即未改变或者缓解学校体育工作者在话语权上的劣势地位，应该结合社会现实进行学校体育话语权研究，为解决实际问题提出相关建议，体现本书的问题意识。

本书认为学校体育话语权包括国内和国际两个方面，也存在学校体育国际话语权的说法，但首先要明确学校体育话语权的概念、内涵、本质、衡量标准、表现形式等，才能进行深入研究；其次要分析学校体育话语权的现实表达状况；再次学校体育在进行国际交流的过程中必将产生学校体育国际话语权。这些都是现有研究不曾涉及的内容，需要我们进行概念界定与解读的理论研究以及现实问题探析的实践研究。

第三节 研究对象与方法

一 研究对象

本书将学校体育话语权作为研究对象，通过对学校体育话语权的概念进行界定，调查我国学校体育话语权的现实状况，分析我国学校体育话语权存在的问题，并探究原因，进而提出策略。在此，本书主要是对我国国内的学校体育话语权现状进行调查分析，关于学校体育国际话语权则将是后续的研究。

二 研究方法

（一）文献法

采用文献法为本书提供理论研究依据，奠定研究的理论基础。通过查阅相关书籍、文件、报纸、政府网站、CNKI 学术期刊数据库、CNKI 优秀博硕论文数据库、CNKI 报纸数据库、百度学术、SPORT-Discus 数据库等文献检索平台以及华中师范大学图书馆、陕西师范大学图书馆和国家图书馆等资源，广泛收集关于话语权力理论及学校体育话语权方面的研究资料，收集、整理、归类、分析并提炼国内外的相关研究文献，了解目前学校体育话语权已有研究的成果与不足之处，为本书提供相应的理论支撑、研究依据和进一步研究的空间。

1. 基于话语权的细化检索

通过对中国知网（CNKI）学术期刊数据库进行检索，以"话语权"为篇名的期刊论文共 6953 篇（截至 2023 年 10 月 31 日），我国关于话语权的研究始于 1994 年，研究主题是批评话语权，后续的研究涉及文化话语权、文学评论话语权、两性话语权、争夺话语权等。2006 年以后我国关于话语权的研究开始明显增长，研究主题涉及意识形态话语权、文学话语权、媒体话语权、教师话语权、学生话语权、农民话语权等，尤其是 2015 年以后论文数量增幅显著。对这 6953 篇论文进行再次检索，按照学科分类，检索到"体育"学科的论文 110 篇，去除 4 篇书画鉴定话语权的论文，涉及体育学科话语权的论文只有 106 篇，按照发表年度统计，如图 1-1 所示。

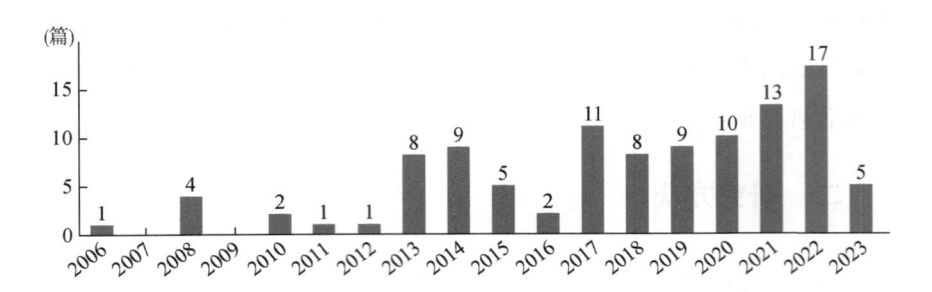

图 1-1 CNKI 学术期刊数据库中以"话语权"为篇名的
体育学科相关论文检索分布情况

由图 1-1 可知，我国体育学科关于话语权的研究始于 2006 年，随着学术界对话语权研究的大幅度增长，体育学科也开始了关于话语权的研究，研究在媒介掌握话语权的情况下，女性体育文化的传播困境与发展。后续的研究则涉及武术文化话语权、体育话语权、体育传播话语权、国际体育话语权、竞技体育话语权、体育学科话语权等内容，其中国际体育话语权的研究最多，有 71 篇，所占比例高达 66% 以上。

检索 CNKI 中国期刊网优秀博硕论文全文数据库，截至 2023 年 10 月 31 日，关于体育话语的博士学位论文有 2 篇。刘韬运用话语分析方法分析了中国百年来的学校体育话语；刘桦楠则是基于公共性的视角对中国足球话语文献资料进行分析，从话语空间、话语交往和共识三个方面论述了中国足球的话语实践。关于体育国际话语权的博士学位论文有 2 篇，廖莉从话语权的视角对国际竞技体育话语权进行了分析；而陈思则是从国际关系学的视角研究了中国体育国际话语权的提升策略。

以"话语权"为题名，"体育"为主题，检索到关于体育话语权的硕士学位论文有 19 篇，其中内容涉及体育国际话语权的较多，还有竞技体育话语权、女性体育话语权、运动队话语权、弱势群体体育话语权和体育媒体话语权等。

通过会议检索，以"话语权"为篇名，"体育"为主题，检索到 27 篇会议论文，其中涉及国际体育话语权 18 篇，武术话语权 2 篇，民族传统体育学科话语权 2 篇，体育学术话语权 2 篇，搏击运动话语权 1 篇，体育传媒国际话语权 1 篇，学校体育话语权 1 篇；从出版时间上看，2016 年、2017 年各 1 篇，2018 年 6 篇，2019 年 7 篇，2021 年 1 篇，2022 年 9 篇，2023 年 2 篇；近年来对于国际体育话语权的研究较多。

对报纸进行检索，以"话语权"为篇名和"体育"为主题，检索到 4 篇文章，其中 3 篇是国际体育话语权，1 篇涉及学校体育话语权[①]。

2. 以学校体育为主题的文献检索

以"学校体育"为主题在中国知网（CNKI）学术期刊网络出版总库检索，共有论文 51233 篇，学校体育的相关研究较为广泛，2007—2021 年每年都有 2000 篇左右的期刊论文发表；以"学校体育"为篇名进行检索，仍有 13988 篇论文，这些论文中关于学校体育的研究较多，涉及的范围较为宽泛，最早发表的论文是张奚若关于加强学校体育工作的《学校行政应切实加强对学校体育工作的领导》一文。1978 年改革开放以来，开始出现介绍国外学校体育动态的研究，如民主德国、奥地利、日本等国家的学校体育，以及关于学校体育的目的、任务、地位、基本问题、教学管理、改革实践等方面的研究；进入 21 世纪，关于学校体育的研究迅速增多，研究内容包括学校体育与素质教育、学校体育课程改革、学校体育的困境与出路、学校体育思想的发展与演变、学校体育与快乐体育、学校体育法制、学校体育思想、农村学校体育等。2007 年 5 月 7 日，中共中央、国务院颁布《关于加强青少年体育增强青少年体质的意见》，以及阳光体育运动的开展，掀

---

① 林剑：《用好学校"话语权"》，《中国体育报》2019 年 5 月 21 日第 6 版。

起了学术界关于学校体育的研究热潮。2007年关于学校体育的研究暴增，达到500篇，比2006年的363篇增长近37.7%。

以"学校体育"为篇名，再以"话语"为篇名，在13988篇论文中只检索到6篇论文，这6篇文章都是以采用话语分析方法研究学校体育的问题。其中2篇论文研究的是学校体育的话语现象和话语流变；1篇是介绍学校体育研究的一种新视角，即话语分析范式；2篇对学校体育政策进行话语分析；1篇研究的是学校体育的制度话语。由此可见，从话语权的视角研究学校体育比较少见，可以从话语权的视角研究学校体育的发展状况，进行学校体育话语权研究。

此外，从近年来国家社会科学基金项目（体育学）的立项情况来看，涉及话语和话语权研究的立项非常少见，2022年立项数达到8项，见表1-1。

表1-1　2015—2023年国家社会科学基金项目（体育学）立项统计情况

年份	立项总数	关于"话语、权利、话语权"研究的立项	
		立项数	立项名称
2015	121	2	中国足球媒介话语研究 人权法视域下的我国公民体育权利内涵研究
2016	139	1	转型中国运动员权利实现研究
2017	154	0	—
2018	160	1	知识考古与话语重构：中国传统武术哲学思想的再研究
2019	172	4	中国武术科学话语体系构建及跨文化传播研究 中国武术嵌入国家形象话语体系的机制研究 中国英语体育新闻对外传播话语模式研究 我国体育国际话语权提升的机制和路径研究
2020	151	3	新时代中国体育学术国际话语权提升研究 新时代中国国际体育话语权提升路径研究 新时代中国特色运动训练学学科体系、学术体系、话语体系的构建研究

续表

年份	立项总数	关于"话语、权利、话语权"研究的立项	
		立项数	立项名称
2021	169	4	中国红色体育话语的百年发展研究 新时代中国特色体育法学学科、学术、话语体系建设研究 中国国际体育法治话语权提升研究 中国武术话语体系本土构建研究
2022	169	8	政策过程理论视角下中国国际体育制度性话语权提升策略研究 我国体育专业课程思政的话语建构与育人实效研究 提升中国在国际体育组织话语权的策略研究 中国国际体育仲裁话语权提升问题研究 体育非物质文化遗产保护的"中国式现代化新道路"与话语体系建构研究 我国国际竞赛话语权提升研究 我国国际体育仲裁话语权提升研究 中国红色体育百年话语变迁与创新研究
2023	160	0	—

（二）访谈法

学校体育话语权的话语主体具有多元性，包括政府、社会和学校三个层面。政府层面包括国务院、教育部、地方各级政府、教育行政部门、体育主管部门等相关领导和管理人员，社会层面包括社会组织、企业、媒体、大众和家长等，学校层面包括学校领导、专家学者、体育组长、体育教师和学生等，都是本书的调查对象。但是由于学校体育话语权的话语主体太过庞杂，本书的主要访谈对象涉及教育行政部门领导、主管体育的校领导、教研员、体育专家、体育组长和体育教师，重点访谈了体育专家和中小学体育教师。

笔者利用两次参加全国学校体育联盟（体育教育）的机会对各级各类学校的体育教育工作者进行访谈，如大中小学的体育教师、主管体育的副校长、省市级教研员等。2018年11月，笔者参加了在辽宁大连理工大学举行的第五届全国学校体育联盟（体育大会），在为期三天的会议上，除了观摩中小学示范课，还访谈了部分参会人员。2019 年 9 月第六届全国学校体育联盟（学校体育）在陕西师范大学召开，笔者作为分会第二主持人参与了会议，并访谈了部分与会的专家和教师。同时，访谈内容还涉及学校体育话语权研究内容的确定，为后续设计访谈提纲和调查问卷做好前期准备。

此外，笔者利用教育部直属师范大学的国培计划，对 2019 年参加学校"体育骨干国培计划"的宁夏班 45 名学员和新疆班的 33 名学员进行了集体访谈。笔者利用国培班班主任开班会的机会对学员进行集体访谈，在了解西北民族地区学校体育话语权状况的同时，了解中小学体育教师关注的话语权问题等，并为设计中小学体育教师关于学校体育话语权的调查问卷做好预调查。

（三）实地考察法

2018 年 9 月至 2019 年 12 月，笔者实地考察了西安市的西安庆华小学、陕西师范大学附属小学、陕西师范大学附属中学、西安中学、西安八十三中、西安八十五中、长安一中、长安二中和武汉市的华中师范大学附属小学、武汉吴家山第三小学，共 10 所中小学校。对 10 所学校的体育课堂教学、大课间、课外训练与体育活动进行实地考察，并了解学校的各项体育工作的开展情况，同时，在实地考察的同时，观察主管校长、其他任课教师以及家长与学生对体育教师的态度，为本书提供第一手的素材。

（四）问卷调查法

1. 编制调查问卷

根据前期文献汇总与访谈总结，编制调查问卷。首先，依据前期的深度访谈和集体访谈，设计中小学体育教师关于学校体育话语权的调查问卷。其次，根据话语权的要素即话语主体、话语客体、话语内容、话语平台、话语环境、话语效果六个维度设计问卷的内容。由于学校体育话语权的话语主体具有多元性，而学校体育话语权的具体执行者是体育教师，尤其是中小学体育教师，因此，笔者专门设计了关于中小学体育教师的学校体育话语权的调查问卷。

2. 问卷效度评价

邀请5位专家对调查问卷的内容、结构和整体进行效度评价，评价结果见表1－2，其中3位为高校教授，1位是高校副教授，1位是中学体育组长。

表1－2　　　　　专家对调查问卷的效度评价（N＝5）

	非常合适	合适	一般	不合适	非常不合适
问卷内容的有效性	1	3	1	0	0
问卷结构的有效性	1	4	0	0	0
问卷整体的有效性	1	4	0	0	0

根据5位专家的效度评价，编制的调查问卷在内容、结构和整体三个方面都有效，可以用来调查中小学体育教师的学校体育话语权状况。

3. 发放与回收问卷

由于研究的是我国学校体育话语权，需要面向全国发放调查问卷，采用网络发放与回收问卷更加有效和便捷。因此，笔者微信实名关注问卷星的微信公众号之后，创建问卷、编辑问卷、发布问卷。发布问卷星进行问卷调查的网址链接是：https://www.wjx.cn/vm/wFwAF-ZL.aspx。问卷星的网络数据自2020年9月10日至2020年9月30日，共收集网络数据316份。

4. 问卷的信效度检验

首先,对这 316 份网络数据进行效度检验。效度分析可以采用 KMO 值进行检验,见表 1-3,由于 KMO 值为 0.741,介于 0.7—0.8 之间,说明效度较好。

表 1-3　　　　　　　　KMO 和 Bartlett 的检验

KMO 值		0.741
Bartlett 球形度检验	近似卡方	10458.530
	df	3655
	p 值	0.000

然后,对这 316 份网络数据进行信度检验,除去多选题之外,对 39 个选项进行可靠性分析,本次网络数据的信度分析见表 1-4,其信度系数即 Cronbach α 系数为 0.760,介于 0.7—0.8 之间,说明网络数据的信度较好,数据可靠性较高,达到研究要求。

表 1-4　　　　　　　Cronbach 信度分析—简化格式

项数	样本量	Cronbach α 系数
39	316	0.760

其次,对 316 名网络调查对象进行基本信息整理,见表 1-5。在这 316 名网络调查对象中,不同性别、年龄、学校、身份、学历、教龄和职称的体育教师都有所涉及。中小学体育教师中具有博士学位的人较少,只有 1 人,符合现实情况;身份选为其他的,包括校长、副校长、教研室副主任、主管体育的学校干部,还有计算机教师,该教师是小学科组长兼管学校体育工作,这种非体育专业教师兼任体育组长的情况在小学时有发生。

表1-5　　　　　　调查对象基本信息统计（N=316）

内容	选项	人数（人）	比例（%）
性别	男	189	59.8
	女	127	40.2
年龄	30岁及以下	130	41.1
	31—45岁	162	51.3
	46岁及以上	24	7.6
您所在的学校	小学	114	36.1
	初中	93	29.4
	高中	92	29.1
	九年一贯制	17	5.4
身份	体育教师	263	83.2
	体育组长	38	12.0
	教研员	2	0.7
	其他	13	4.1
学历	专科	4	1.3
	本科	188	59.5
	硕士研究生	123	38.9
	博士研究生	1	0.3
教龄	少于5年	113	35.8
	5—10年	104	32.9
	11—20年	67	21.2
	20年以上	32	10.1

续表

内容	选项	人数(人)	比例(%)
职称	高级	41	13.0
	一级	79	25.0
	二级	163	51.6
	三级	33	10.4

最后，分析这316名调查对象的地区分布，除了青海省与港澳台之外，我国其他30个省、自治区和直辖市都有涉及，覆盖面较广。

（五）数理统计法

首先，采用SPSS 23.0统计软件对调查问卷的信效度进行检验，信度系数即Cronbach α系数通过SPSS软件中的分析→度量→可靠性分析进行统计，效度KMO值则通过软件中的分析→降维→因子分析进行统计。其次，将问卷星导出的网络数据导入SPSS中进行统计分析。

（六）逻辑分析法

运用分析与综合、归纳与演绎等不同逻辑分析方法，研究学校体育话语权的概念、本质、内涵、要素等，明确研究思路，理顺逻辑关系，挖掘学校体育话语权的问题成因，以便提出学校体育话语权的提升策略。梳理前人从不同视角出发研究话语权的获得的不同认识，可以开阔研究视野，但是通过整理分析发现很难统一话语权的概念和本质，要归纳出话语权的一般属性，即其最为本质的特征，再结合学校体育这一特殊的话语领域，演绎出学校体育话语权的概念，并探讨其本质内涵。这种归纳与演绎是对已有研究成果的借鉴与批判，力争进行创新，对学校体育话语权进行概念界定、分析解读与深入研究。

综上所述，本书采用文献法为研究提供理论研究依据，明确研究的理论基础；采用访谈法、问卷调查法和实地考察法为研究提供素材；采用数理统计法对网络数据进行统计分析与处理，为研究提供论据支撑；采用逻辑分析法为研究提供严谨的分析。

第四节　理论基础

本书以话语权力理论作为基础理论，结合传播理论与软实力理论作为本书的理论基础。话语权力理论为学校体育话语权的概念界定提供理论依据；传播理论为学校体育话语权的内容分析提供理论支撑，明确提升话语权的有效途径是提高话语的影响力；软实力理论明晰了话语权的本质是一种文化软权力，硬实力是话语权提升的基础。

一　研究基础：话语权力理论

（一）话语权力理论概述

1970 年 12 月，福柯在任法兰西学院院士的就职演说《话语的秩序》中提出"话语即权力"的著名论断，福柯认为话语不仅是一种思维符号和交际工具，还是人们斗争的手段和目的。人们通过话语赋予自己权力[1]；认为话语不仅是实施权力的工具，也是掌握权力的关键。[2]

福柯的"话语权力"（Discourse Power）强调话语者对话语的支配能力和支配程度，认为话语与权力相互作用，话语是权力的重要表现形式，话语自身就是一种权力，在权力斗争中具有重要作用，人们通

---

[1]　冷淞：《新形势下媒体国际传播与话语权竞争》，中国社会科学出版社 2016 年版，第 9 页。
[2]　杨敏：《话语的社会性与政治性阐释》，光明日报出版社 2015 年版，第 86 页。

过话语赋予自己相应的权力；而权力是话语的主要来源，能够支配话语。

福柯的话语权力理论是关于话语与社会权力关系的理论，是一种微观权力论，主张从权力的视角而非经济视角，研究话语背后所体现的社会权力关系，从各种社会权力关系之中寻找权力的实质。该理论从社会生活的底层出发，认为权力是网络化的，渗透在社会生活的各方面；任何话语背后都隐藏着一种"无所不在"的权力；话语传递、产生权力，强化权力①，揭示了抢占思想意识制高点和霸占主导地位的内在联系。

福柯的话语权力理论突破语言学的界限，认为话语是构成知识和人类活动的一种方式，在话语的发展史中，权力始终与话语如影随形，话语最终发展成为一种权力，将话语与权力和知识联系在一起，话语权力的强弱直接关系到话语交流的效果。

（二）本研究与话语权力理论的关联

学校体育话语权研究是话语权在学校体育领域的理论与实践研究，应用话语权力理论研究学校体育领域存在的现象与规律。话语权力理论认为话语权是一种表达自身意愿、维护自身权益的机会和权力，是话语者社会关系和地位的体现，人们争夺话语权是为了争夺话语权背后所体现的权力，这为学校体育话语权研究提供了理论依据。

值得注意的是，话语权力理论中的"话语权"是话语权力（Discourse Power），而我国学校体育话语权研究涉及学校体育话语权利（Discourse Right）与话语权力（Discourse Power）两个方面。拥有话语权利的多寡和话语权力的强弱与话语主体所处的地位密切相关。

---

① ［法］米歇尔·福柯：《性史》，张廷琛等译，上海科学技术文献出版社1989年版，第99页。

根据话语主体的不同，学校体育话语权利可以表现为不同的话语权利。例如，教育行政部门领导在制定学校体育政策文件时享有决策权，体育组织等享有学校体育传播权，媒体享有学校体育社会舆论的议题设置权等，社会大众拥有学校体育话语表达权和传播权等，家长拥有学校体育评价权等，体育教师在执行学校体育工作时拥有一定的决策权和表达权，学生拥有学校体育权益的表达权等。同一群体享有相同的话语权利，不同群体享有不同的话语权利和不同的话语权力。

二 分析依据：传播理论

（一）传播理论概述

依据传播理论可知，话语权是在话语传播的过程中产生的，话语权形成的一般过程如图 1-2 所示：话语主体通过话语平台将话语内容（信息）传播给话语客体，只有话语内容对话语客体产生影响，并获得话语反馈，话语主体才能真正拥有话语权。

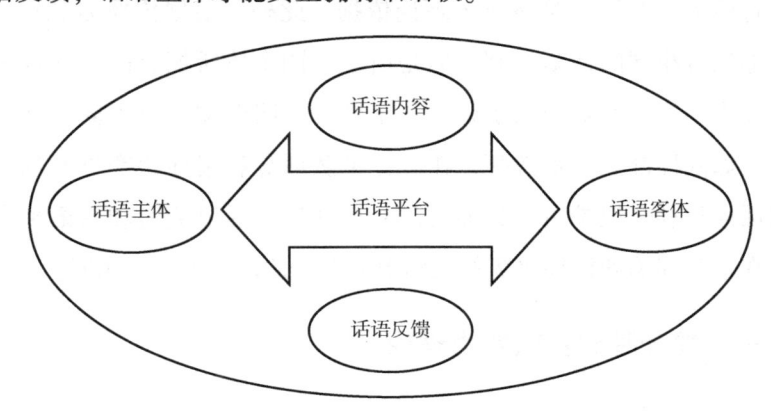

图 1-2 话语权形成的传播过程

此外，依据传播理论中的传播力观点，即话语权在话语传播的过程中具有三大关键要素，即话语主体拥有的知识、具备的话语能力和掌握的话语平台,其中知识是话语主体所拥有的世界观、价值观等方面的认知;话语能力则主要涉及话语主体话语表达的形式、逻辑和内容三个方面,衡量话语能力的标准是话语表达的形式是否完整、话语表达的逻辑是否严谨以及话语表达内容是否准确;话语平台则是指话语表达的途径或者渠道,它是话语表达的场所,也是实现话语权的阵地。① 其中,话语主体的认知水平与话语能力对话语质量起决定性作用,而话语平台则影响话语传递的效果。由此可以得出提升话语权的关键在于提高话语主体的认知水平与话语能力,拓宽其拥有的话语平台。

(二) 本研究与传播理论的关联

依据传播理论可知,话语权在传播过程中的基本构成要素包括话语主体、话语客体、话语内容、话语平台、话语反馈等,这可以为学校体育话语权的内容分析提供理论依据。此外,依据传播理论知晓提升话语权的关键要素是认知水平、话语能力和话语平台,这为提出学校体育话语权的提升策略奠定理论依据。此外,根据传播力观点,同一群体拥有相同的话语权利,但是由于不同个体所拥有的认知水平与话语能力不同,所掌控的话语平台不同,不同个体享有不同的话语权力。例如同样都是体育教师,在进行带队训练和指导比赛方面拥有相同的话语权利,但是由于其拥有的专业知识、话语能力和话语平台不同,在带队训练和指导比赛的工作中拥有的话语权力也不相同。

三 提升基础:软实力理论

(一) 软实力理论概述

20 世纪 90 年代初,哈佛教授约瑟夫·奈首次提出了"软实力"

---

① 陈开举:《话语权的文化学研究》,中山大学出版社 2012 年版,第 153—154 页。

（Soft Power）的概念①，软实力理论由此产生。软实力理论将权力分为硬权力和软权力，认为硬权力是具有物质性、强制性的权力，如军事、经济等；而话语则属于软权力的范畴，作为一种承载文化、价值观的载体，能够通过吸引人们的注意力来实现对他人的控制。

软实力理论认为软实力是一个国家文化和价值的影响力②，是通过吸引而不是强迫或者收买的手段而达成所愿的能力③。软实力不同于建立在物质力量基础之上的硬实力，软实力是一种精神力量，其中文化力是其最重要的要素之一。硬实力是物化的，起主导作用，硬实力是提升软实力的基础；而软实力依附于硬实力，同时发挥其影响力，是硬实力在意识形态的延伸。

话语作为一种文化，属于软实力的范畴，话语权体现话语背后的意识形态和价值观。因此，话语权具有文化软实力的表征，在一定程度上，"谁掌握了先进文化，谁就拥有了话语权"④。硬实力是话语权的基础，软实力是话语权的表现，一个国家政治、经济、军事、文化和科技等硬实力是话语权的基础，决定了话语权的大小，而话语权则是一个国家软实力的重要表现⑤。话语权作为一种文化软实力，可以通过"文明提升—国力增强—硬实力提升—软实力提升—强势文化打造—强势话语权"⑥的途径提升话语权。

---

① 詹锦平：《软实力与中国在奥运文化中话语权的相关性分析——兼论中国武术进入奥运的路径之选》，《山东体育科技》2013年第6期。

② 张宏：《中国出版走出去的话语权和传播力构建》，苏州大学出版社2015年版，第17页。

③ Nye, Joseph S., *Soft Power: The Means to Success in World Politics*, Public affairs, 2004, pp. 680–682.

④ 张殿军：《硬实力、软实力与中国话语权的建构》，《中共福建省委党校学报》2011年第7期。

⑤ 冷凇：《新形势下媒体国际传播与话语权竞争》，中国社会科学出版社2016年版，第12—13页。

⑥ 詹锦平：《软实力与中国在奥运文化中话语权的相关性分析——兼论中国武术进入奥运的路径之选》，《山东体育科技》2013年第6期。

话语权在国际交往过程中，实际是强权国家的经济、军事硬实力的一种反映，提升话语权的关键在于增强其硬实力。随着社会的发展，文化软实力正在逐步取代经济军事硬实力成为国际竞争的热点，文化软实力在国际交往中处于日益重要的地位。因此，硬实力是话语权的基础，软实力则是话语权的表现，要获得和提升话语权，硬实力是基础。

（二）本研究与软实力理论的关联

话语权是一种文化软实力，学校体育话语权作为话语权的一个分支，同样具有文化软实力的特征。由于世界格局的多元化发展，一个国家要在国际舞台上拥有话语权，除了政治、经济、军事等硬实力之外，更需要具备软实力，如文化软实力。提升国家的文化软实力，有助于提升话语权。而体育作为一种文化，是国家文化软实力的重要组成部分之一，加强体育文化建设将有助于提升体育话语权，加大体育文化的国际交流输出，将有助于提高国际体育话语权。同理，根据软实力理论，硬实力是软实力提升的基础。要提升学校体育话语权这一学校体育软实力，首先要增强学校体育的硬实力，可以通过"学校体育硬实力的增强—学校体育软实力的提升—校园体育文化氛围更加浓郁—学校体育话语权的提升"这一途径来提升学校体育话语权。

依据软实力理论，拥有学校体育话语权要注意提升学校体育的硬实力和校园体育文化软实力。学校体育硬实力主要体现为学校体育自身的实力，包括学校体育办学条件和教学条件，以及学生的身体素质水平和健康状况等；学校体育软实力主要体现为学校体育的文化软实力，包括校园体育文化等。学校体育自身实力是学校体育话语权存在的基础，校园体育文化则是提升学校体育话语权的关键。学校体育自身实力强大，校园体育文化丰富多彩，学校体育实现教育认同、社会认同。在教育场域的地位不断提高，就能享有学校体育话语权，有更多的机会表达学校体育利益诉求，维护学校体育权益。同时，拥有学校体育话语权是保证校园体育文化和民族传统体育文化持久发展的基本前提。

学校体育话语权属于一种文化软实力，学校体育话语背后体现话语主体的学校体育意识形态和价值观等，也反映学校体育的社会地位和发展水平。通过提高学校体育管理与实践的主导权与主动权，增强学校体育的文化软实力，提升学校体育话语权，进而提高学校体育的地位，提升学校体育的发展水平，推动学校体育的发展。

此外，推动学校体育的国际化发展，将我国的校园体育文化带出国门。只有这样，才能在国际交流与合作过程中真正提高国家层面的学校体育话语权。

第二章 概念解析：学校体育话语权的概念与要素

第一节 相关概念

通过对国内外相关研究文献的整理与归纳，得出与学校体育话语权相关的核心概念有话语权，教育话语权和体育话语权。首先，学校体育话语权是话语权的一个分支；其次，学校体育是教育的重要组成部分，学校体育话语权是教育话语权的重要内容；最后，学校体育是体育的重要组成部分，学校体育话语权也是体育话语权的重要内容。

一 话语权

20世纪70年代，法国哲学家米歇尔·福柯（Michel Foucault）从学理和人类本性的角度出发，跨越语言学的研究范畴，将话语引入社会学研究领域，使其与权力融合交叉，从权力的视角研究话语背后的意义，提出了"权力话语"（Power Discourse），认为人们通过话语赋予自己权力，指出"话语传递并生成权力"。话语权的本源是语言学的研究范畴，研究话语与权力的关系，关注话语背后所体现的社会权力关

第二章 概念解析：学校体育话语权的概念与要素

系。话语权最初应用于语言学，逐步应用于社会学、政治学、哲学、传播学、文化学、教育学等领域。"话语权"最早是"话语权力"（Discourse Power）的意思，并没有话语权利（Discourse Right）的内涵，随着时代的发展、研究的深入，话语权被赋予了更多的含义。

（一）话语权的概念界定

目前，学术界对于话语权的研究较多，但是尚未形成一个统一的权威定义，不同研究领域的学者从不同学科、不同视角出发研究话语权的概念，关于话语权的认识和观点主要有以下几种。

1. 话语权是一种权力

持本观点的学者们普遍认为话语权是一种权力，体现社会权力关系，话语权的本质不是权利而是权力，是语言力量的体现。例如，费尔克拉夫认为话语权是话语—权力的简称；约瑟夫·奈认为，话语权是人们以话语为手段用以表达意见、实现自身权益、维护自身利益的权力，话语权的本质是一种权力或力量[①]；阮建平认为话语权是言说者的权力[②]；庹继光认为话语权由"话语"和"权力"构成，是凭借语言形成对他人的强制权力[③]；刘学义认为话语权就是说话的权力[④]；莫勇波认为话语权是人们表达意愿的权力和资格，是以话语的方式表达诉求、影响他人、政策决策的权力和手段[⑤]；张殿军认为话语权是控制并引导社会舆论的权力[⑥]；王晓认为话语权是媒介传播的一种特殊

[①] ［美］约瑟夫·奈：《软力量——世界政坛成功之道》，吴晓辉译，东方出版社2005年版，第1—2页。
[②] 阮建平：《话语权与国际秩序的建构》，《现代国际关系》2003年第5期。
[③] 庹继光：《奥林匹克传播论》，巴蜀书社2007年版。
[④] 刘学义：《话语权转移：转型时期媒体言论话语权实践的社会路径分析》，中国传媒大学出版社2008年版。
[⑤] 莫勇波：《论话语权的政治意涵》，《中共中央党校学报》2008年第4期。
[⑥] 张殿军：《硬实力、软实力与中国话语权的建构》，《中共福建省委党校学报》2011年第7期。

权力①;孙科等认为,话语权是控制舆论的权力②③;高嵩等认为话语权是人们生存的一种基本权力④;廖莉、李艳翎认为话语权是说话的机会和权力,是权力的表现形式,是以话语的方式来表达自身的诉求⑤;季嵘认为话语权是最基本最重要的权力之一⑥;王爽等认为话语权是国家软实力的重要标志,是一种政治权力,是说话的权利,也是控制舆论的力量⑦;王征、谭智平认为,话语权是发言的主导权或者控制权,谁掌握了这种权力,谁就把握了舆论与规则的引导权⑧。

2. 话语权是一种权利

持该观点的学者们普遍认为话语权是一种权利,是法律赋予人们的基本权利。例如,郑保卫从传播学的视角出发,认为话语权是公民运用媒体对其关心的国家事务、社会事务以及各种社会现象提出建议和发展意见的权利⑨;冯广艺认为,话语权是人们为了充分表达自身思想、进行言语交际而获得和拥有说话机会的权利,是语言权利的一种具体表现形式⑩;张世威等认为,话语权是一种说话、言论的权利⑪;

---

① 王晓:《体育大众传播中话语权分析》,《山西师大体育学院学报》2011年第1期。
② 孙科等:《观念的错位——对伦敦奥运会报道系列事件的分析》,《体育与科学》2012年第5期。
③ 张宏:《中国出版走出去的话语权和传播力构建》,苏州大学出版社2015年版,第22页。
④ 高嵩等:《弱势群体体育利益话语权保障研究》,《河北体育学院学报》2013年第6期。
⑤ 廖莉、李艳翎:《论国际竞技体育话语权的内涵及特征》,《当代体育科技》2014年第12期。
⑥ 季嵘:《举国体制背景下运动员话语权的提升策略研究》,《南京体育学院学报》(自然科学版)2014年第1期。
⑦ 王爽等:《中国国际体育话语权现状浅析及困局解读》,《当代体育科技》2014年第5期。
⑧ 王征、谭智平:《中国竞技体育话语权研究》,《山东社会科学》2015年第S2期。
⑨ 郑保卫:《新闻理论新编》,中国人民大学出版社2007年版,第101页。
⑩ 冯广艺:《论话语权》,《福建师范大学学报》(哲学社会科学版)2008年第4期。
⑪ 张世威、宋成刚:《社会排斥与农民工体育话语权的缺失》,《天津体育学院学报》2008年第2期;陈晔:《我国奥运会争议判罚中的话语权分析》,《体育文化导刊》2013年第6期。

第二章 概念解析：学校体育话语权的概念与要素

李金水认为话语权既是表达话语的权利，也是表达公民利益思想与意愿等的权利，包括言说、交流与辩论的权利①，即表达、传播与评价的权利；张殿军认为，话语权是社会成员对于社会公共问题和国际事务自由发表意见、立场和主张的权利和资格②；吴瑛认为从新闻传播学的视角出发，话语权是人们通过媒介对各种社会现象及事务发表自身看法的权利③；李达伟认为，话语权是一种通过语言来表达自己意愿的权利，人人都有说话的权利，但是由于社会层次的不同，产生不同的音量④；夏青、秦小平认为话语权是指利益群体进行利益表达和利益诉求的权利⑤。

3. 话语权是权利与权力的统一

持此观点的学者们认为，话语权是话语权力和话语权利的统一，话语权力为争取、维护话语权利保驾护航，话语权利是说话的资格与自由，话语权力则是说话的权威性与影响力，话语权利有多寡之分，话语权力则有强弱之分。例如，张健认为话语权包括"话语"与"权"两个基本语素，中心词"权"包括"权力"与"权利"两个基础义，认为话语权是话语的权力与权利，并认为话语的权利是运用话语的资格，而话语的权力则是对话语支配的能力和程度⑥；莫勇波、高贯发认为话语权具有权利与权力二重属性，话语权是表达意愿的权力和资格⑦⑧；张国祚等认为话语权就是说话权、发言权，是说话和发

---

① 李金水：《中国公民话语权研究》，吉林人民出版社2009年版，第16页。
② 张殿军：《硬实力、软实力与中国话语权的建构》，《中共福建省委党校学报》2011年第7期。
③ 吴瑛：《信息传播视角下的话语权生产机制研究》，《四川大学学报》（哲学社会科学版）2011年第3期。
④ 李达伟：《我国运动员话语权发展研究》，《内江师范学院学报》2012年第4期。
⑤ 夏青、秦小平：《论弱势群体体育基本利益的保障——基于公民话语权的视角》，《西安体育学院学报》2014年第2期。
⑥ 张健：《话语权的解释框架及公民社会中的话语表达》，《湖南行政学院学报》2008年第5期。
⑦ 莫勇波：《论话语权的政治意涵》，《中共中央党校学报》2008年第4期。
⑧ 高贯发：《武术话语权刍议》，《体育研究与教育》2017年第2期。

言的资格与权力①；黎彬认为话语权是指说话的权利和控制舆论的权力②；王传峰等认为话语权既是权利，也是权力③；王爽等认为话语权是人们的说话权、发言权，是说话和发言的资格和权力④；郑杭生认为话语权包括话语权利和话语权力，权利强调的是话语主体具有的话语自由，权力关注的则是话语主体对话语客体的影响⑤；洪波认为话语权包括权利与权力，话语权利人人平等，而话语权力则有区别⑥；詹锦平认为，话语权是每个国家、地区、民族、个人的基本权利，话语权力并非见者有份、人人均等、国国均衡，话语强权、霸权现象比比皆是⑦；冷凇认为，话语权的"权"是权利与权力，话语的权利是指人们在社会活动中使用话语的资格与好处，而话语的权力则是指人们在社会活动中支配话语的能力和程度⑧；张晓义、永树理认为，话语的权力就是支配话语的力量，力量有大小之分，话语权相应地也有强弱之分，话语的权利则是运用话语赋予的资格及享有的利益⑨。

---

① 张国祚：《关于"话语权"的几点思考》，《求是》2009 年第 9 期；徐大超：《论中国的国际话语权及其"硬权力"基础》，《当代世界》2010 年第 6 期；刘鹏：《运动员话语权的缺失致因——基于"庄朵朵事件"的思考》，《延安大学学报》（自然科学版）2014 年第 4 期。
② 黎彬：《ICT 时代体育话语权重构的启示》，《首都体育学院学报》2010 年第 2 期。
③ 王传峰：《当前我国学校道德教育话语权的式微》，《教育科学研究》2010 年第 5 期；季嵘：《举国体制背景下运动员话语权的提升策略研究》，《南京体育学院学报》（自然科学版）2014 年第 1 期。
④ 王爽等：《中国国际体育话语权现状浅析及困局解读》，《当代体育科技》2014 年第 5 期；史姗姗：《思想政治教育话语权研究》，博士学位论文，武汉大学，2014 年，第 96 页。
⑤ 郑杭生：《学术话语权与中国社会学发展》，《中国社会科学》2011 年第 2 期。
⑥ 洪波：《思想政治教育话语范式转化研究》，浙江大学出版社 2012 年版，第 125 页。
⑦ 詹锦平：《软实力与中国在奥运文化中话语权的相关性分析——兼论中国武术进入奥运的路径之选》，《山东体育科技》2013 年第 6 期。
⑧ 冷凇：《新形势下媒体国际传播与话语权竞争》，中国社会科学出版社 2016 年版，第 3 页。
⑨ 张晓义、永树理：《中国体育国际话语权：现实困境与提升方略——以里约奥运会为切入点》，《思想战线》2017 年第 4 期。

4. 话语权是一种能力

这种观点从话语权的属性入手,认为话语权是一种影响他人或社会的能力。例如,约瑟夫·奈认为话语权是对他人的行为施加影响以达到自己所期望结果的能力[1];张铭清、冷淞认为,话语权是指通过话语传播影响舆论、塑造国家形象和主导国际事务的能力[2];陈开举认为,话语权是人们通过话语表达自我、实现话语意图、维系自身利益的能力[3];詹锦平从社会学角度出发,认为话语权是影响社会发展方向的能力[4];史姗姗认为,话语权是运用话语表达话语主体价值观的权利、权力和能力,是权利、权力和能力三者的综合体现[5]。

5. 话语权是一种权力资源

这种观点将话语权视为一种社会资源。例如,曾文莉、谭秀湖认为话语权作为一种社会权力资源,由于资源的稀缺性,存在资源配置不均衡的现象。是否拥有或者拥有多少社会资源,决定了话语权的有无和轻重。社会发展的不均衡性导致人们掌握不同的社会资源,地位和身份的不同导致了资源和权力的差异,话语权作为一种权力资源,成为少数人拥有的特权[6]。张宏认为话语权是本国文化在国际传播过程中,对其他文化及其文化人群施加并产生影响以实现文化传播的地位和资源[7]。冷淞认为话语权的实质是关于社会话语资源的分配,应该

---

[1] [美]约瑟夫·奈:《软力量——世界政坛成功之道》,吴晓辉译,东方出版社2005年版,第1—2页。

[2] 张铭清:《文化软实力的重要指标:话语权》,载张国祚编《中国文化软实力研究报告(2010)》,社会科学文献出版社2011年版,第164页;冷淞:《新形势下媒体国际传播与话语权竞争》,中国社会科学出版社2016年版,第140页。

[3] 陈开举:《话语权的文化学研究》,中山大学出版社2012年版,第171页。

[4] 詹锦平:《软实力与中国在奥运文化中话语权的相关性分析——兼论中国武术进入奥运的路径之选》,《山东体育科技》2013年第6期。

[5] 史姗姗:《思想政治教育话语权研究》,博士学位论文,武汉大学,2014年,第97页。

[6] 曾文莉、谭秀湖:《中国电视娱乐节目受众话语权力研究》,中国广播电视出版社2012年版,第114页。

[7] 张宏:《中国出版走出去的话语权和传播力构建》,苏州大学出版社2015年版,第21页。

人人普遍享有话语权利。但在现实生活中，不同国家、不同阶层、不同群体拥有"享有与否和多寡"不同的话语权力①。

6. 话语权是社会地位的一种体现

这种观点认为话语权是人们身份和地位的象征，体现话语主体在社会、经济和政治上的地位。强权者由于在社会、经济和政治上占据统治地位，控制着主流话语与话语平台，享有较多的话语权，并仍在不断强化其统治地位；而弱势群体由于其弱势地位，很难改变局面，故而缺乏话语权。例如，杨建义认为话语权反映话语者在一定范围或者关系中的地位关系②；李慎明认为，话语权反映一个国家或群体在世界或社会中占据不同的政治经济地位③；王越、王涛认为话语权是公民身份的一种象征④，体现其社会地位。

7. 话语权是一种影响力

持这种观点的学者认为话语权的大小取决于话语的影响力，具备话语权利不等于拥有话语权力，认为话语权是话语主体潜在的一种现实影响力。例如，但昭彬认为话语权是以话语构建（表达）形成对他人控制的影响力，认为"谁有权说话，谁的声音就能被传达并产生的作用大"⑤；陈开举认为具有言论的自由和机会（权利）并不等于拥有话语权，真正的话语权必须使个人的言论具有对自身权利相关的事务有着决定性的影响⑥；张梅花认为，话语权是公民在公共空间传播思想

---

① 冷淞：《新形势下媒体国际传播与话语权竞争》，中国社会科学出版社2016年版，第3页。

② 杨建义：《论信息时代思想政治工作的话语权》，《思想教育研究》2006年第8期。

③ 李慎明：《对西方话语体系应有清醒的判断》，载张祚编《中国文化软实力研究报告（2010）》，社会科学文献出版社2011年版，第434页。

④ 王越、王涛：《文化软实力提升中国话语权探究》，《东北师范大学学报》（哲学社会科学版）2013年第5期。

⑤ 但昭彬：《话语权与权力——中国近现代教育宗旨的话语分析》，山东教育出版社2008年版，第25页。

⑥ 陈开举：《话语权的文化学研究》，中山大学出版社2012年版，第171页。

第二章 概念解析：学校体育话语权的概念与要素

观点的自由以及这种自由对他人产生控制的影响力①；史姗姗认为，话语权是通过话语运作来引导和支配人的思想和行为的影响力，本质上是话语的主导权②；张宏认为话语权是信息传播主体潜在的现实影响力③；王征、谭智平认为话语权是一个国家在相关国际事务中发表言论的权威性和影响力④。

关于话语权除了以上7种主要观点之外，还有学者认为话语权代表某种"游戏规则"，而这一规则的实质是指在社会上谁有权说话，谁说的话能够传达出去⑤；也有学者认为话语权是一种利益表达机制⑥；还有的学者认为话语权是一种掌握和控制世界的工具⑦；或是认为话语权是言说与表达应该享有的自由，是社会在尊重自然权利与崇尚理性法则之下私权利对抗公权力的状态⑧。

总的来说，话语权起源于话语背后不平等的权力关系，话语权并不是强调人人均等的说话资格和权利，话语权的本质在于话语背后的权力关系⑨。话语权是话语权利与话语权力的统一，其本质是权力，侧重于话语权力；话语权是话语背后蕴含的权力和价值观的一种体现，既是具有支配作用的权力，又是意识形态的反映，包含一定的利益诉求和价值观。人们可以通过话语权表达自己的观点立场、阐述其

---

① 张梅花：《论大众文化与思想政治理论课的话语权控制》，《广州大学学报》（社会科学版）2012年第1期。
② 史姗姗：《思想政治教育话语权研究》，博士学位论文，武汉大学，2014年，第97页。
③ 张宏：《中国出版走出去的话语权和传播力构建》，苏州大学出版社2013年版，第21页。
④ 王征、谭智平：《中国竞技体育话语权研究》，《山东社会科学》2015年第S2期。
⑤ 全国体育学院教材委员会：《运动训练学》，人民体育出版社2002年版，第203—204页。
⑥ 唐国军、刘国普：《集体行动困境视阈下农民话语权保障探索》，《云南行政学院学报》2010年第6期。
⑦ 梁立启等：《话语权：全球化时代中国体育的诉求》，《北京体育大学学报》2014年第11期。
⑧ 陈堂发：《媒介话语权解析》，新华出版社2007年版，第1页。
⑨ 廖莉、李艳翎：《国际体育话语权的内涵研究》，《当代体育科技》2014年第16期。

政治主张，保障自身合法权益①；掌握了话语权，就控制了社会舆论的方向②。因此，个人、组织和国家等不同的话语主体都在争取并提升自身的话语权。

本书认为话语权是以话语为载体表达自身利益诉求的权利和权力的统一，话语权利是指用话语表达意愿、维护自身利益的资格、机会和自由，而话语权力则是指话语对他人或组织的权威性和影响力，是力量的表征，话语权的本质是社会权力关系的体现。

（二）概念辨析

1. 话语与权力

福柯认为话语即权力，认为人们可以通过话语赋予自己相应的权力，话语是权力的重要表现形式，而权力的发挥则离不开话语。托夫勒认为社会权力可以通过话语实现③，权力的实施离不开话语的表达和传播。也有学者认为权力是话语的目标，话语是获得、展示和运用权力的手段④。还有学者认为话语是权力的一种形式，影响与控制话语的最根本的因素是权力，话语与权力密不可分，真正的权力通过话语实现⑤。

总的来说，权力与话语密不可分，话语是权力的重要载体，权力的实现与运作都要依靠话语，权力通过话语来执行和实现；权力制造话语，话语巩固并再造权力⑥；权力可以通过话语得到巩固和加强，拥有权力可以拥有更多的话语机会；权力通过话语构建事实，话语为权

---

① 谢军、陈少坚：《中国特色国际体育关系理论研究》，《体育科学研究》2010 年第 2 期。
② 王征、谭智平：《中国竞技体育话语权研究》，《山东社会科学》2015 年第 S2 期。
③ 参见［美］阿尔温·托夫勒《权力的转移》，刘红等译，中共中央党校出版社 1991 年版。
④ 吴贤军：《基于两种逻辑向度的中国国际话语权构建问题审视》，《东南学术》2015 年第 5 期。
⑤ 参见庹继光《奥林匹克传播论》，巴蜀书社 2007 年版。
⑥ 刘永涛：《话语政治：符号权力和美国对外政策》，复旦大学出版社 2014 年版，第 31、72—79 页。

力服务，话语是实施权力的手段；话语与权力的结合在一定程度上可以导致话语权的不平等。①

2. 话语权与说话权

在明确话语权概念的同时，需要注意话语权与说话权的区别。话语权与说话权是两个不同的概念，话语权不仅包括说话权，还涉及表达权、传播权等。说话权是追求发声的权利，希望获得发声的机会；而话语权是在发声的基础上追求所表达的内容能够被认同，能够产生效果和影响，具有话语力和影响力②。"说话权"与"话语权"具有的本质不同，说话权强调发声的权利，而话语权则是关注其表达的话语能够被确认③。不仅是具有说话、发声的资格，还要拥有有效说话的空间和机制，让听者认同④，体现话语的分量。

3. 话语权与话语权利、话语权力

权利是一种法律概念，体现的是一种平等关系，依照法律行使权利；而权力是一种政治概念，是一种控制能力，体现的是支配与被支配、控制与被控制、服从与被服从的一种不平等的关系⑤。权力是一种支配力量，而权利包含资格的含义，是他方授予的，只有在授予资格的基础上才能具有支配力量。因此，权利是权力的前提和基础，而权力则是权利的最高层次，这使权力与权利二者具有内在逻辑关系⑥。权

---

① 张晓义、永树理：《中国体育国际话语权：现实困境与提升方略——以里约奥运会为切入点》，《思想战线》2017年第4期。

② 冷淞：《新形势下媒体国际传播与话语权竞争》，中国社会科学出版社2016年版，第5—12页。

③ 谭达顺：《在失衡的格局中失权：我国国际体育话语权现状分析及拓展路径研究——基于伦敦奥运会不公平事件的思索》，《成都体育学院学报》2013年第5期。

④ 程雪峰：《媒介推力与文化强势：对中国体育话语权缺失的再认识》，《中国体育科技》2015年第5期。

⑤ 廖莉、李艳翎：《国际体育话语权的内涵研究》，《当代体育科技》2014年第16期。

⑥ 张晓义、永树理：《中国体育国际话语权：现实困境与提升方略——以里约奥运会为切入点》，《思想战线》2017年第4期。

力是为了实现权利，权力则是由权利派生出来①。

话语权利是指人人具有发表言论、"发声"的资格和自由，话语权力是话语对他人产生的影响和效果，体现话语的影响力和权威性。人们发声的"音量"有大小之分，影响力不同，产生的效果也不同。话语权是在话语权利平等的基础上呈现出有差异、不平等的话语权力。话语权利体现权利的平等性，权利是分散的，人人享有，具有可能性和应然性；而话语权力则体现权力的差异性，权力是集中的，有大小、强弱之分，具有现实性和必然性。要充分体现话语权利，必须用话语权力为其提供保障，话语权利是话语权的基本内涵，话语权力则是话语权的核心。话语权利即话语的资格，是话语权的必要条件，但不是充分条件；而话语权力即话语的效力，是话语权的充分条件，因此，话语权重在"话语权力"。

一些学者将话语权等同于话语权利，认为拥有话语权利就拥有话语权。人们具有发言、评论的权利，但仅仅只是具备话语权利，没有话语权力。话语不能形成直接效力，就不能对他人产生影响力，就会出现"说话不管用"的现象。

（三）话语权的类型和特征

1. 话语权的类型

按照权力的特征可以将话语权分为支配型话语权、竞争型话语权和合作型话语权。支配型话语权是由国家控制话语权，其他话语者处于被控制、被支配的地位，经常失声，没有话语权；竞争型话语权体现话语者的主体地位，同一类的话语者之间是相互平等的竞争关系，为了获得或提升话语权而竞争；合作型话语权体现不同类的话语者之

---

① 谭达顺：《在失衡的格局中失权：我国国际体育话语权现状分析及拓展路径研究——基于伦敦奥运会不公平事件的思索》，《成都体育学院学报》2013年第5期。

第二章 概念解析：学校体育话语权的概念与要素

间的合作关系，交互话语空间、反馈及时，共赢话语权。

按照话语权利表现形式的不同对话语权进行分类，目前尚未形成一致的观点，有的学者将话语权分为表达权、参与权和监督权（反馈权）等；有的学者将话语权分为表达权、传播权与评价权；也有的学者将话语权分为"对已有事态的解释权、对自身利益要求的申诉权、对违法违规的举报权、对欺骗压迫的抗议权、对虚假事件的揭露权等"[①] 五种类型，简单地说，将话语权分为解释权、申诉权、举报权、抗议权和揭露权；还有的学者认为话语权分为创造权、表达权、传播权、议题设置权和运用权[②]。

依据话语体系的不同，可以将话语权分为表达权、传播权和评价权（监督权），其中传播权包括主题设置权和载体使用权等。

2. 话语权的特征

话语权具有明显的社会政治性、官方权威性和人为感情性等特征。话语权的社会政治性体现为话语内容背后蕴含着话语者的意识形态和价值观；话语权的官方权威性是指话语权与官方机构或权力机构相关联，作为官方机构或者权力机构的话语具有行政权威性，单向性较强，权力自上向下，一般互动性较弱，致使话语反馈效果不佳；话语权的人为感情性则是指人为感情色彩可以反映话语者的思想感情、价值取向和文化素养等。[③]

（四）话语权的拥有条件与影响因素

1. 拥有话语权的条件

拥有话语权需要具备两个必要条件：一是话语者的权威性；二是

[①] 张国祚：《关于"话语权"的几点思考》，《求是》2009 年第 9 期。
[②] 史姗姗：《思想政治教育话语权研究》，博士学位论文，武汉大学，2014 年，第 202 页。
[③] 冯广艺：《论话语权》，《福建师范大学学报》（哲学社会科学版）2008 年第 4 期。

话语内容的可信性。①

话语者的权威性如行政权威或者学术权威，其行政或学术的优势地位和权威性使得话语者的话语具有较强的影响力，从而拥有话语权。例如，从国家层面上看，西方发达国家凭借其在国际交流中的先发优势与技术优势地位霸占话语权。② 从个人层面上看，行政领导凭借其行政地位、著名专家学者凭借其学术地位都享有权威话语权。

话语内容可信才能获得人们的认可。例如，话语内容贴近听者的实际，真实可信，为听者所信服，话语者才能真正拥有话语权。③

2. 话语权的影响因素

传播力和文化是话语权的两个最主要的影响因素。传播力是话语权在话语传播的过程中的体现，能够体现传播过程的主导地位。④ 由此可知，话语权与传播力密切相关。传播力包含传播技术、传播资源和传播体系。因此，在互联网＋时代尤其是新媒体时代，谁掌握先进的传播技术、拥有丰富的传播资源和健全的传播体系，谁就占据话语权的制高点，掌握话语权。⑤

从发生学的视角看，话语权是在文化的碰撞中产生的，因此，文化对话语权具有重要的影响和制约作用。文化根基是话语力量的来源，文化有深度，话语权才有力度。文化影响话语权的主要表现是：文化能够影响话语主体的意识形态和价值观念，而话语主体的文化素养对其话语能力产生影响，话语的权威性取决于文化的先进性。⑥

---

① 王习胜：《意识形态及其话语权审思》，《马克思主义研究》2007年第4期。
② 史姗姗：《思想政治教育话语权研究》，博士学位论文，武汉大学，2014年，第22页。
③ 王传峰：《当前我国学校道德教育话语权的式微》，《教育科学研究》2010年第5期。
④ 孙玉马：《中国武术对外传播中的话语权研究》，《武术研究》2017年第7期。
⑤ 程雪峰：《媒介推力与文化强势：对中国体育话语权缺失的再认识》，《中国体育科技》2015年第5期。
⑥ 张殿军：《硬实力、软实力与中国话语权的建构》，《中共福建省委党校学报》2011年第7期。

二 教育话语权

(一) 教育话语权的概念界定

将话语权引入教育行业或者领域，引申出"教育话语权"的称谓。邱仁富认为，教育话语权是教育者和受教育者在特定的语境下，遵循语言规范，实现对话与交往等功能的语言符号系统。① 侯丽羽、张耀灿认为，教育话语权是指教育者毫不掩饰自己的言语目的，为了维护教育者的自身需要，对言说对象进行系统教育的语言符号实践。②

人们普遍认为教育话语权是通过教育的手段体现利益诉求的权利和权力，它包括两重含义：一是话语主体拥有在教育活动中顺利表达个体或群体意愿的权利；二是话语主体拥有通过教育语言进行辐射影响和思想改造的权力，包括对教育内容的积极评价、对教育主题的预先设计、对教育对象的思想改造等。③ 教育话语权一方面体现一个国家教育事业的发展水平，另一方面也能体现教育主体的社会地位。

(二) 教育话语权的类型

按照教育主体的层面进行分类，可以将教育话语权分为教育事业话语权和教育主体话语权。从国家层面上看，教育话语权是一个国家的教育事业话语权；从个人层面上看，教育话语权是教育主体的话语权，是教育主体将教育内容通过教育的手段传递给受教育者的效果和影响力。

---

① 邱仁富：《思想政治教育话语创新论》，《电子科技大学学报》(社科版) 2010 年第 5 期。

② 侯丽羽、张耀灿：《论思想政治教育话语的三种基本形态》，《马克思主义研究》2018 年第 12 期。

③ 张凌：《问题探究：教育话语权形成的逻辑起点》，《教育理论与实践》2021 年第 10 期。

(三) 教育话语权的拥有条件与影响因素

1. 拥有教育话语权的条件

从个人层面上看，作为教育主体，拥有教育话语权需要具备三个条件：一是熟练掌握教育语言；二是认同教育理念并主动传播教育理念；三是在生活和学习的过程中遵循自己的所学与所教的教育理念、价值观念和行为规范等。

从国家层面上看，一个国家拥有教育话语权的也许具备三个条件：首先，教育已经或者即将成为基础性和先导性的行业；其次，各级各类的教育资源充足；最后，能够广泛实现教育公平。

2. 教育话语权的影响因素

教育话语权的三个主要影响因素是文化、知识和制度。第一个影响因素是文化，文化是教育话语权形成的背景。一方面，只有当全社会形成尊师重道、尊重教师、重视教师的社会文化，才能真正增强教师的角色认知和职业认同；另一方面，教师要拥有让学生信服的知识文化，才能真正增强教育的影响力，提升教育话语权。第二个影响因素是知识，知识是教育话语权形成的基石，教育的重要意义在于知识的传承与创新，教育主体在传播知识的过程中享有教育话语权，教育主体对知识的解读程度、对信息的筛选广度、对教育方式的创新以及对学习的议程设置等都将影响教育话语权的形成①。第三个影响因素是制度，制度是教育话语权形成的保障，要在制度上保障教育主体对教育资源的占有比例、话语传播的覆盖面和效率②，这些都会影响教育话语权的大小与强弱。

---

① 张凌：《问题探究：教育话语权形成的逻辑起点》，《教育理论与实践》2021 年第 10 期。

② 贾绍俊：《中国共产党思想政治教育话语权建设研究》，博士学位论文，哈尔滨师范大学，2021 年，第 163 页。

三 体育话语权

(一) 体育话语权的概念界定

将话语权引入体育行业或领域,便引申出"体育话语权"的称谓。"体育话语权"作为一种话语权,它具备话语权的共性。由于学者们对话语权有不同的认识和理解,因此,在对体育话语权进行概念界定时,也形成了不同的解释。体育话语权到底是一种权利还是权力,或是二者的统一,或是一种能力、行为或过程等,这些不同的理解都源于对"话语权"的不同解读。例如,王爽等认为,体育话语权是在国际体育事务中说话的权力,是处理国际体育事务与纷争的权力[1];廖莉、李艳翎认为,体育话语权是一国通过国际竞技体育平台操纵、影响国际竞技体育事务,获取本国竞技体育利益的一种综合能力[2];梁立启等认为,体育话语权是话语主体将隐含自身价值的体育话语通过教育、媒介和制度等方式向全世界表达,最终获得国际认可的行为和过程[3];曾诚、邓星华认为体育话语权是以体育话语为载体,利用权力为塑造体育形象提供保障,是一种解释、决策和构建的效力[4];梁立启等认为,体育话语权是体育话语表达权利与权力的统一,是话语主体围绕体育发展问题和体育事务自由发表意见、申诉立场、陈述主张、表达意愿的权利和资格[5]。

也有学者从不同层面来定义体育话语权,认为体育话语权包括公

---

[1] 王爽等:《中国国际体育话语权现状浅析及困局解读》,《当代体育科技》2014年第5期。
[2] 廖莉、李艳翎:《国际体育话语权的内涵研究》,《当代体育科技》2014年第16期。
[3] 梁立启等:《话语权:全球化时代中国体育的诉求》,《北京体育大学学报》2014年第11期。
[4] 曾诚、邓星华:《体育国际话语权与中国国家形象建构》,《体育学刊》2016年第2期。
[5] 梁立启等:《我国体育话语权的产生基础与有效发挥研究》,《武汉体育学院学报》2017年第7期。

民体育话语权和国家体育话语权两个层面。① 就公民而言，从微观视角出发，认为体育话语权的本质是公民接受体育教育、参加体育运动的自由和利益②；而就国家层面而言，即从宏观视角来看，体育话语权则是国家发展体育运动、增强国民体质，保障国民健康权益的话语诉求、维护本国体育发展的权益③。由此可见，从公民层面出发，拥有体育话语权可以保障公民对体育运动与服务的利益需求；而从国家层面来看，拥有体育话语权则可以保障国家参与国际体育事务的利益需求。权力的"权利化"是国家话语权力的最终目的，将权力转化为合法权利，获得社会规范和价值观念的认可，才能形成服从的基础④，因此，就国家层面而言，体育话语权是国家体育软实力的重要体现⑤，是以国家体育事业利益为核心、与国际体育环境密切相连，并体现国际体育事务的知情权、表达权和参与权利的综合运用⑥。例如，梁立启等认为从国家层面上看，体育话语权是一个国家在国际体育事务中身份和权益的象征，反映一个国家在国际体育舞台上说话的资格和自由，通过掌握和行使体育话语权，掌控全球体育格局、主导全球体育的发展方向⑦；一个国家享有体育话语权的大小，直接取决于其体育实力的强弱⑧。

笔者在进行话语权的概念界定时，已明确话语权既是一种运用话

---

① 王越、王涛：《文化软实力提升中国话语权探究》，《东北师范大学学报》（哲学社会科学版）2013年第5期。
② 张振龙等：《体育权利的基本问题》，《体育学刊》2008年第2期。
③ 梁立启等：《我国体育话语权的产生基础与有效发挥研究》，《武汉体育学院学报》2017年第7期。
④ 刘树桥：《法的内容：权利、权力、义务之思辨》，《南昌大学学报》（人文社会科学版）2008年第4期。
⑤ 谭达顺：《在失衡的格局中失权：我国国际体育话语权现状分析及拓展路径研究——基于伦敦奥运会不公平事件的思索》，《成都体育学院学报》2013年第5期。
⑥ 曹可强：《体育产业概论》，复旦大学出版社2004年版，第7页。
⑦ 梁立启等：《我国体育话语权的产生基础与有效发挥研究》，《武汉体育学院学报》2017年第7期。
⑧ 梁立启等：《话语权：全球化时代中国体育的诉求》，《北京体育大学学报》2014年第11期。

语表达意愿、维护自身利益的资格和机会，也是一种运用话语对他人的权威性和影响力。根据这一理解，可以将体育话语权定义为：体育话语权是话语主体表达体育权利、诉求体育利益的一种权利，话语主体有权力对其体育权利进行利益表达与诉求①，它是人们拥有的表达其体育权益诉求的权利和权力的统一。体育话语权具有双重属性，权力具有强制性，体现话语的分量与影响力；权利则是人们拥有表达体育利益诉求的权利，体现利益诉求的资格与自由。

（二）体育话语权的类型

有学者认为体育话语权不是人人享有的，如国际体育的申辩权、受告知权、辩论权等，因此，从国家层面来看，体育话语权可以分为国际体育事件的定义权、裁判权和规则制定权等②；也可以分为国际体育事务的解释权、国际体育标准和体育项目规则的制订权、对体育争端的评议权和裁判权等③；也有学者认为体育话语权包括项目规则的制订权、修改权和解释权以及赛事举办权等，具体可以划分为比赛规则的制定权、大型赛事的举办权、赛事纠纷的仲裁权等④；还有学者将体育话语权分为体育规则的制定权、赛事权、裁判权和发展权等⑤。

（三）体育话语权的拥有条件与影响因素

1. 拥有体育话语权的条件

从国家层面来看，拥有体育话语权的条件是能够举办国际体育赛

---

① 张世威、宋成刚：《社会排斥与农民工体育话语权的缺失》，《天津体育学院学报》2008年第2期。
② 廖莉、李艳翎：《国际体育话语权的内涵研究》，《当代体育科技》2014年第16期。
③ 程雪峰：《媒介推力与文化强势：对中国体育话语权缺失的再认识》，《中国体育科技》2015年第5期。
④ 曾诚、邓星华：《体育国际话语权与中国国家形象建构》，《体育学刊》2016年第2期。
⑤ 梁立启等：《我国体育话语权的产生基础与有效发挥》，《武汉体育学院学报》2017年第7期。

事，通过举办奥运会等国际赛事展示本国的政治、经济和文化，引导国际舆论，强化世界认同，以便在处理国际体育事务中拥有话语权。

从个人层面来看，拥有体育话语权的条件是享有基本体育权益，如果不能保障人们享有基本体育权益，体育话语权将缺乏现实基础。[①]

需要注意的是，国家享有体育话语权的强弱并不完全取决于一个国家体育实力的大小，国际体育话语权并非按照一个国家的体育实力进行分配。例如，我国乒乓球、羽毛球、跳水等项目虽然在国际上处于优势地位，占据霸权地位，但是在制定国际体育规则等方面并不具备话语权。由此可见，体育话语权虽然与自身实力密切相关，但是自身实力并不是话语权的决定因素。

2. 体育话语权的影响因素

体育话语权包含"本体话语权"与"体育媒介话语权"两个方面[②]，二者相互依存。本体话语权体现的是体育话语本身的含义，而体育媒介话语权则体现了体育话语的传播能力。由此可见，体育话语权的影响因素主要是文化的影响力和传媒的传播力。也有学者认为享有体育话语权的多少或者强弱受到体育综合实力和体育传播能力两个因素的影响。

第二节　学校体育话语权的概念界定

在对学校体育话语权的相关研究进行梳理和述评的过程中，笔者发现关于学校体育话语权的概念尚未形成，因此，要顺利完成学校体

---

① 梁立启等：《我国体育话语权的产生基础与有效发挥研究》，《武汉体育学院学报》2017年第7期。

② 程雪峰：《媒介推力与文化强势：对中国体育话语权缺失的再认识》，《中国体育科技》2015年第5期。

育话语权研究，首先必须明确学校体育话语权的概念。学校体育话语权是话语权的一个小分支，在教育场域，学校体育是教育的基石，学校体育话语权是教育话语权的重要组成部分；在体育场域，学校体育是体育不可或缺的组成部分，学校体育话语权是体育话语权的细化与深入。因此，学校体育话语权涉及话语权、教育话语权与体育话语权等的相关概念，要明确学校体育话语权的概念，必须依据第一节中关于话语权、教育话语权和体育话语权的概念界定与解读来界定学校体育话语权的概念。

一 学校体育话语权的定义

话语权进入体育场域，细化之后渗入学校体育领域，产生"学校体育话语权"。因此，将"学校体育话语权"看作对"体育话语权"的进一步微观细化而产生的下位概念。同时，由于学校体育属于教育的范畴，也可以将学校体育话语权视作是"教育话语权"的细化。不论是从体育场域的视角，还是从教育场域的视角出发，"学校体育话语权"研究都是在话语权力理论的基础上来研究学校体育领域的各种现象和问题，可以研究宏观层面的国家在进行国际交流所拥有的学校体育国际话语权，也可以研究中观层面的学校在开展学校体育工作时所享有的学校体育的话语权，还可以研究微观层面的学校体育工作者如体育教师在具体从事学校体育工作时所拥有的学校体育话语权。

学校体育话语权这一称谓包含两个基本语素，"学校体育"与"话语权"。根据词组的语义分析，其中"学校体育"是限定词，"话语权"是中心词，但并不是"学校体育的话语权"的偏重关系。话语权的话语主体不可能是"学校体育"，而是国家层面的学校体育话语权，或者中观层面的"学校体育界话语权"等。

学校体育话语权是话语权的一个研究分支，是学校体育文化领导权的一种体现，学校体育话语权中的"学校体育"的内容涉及学校体育各种实践活动，包括学校体育课堂教学、学校体育管理、学校体育运动训练、课外体育活动、学校体育比赛等关于学校体育工作的各项活动，因此，在翻译的时候，应该用"体育教育与学校体育活动"（physical education and school sports）来涵盖学校体育的内容。

人们对教育话语权与体育话语权的认知是多重的，对教育话语权与体育话语权的概念界定也是多元的。而学校体育话语权作为教育话语权与体育话语权的下位概念，其概念也将是多重的，因此，本书将从不同视角出发对学校体育话语权的概念进行界定和解释。关于学校体育话语权的概念界定主要有以下三种。

（一）广义和狭义的概念界定

学校体育话语权有广义和狭义之分，从广义上看，学校体育话语权是指一个国家在进行学校体育国际交流活动时所拥有的表达权、传播权、议题设置权等；从狭义上看，学校体育话语权是话语主体表达其学校体育利益诉求的表达权、传播权、评价权等。

（二）依据不同层面的概念界定

1. 分为公民与国家两个层面

学校体育话语权有公民与国家两个层面的含义，从公民层面出发，学校体育话语权是指公民表达学校体育权益诉求的权利与权力，权力并不是人人享有，对于公民而言，侧重于学校体育话语权利的多寡；从国家层面来看，学校体育话语权是指一个国家在进行学校体育国际交流时所拥有的权利与权力等，在此强调的国家的学校体育话语权力，体现一个国家在国际交流中处理学校体育国际交流事务时所处的地位，是否拥有主导权等。

2. 分为宏观、中观与微观三个层面

从宏观层面来看，学校体育话语权是指一个国家在进行学校体育国际交流时所拥有的决策权、表达权、传播权和议题设置权等；从中观层面来看，学校体育话语权是社会和学校关于学校体育工作的主导权、表达权和传播权等，其主体包括媒体、社会组织、企业以及各级各类学校；从微观层面来看，学校体育话语权是个人表达其学校体育利益诉求的表达权、传播权和评价权等，其中个人包括主管体育的校领导、体育教师、学生和家长等。不同群体之间学校体育话语权利有多寡之分，相同群体之间学校体育话语权力有大小和强弱之分。

（三）传播学视角的概念界定

从传播学的视角来看，学校体育话语权是在一定话语环境下，话语主体借助话语平台用话语表达自身意愿、维护学校体育权益的权利与权力。由于话语权是权力与权利的统一，话语权作为一种权利，是一种资格，是一种身份认证，是人人均可享有的权利；而话语权作为一种权力，则是社会关系和地位的一种象征，体现话语的影响力和权威性，是一种力量的体现。因此话语权重在权力，研究话语权的重点是研究其话语权力的大小和强弱，期望通过提升话语权力，提高话语主体的地位。

学校体育话语权作为一种话语权，具有话语权的共性，因此，学校体育话语权是话语主体表达其学校体育权益诉求的权利，对学校体育的发展和学校体育事务自由发表意见、表达利益诉求的权力。拥有学校体育话语权的表现是：一是话语主体拥有对其学校体育利益诉求的表达权、传播权和评价权等；二是话语主体关于学校体育话语的权威性和影响力。

此外，学校体育话语权作为教育话语权的重要组成部分，从国家层面上看，学校体育话语权体现了一个国家学校体育的发展水平和学校体育在国家学校教育体系的地位；从个人层面来看，学校体育话语权体现了学校体育话语主体的社会地位。

对于不同群体而言，学校体育话语权是指话语主体通过创造、表达、设置、传播承载着一定意识形态、价值观念的学校体育话语来支配和主导他人的思想和行为，使之符合一定社会或者阶层需要的权利和权力。研究学校体育话语权，侧重于研究话语主体在一定的话语环境中，通过话语平台传播的关于学校体育的话语内容，对话语对象所产生的一种控制力、感召力和影响力。争取、获得、提升学校体育话语权的目的，在于提高人们对学校体育的价值认同、教育认同和社会认同。从而有效表达自身的学校体育利益诉求，维护学校体育权益，提高学校体育在体育领域、学校教育领域的地位，进而推动学校体育的持续、健康、全面发展。

学校体育话语权作为话语权在学校体育领域的展现，重在研究学校体育话语权利的多寡与话语权力的强弱。学校体育话语权作为一种权利，人人公平享有；但是作为一种权力，并不是人人平等的。学校体育话语权的话语主体不仅包括政府、社会、学校，还包括个人。例如，政府中主管学校体育的行政部门领导和工作人员、体育界专家、体育社团成员、主管体育的校领导、体育教研员、体育组长、体育教师、学生、家长等都拥有学校体育话语权利，但是，对于普通大众来说，学校体育话语权力却微乎其微。

综上所述，学校体育话语权是用话语来表达学校体育的诉求，是使学校体育能够获得公平发展的机会和持续发展的动力。它是在一定话语环境下，话语主体借助话语平台以话语表达自身意愿、维护学校体育权益的权利与权力。学校体育话语权作为一种文化软实力，具有三重含义：从宏观上看，学校体育话语权是指一个国家在进行学校体育国际交流时所拥有的决策权、表达权、传播权和议题设置权等；从中观上看，学校体育话语权是指社会与学校等关于学校体育工作的主导权、表达权和传播权等；从微观上看，学校体育话语权是个人表达其学校体育利益诉求的表达权、传播权和评价权等。

二 学校体育话语权的概念解读

明确学校体育话语权的概念之后，还需要对其概念进行解读，以便进一步理解学校体育话语权的本体、价值、实践、类型、本质与外延等，从而有助于对其进行全面、系统的研究。

（一）学校体育话语权的本体、价值与实践

研究学校体育话语权首先必须明确学校体育话语权的本体、价值与实践是什么，具体而言，就是要研究三个基本问题：学校体育话语是如何生成的？学校体育话语承载什么样的价值关系？如何将学校体育"理论话语"转变为"实践话语"？①

1. 学校体育话语权的本体

学校体育话语权的本体是学校体育话语。由于话语权用话语表达来实现，而话语表达通过媒体传播来实现，可见，话语的产生离不开媒介的传播。因此，话语权涉及话语本身的含义与话语传播的能力。②学校体育话语权受学校体育综合实力的影响，其中包括学校体育办学条件、教学条件、自身发展水平等硬实力，也包括体育学术、校园体育文化等软实力；学校体育话语权还受学校体育传播能力的影响，学校体育传播能力的强弱能够影响人们对学校体育话语内容的认同度，其传播能力对于把学校体育话语转变成学校体育制度规则，建构和提升学校体育话语权具有十分重要的作用。因此，学校体育综合实力是

---

① 毛志强等：《人类命运共同体话语权建构的三重选择：本体·价值·实践》，《学术探索》2019年第2期。

② 梁立启等：《我国体育话语权的产生基础与有效发挥研究》，《武汉体育学院学报》2017年第7期。

学校体育话语权的基础，学校体育传播能力则是学校体育话语权的核心要素。学校体育话语权的获得、提升与媒体传播密不可分。

此外，由于学校体育话语权的本体是学校体育话语，拥有、提升学校体育话语权应该围绕学校体育话语进行，应该关注提高学校体育话语内容的质量，提高传播效果，增强学校体育话语的影响力。

2. 学校体育话语权的价值

学校体育话语背后蕴含着话语主体的学校体育价值观，从宏观上看，学校体育话语权反映一个国家的学校体育国际交流与合作的价值诉求，体现一个国家在国际交流中的地位和学校体育的发展水平；从中观上看，学校体育话语权体现学校或社会组织在社会中所处的地位；从微观上看，学校体育话语权反映了话语主体的学校体育权益和价值诉求，体现话语主体的社会地位。例如，体育教师的学校体育话语权反映其学校体育价值观，是其社会地位的体现。

（1）不同时期拥有不同的学校体育价值观

在社会发展的不同时期，学校体育价值观也有所不同。新中国成立初期，学校体育的主要目标是培养社会主义建设者和保卫者，学校体育的价值主要体现为教育价值。体育教学注重竞技体育教学，虽以"增强学生体质"为出发点，但更注重学生竞技运动水平的提高。"文化大革命"时期，则过于强调学校体育的政治价值，以劳动、军训等代替学校体育。进入新时代，随着教育强国、体育强国建设以及健康中国战略的实施，学校体育的多元价值受到社会的普遍认可。体育强国不仅是竞技体育强国、社会体育强国、体育产业强国、体育文化强国，还是学校体育强国。健康中国战略实施的重点是青少年，"少年强则国强"，对青少年进行健康教育，使学生形成健康第一的观念，养成终身体育的习惯，有利于加快健康中国建设的步伐。2020年9月22日，习近平总书记在主持召开教育文化卫生体育领域专家代表座谈会时强调，要"坚持健康第一的教育理念，加强学校体育工作"，认为学校体育的价值在于"帮助学生在体育锻炼中享受乐趣、增强体质、健全人格、锤炼意志"。

（2）不同地域文化拥有不同的学校体育价值观

话语权作为一种文化软实力，体现其内含的价值观和文化。不同地域、国家的文化与价值观千差万别，各不相同。例如，由于东西方国家文化传统的差异，使得其话语权的价值取向也不相同。西方国家所拥有的西方文明，关注个体个性自由发展，如美国的英雄情结使得其注重文化霸权输出；而东方文化则更加关注整体发展，寻求共同发展，体现文化的包容性，展示东方文明的包容之心。

学校体育话语权作为一种权力的表征，蕴含着话语主体的意识形态和价值观念。不同的地域文化蕴含着不同的学校体育价值观。西方文明下的学校体育价值观鼓励个性张扬、超越身体极限，关注争夺学校体育话语权的霸权地位以满足个体的利益诉求；而东方文明下的学校体育价值观则关注整体权益，争取学校体育话语权的优势地位和主导地位是为了更好地维护更多人的利益诉求，满足整体的学校体育利益诉求。

3. 学校体育话语权的实践

学校体育话语权的实践过程就是将学校体育"理论话语"转化为"实践话语"的过程，将学校体育政策文件等落实践行的过程。例如，体育教师学校体育话语权的实践就是具体执行学校体育工作，通过教授学生运动技能、增强学生体质来实现学校体育的价值。

明晰学校体育话语权的本体、价值与实践，才能够正确把握学校体育话语权的科学内涵、话语生成和践行，树立科学的学校体育价值观，增强学校体育的社会认同，提升学校体育话语权，推动学校体育的发展，进而提高学校体育的发展水平和社会地位。

(二) 学校体育话语权的质与量

1. 学校体育话语权的质

不同群体拥有不同的话语权利，相同群体可以拥有不同的话语权力，这使得人们更为关注话语权的"质"，即话语权力。拥有不同的话语权力，反映话语权"质"的区别，即拥有话语权力的大小与强弱，话语权力的大小反映话语传播的范围和广度，话语权力的强弱则反映话语影响的程度和深度。例如，主管校长拥有较多的话语权利，如拥有学校体育工作的表达权利、议题设置权利和决策权利，又由于其在学校体育工作中处于决策地位，拥有强势的话语权力；体育组长在学校体育工作中除了拥有话语权中的表达权利，还拥有议题设置权利；而体育教师虽然在具体课堂教学、带队训练等方面具有决策权利，但是在学校处于弱势地位，在学校体育工作的管理与实践中相对只拥有话语表达权利，话语权力甚微；而学生作为受教育者，在学校处于被统治和被支配的地位，拥有学校体育话语表达权利，但是没有话语权力。

2. 学校体育话语权的量

从权利的角度看，话语权主要表现为表达权、议题设置权和决策权等。拥有决策权，体现话语主体在场域内占据优势地位，处于支配与统治的关系。以中小学为例，主管体育工作的校长、体育组长、体育教师和学生在学校教育场域所处的位置不同，权力自上而下的运行机制使得他们掌握不同的资本。话语权是一种文化软实力的表征，也可以被视为是一种文化资本。不同群体掌握不同的文化资本，因此，拥有不同的话语权。拥有不同的话语权利，反映话语权"量"的区别，即拥有话语权利的多寡。

例如，在学校内部，校长处于决策层，掌握较多的文化资本，拥有较多的话语权，如学校体育工作的决策权。这使得校长在参加校外的体育比赛，招聘体育教师，购买体育设施器材，新建或维修体育场馆，选择运动项目示范学校，是否将大课间、带队训练、指导比赛、体质监测计入工作量等方面具有较多的话语权。体育组长处于学校的管理层，在指派教师带队训练、指导比赛、开展大课间活动、统一体育课堂教学进度等方面具有话语权；体育教师位于执行层，在采用教学方法，开展课堂教学、带队训练等方面拥有话语权；而学生是受教育者、是被执行者，只在选择体育社团或者兴趣班等方面拥有话语权。不同群体在同一场域，所处的地位越高，拥有话语权利也就越多；同一群体拥有相同种类的话语权利。

（三）学校体育话语权的类型

学校体育话语权作为话语权的分支，具有话语权的共性，它是权利与权力的统一，可以按照权利进行分类，也可以依据权力进行分类。在法律面前人人享有表达自身学校体育利益诉求的权利，并且公平享有学校体育话语权利，但是每个人享有的表达利益诉求的权利多寡不同。权利存在数量多寡的不同，权力则有质量强弱的差异。

1. 按照权利分类

从国家层面上看，可以将学校体育话语权分为关于学校体育的创造权、表达权、传播权、主题设置权、评价权等。创造权是指能够创新话语内容，创造新理念和新内容的一种权利，这种权利并非人人有之；此外，在进行学校体育国际交流的过程中，交流的主题、内容与方式等的主题设置权也并非人人享有。

从公民层面上看，学校体育话语权分为学校体育话语的表达权、传播权、评价权等。

2. 按照权力特征分类

按照权力的特征可以将话语权分为支配型话语权、竞争型话语权和合作型话语权。学校体育话语权也可以依据权力的类型将其分为以下三种。①

（1）支配型学校体育话语权

支配型学校体育话语权是国家主导学校体育话语权，其他话语主体处于失声状态。国家利用行政力量来干预他人的话语表达并控制话语权，传播的学校体育话语具有较为浓厚的政治色彩或者行政色彩。

（2）竞争型学校体育话语权

竞争型学校体育话语权表现为同一类话语主体或者相同群体之间的学校体育话语权是竞争型的关系。竞争型话语权与支配型话语权相比，支配型是统治与被统治，控制与被控制的关系；而竞争型则是相互平等的关系，只是因为学校体育权益的利益之争，使其处于竞争关系。改革开放以来，体育教师在学校体育工作的主体地位得到确定，从而形成了竞争型的学校体育话语权。政府关于学校体育的大政方针与发展方向等占据主导地位，是权威代表；但是对同一群体的基层体育教师来说，他们所拥有的学校体育话语权存在竞争关系。

（3）合作型学校体育话语权

合作型话语权的话语主体之间是合作关系，话语主体在话语空间交流互动，话语反馈及时。进入新时代，随着教育强国体育强国建设和健康中国战略的实施，国家领导人、政府、社会、媒介等主流意识形态一致认同学校体育的重要性。为了提高学校体育的发展水平，国务院办公厅发布《关于强化学校体育促进学生身心健康全面发展的意见》，满足不同话语主体关于学校体育权益的诉求，尤其是满足学生的学校体育利益诉求。通过开展学校体育工作，使学生享受乐趣、增强体质、健全人格、锤炼意志。政府、社会、学校等各方协同合作，为

---

① 曾文莉、谭秀湖：《中国电视娱乐节目受众话语权力研究》，中国广播电视出版社2012年版，第70页。

了增强学生体质，培养全面发展的学生，提高学校体育的发展水平，推动学校体育的发展，各话语主体之间逐渐形成合作型的学校体育话语权。

(四) 学校体育话语权的内在本质

1. 学校体育地位的体现

话语权反映事物的发展水平和地位，因此，学校体育话语权体现了学校体育的发展水平和社会地位。从宏观上看，学校体育话语权体现一个国家在国际体系中的地位，反映学校体育的发展水平和地位；从中观上看，学校体育话语权反映学校体育界的社会地位，体现社会对学校体育的认同度；从微观上看，学校体育话语权体现在学校内部关于学校体育工作的主导权与决策权，反映不同话语主体的学校体育价值、观念、意识形态的影响力，以及社会对学校体育工作者尤其是体育教师的认可度。

2. 核心主体是体育教师

从国家层面上看，学校体育话语权的基础是本国学校体育的实力，而学校体育的实力具体体现为学校体育工作的开展状况，包括体育课程设置、体育课堂教学、课外体育活动、校园体育文化等多个方面。而这些具体学校体育工作的践行者是体育教师，体育教师肩负着学校绝大部分体育工作任务，是学校体育工作的具体执行者，是学校体育工作的主力军，体育教师对基层学校体育工作的开展和落实具有必不可缺、无可替代的作用。因此，学校体育话语权的核心主体是体育教师。

从个人层面上看，学校体育话语权是学校体育工作者关于学校体育的利益诉求，在教育场域，学校是教育的主阵地，学校体育作为学校教育的一个重要组成部分，其场域是学校。在学校这一特殊的场域，个体之间存在竞争关系，即每个个体在场域中所处的地位不同，处于优势地位的个体拥有较强的话语权,甚至权威话语权,而处于劣势地位的个体则拥有较少话语权,甚至没有话语权。

形成学校体育话语权的主要场所是学校,在学校内部,主管学校体育工作的校领导由于其行政地位,具有行政权威,拥有较多的话语权,在具体的学校体育工作实践中,体育组长的管理职位使其拥有一定的学校体育话语权,而体育教师是具体执行学校体育工作的人员,拥有的话语权较小。

3. 最终受益者是学生

学校体育话语权的最终受益者是学生。作为一种话语权利,话语权是公民身份的一种象征,是一项人人应该拥有的基本权利,学校体育话语权多是师生表达其学校体育观念和利益诉求的自由和资格。从权利角度来审视学校体育话语权,国家为了保障学生的体育权利,增强学生体质而进行的话语诉求,从而维护青少年的体育发展权益。在教育场域,在学校,学校体育话语权体现的是学校体育的发展水平和学校体育在学校教育中所处的地位,反映的是关于学校体育权益的诉求,学校体育的最终受益者是学生,因此,学校体育话语权的最终受益者也是学生。

(五) 学校体育话语权的外延

1. 学校体育话语权的存在基础:学校体育工作

研究学校体育话语权的现实状况,首先要深入学校内部。学校是学校体育话语权形成的主阵地和实践的场所,是学校体育话语权实施的最重要的场域。通过了解学校体育工作的具体开展情况,包括学校体育教学、学校体育日常管理、学校体育课外活动、训练与比赛等,从而了解学生与体育教师、校领导与体育教师、普通教师与体育教师等之间的各种社会权力关系,这些都能够间接体现出学校体育话语权的状况。学校体育话语产生于学校体育实践即学校体育工作之中,因

第二章 概念解析：学校体育话语权的概念与要素

此，学校体育工作是学校体育话语权存在的基础，是学校体育话语权实践的途径和手段，学校体育话语权通过学校体育工作的开展来体现其现实状态。

学校体育工作要坚持学生的全面发展，以学生体质健康为工作重点，而不是只将学生体质测试当作一项任务来完成，应该将学生体质健康测试与全面发展结合起来。目前，我国学校体育工作主要存在的问题有：一是学校体育课开设不足，评价学生最主要的依据是文化课成绩，而不是体育课成绩，因而学校体育不受校领导的重视；二是学生不喜欢体育课的教学内容。① 学生从小学到中学，再到大学，一直在学习田径运动，其中最主要的田径项目跑步，教学内容单一、枯燥，不能激发学生的兴趣。而部分重视学校体育的学校，也是由于体育被纳入中考科目，为了提高学生的体育中考成绩，提高升学率，初三的体育课变成了中考体育项目训练课，这使得体育教师失去了体育教学的话语权，学生丧失了体育课堂学习的话语权，学校体育成为"功利"的工具。

2. 学校体育话语权的实力基础：学生体质健康状况

学校体育话语权是学校体育综合实力的体现。获得和提升学校体育话语权的基础是学校体育自身的实力，而学校体育自身实力最基础的体现是学生的体质健康状况。学校体育的核心目标是增强学生体质，因此，学校体育工作的出发点和最终落脚点是"增强学生体质"。

3. 学校体育话语权的衡量标准：决策权与主导地位

从国家层面上看，拥有学校体育话语权的衡量标准在于该国在学校体育国际交流与合作的各种事务中是否拥有决策权，在国际交流的

---

① 孙科：《学校体育，路在何方?》，《体育与科学》2013年第2期。

过程中是否处于主导地位。从个人层面上看，衡量话语主体是否拥有学校体育话语权的标准在于其在相关学校体育工作中是否处于主导地位，具体表现为：各级政府体育行政管理人员在学校体育政策决策中是否享有表决权；主管学校体育的行政领导在制定学校体育政策文件时是否拥有决策权；学校或者组织是否享有学校体育传播权；体育教师在学校体育事务管理和决策中是否拥有表决权或者决策权；学生是否拥有学校体育权益的表达权等。

（六）学校体育话语权的拥有条件与影响因素

1. 学校体育话语权的拥有条件

拥有学校体育话语权的表现主要包括以下几点。

第一，是否拥有话语表达的机会和自由，是否拥有表达自身学校体育利益诉求的自由和机会，体育教师、学生等弱势群体能否自由地表达自身的体育利益诉求。

第二，话语是否具有影响力和权威性。例如，话语主体关于学校体育的利益诉求能否引起反馈，能否产生效果，政府或者相关部门是否采纳话语主体的利益诉求。

第三，话语主体在自己的相关利益决策中能否产生影响，即话语主体在相关学校体育政策文件等的制定中是否拥有决策权或主导权。例如，主管学校体育的教育行政管理部门领导如教育厅体卫艺处的领导在省教育厅制定本省学校体育相关文件是否拥有决策权，或者是否处于主导地位；学校体育组组长在具体学校体育工作的制定过程中是否拥有决策权或主导权等，这些都能彰显其是否拥有学校体育话语权。

拥有学校体育话语权是为了实现和提升学校体育的感召力和影响力，提升人们对学校体育的价值认同、教育认同和社会认同。提升学校体育话语权，要将增强不同群体对学校体育的认同感作为重要目标。

学校体育要取得的是"平等话语权",而非"绝对话语权"。学校体育与竞技体育、社会体育、体育产业相比,与学校其他学科教育相比,一直处于劣势地位。提升学校体育话语权,并不是要使学校体育在体育场域、学校教育场域内占据绝对优势,而是为了改变学校体育的劣势地位,求得与竞技体育、其他学科教育平等的地位,拥有平等的话语权。

2. 学校体育话语权的影响因素

从宏观上看,学校体育话语权的影响因素是学校体育的综合实力和传播力以及国家所掌握的话语平台。从中观上看,学校体育话语权的影响因素是校园体育文化与媒体的传播力。从微观上看,学校体育话语权的影响因素包括话语主体的知识水平、学校体育价值观、话语能力和熟悉运用话语平台的能力。

由于在学校体育工作的具体实践过程中,尤其是在学校体育的国际交流活动中,绝大多数人的学校体育话语权力微乎其微,可以忽略不计,只有少数人拥有学校体育政策的决策权、学校体育制度的制定权、学校体育工作的执行权等。因此,学校体育话语权的研究重点不是人人享有的学校体育言论权,而是学校体育工作者的话语权力。

对外而言,即在学校体育领域之外,要保障学校体育工作者的话语权利,提高学校体育工作者的话语权力,在体育场域、教育场域内提高学校体育的发展水平,提升学校体育的地位;而在学校体育领域内部,则要保障学校体育工作者关于学校体育工作的决策权和主导权等权利,维护体育教师和学生的学校体育话语权利,此外,要增强话语主体关于学校体育话语的影响力,使学校体育价值观、意识形态对他人能够产生影响与效果。

第三节　学校体育话语权的要素

话语权的内容要素分析是话语权研究的切入点，同理，学校体育话语权研究的切入点是进行学校体育话语权的内容要素分析。应用传播理论进行学校体育话语权的要素分析，明晰学校体育话语权的内容要素，并通过协调发展各内容要素以增强其整体效益；同时，应用传播力知识，从学校体育话语权的内容要素中确定关键要素，这是后续研究如何提升话语权的依据。

在明确话语权的内容要素之前首先需要了解话语权的形成过程，知晓话语权在形成过程中必需的内容要素和传播环节，从而更好地分析各内容要素之间的关系。话语权的形成过程一般是：话语主体通过话语平台将话语内容（信息）传播给话语客体，只有对话语客体产生了影响，取得话语反馈和效果，才能真正拥有话语权。在此，话语传播的过程也是话语表达的过程，而话语表达一般涉及两个环节，第一个环节是话语的表述，第二个环节则是话语的到达。由此可见，话语表达需要通过一个话语平台或者话语场所，即话语主体通过话语来表述自己的权益。只有话语客体听到、知晓了话语内容，并对话语主体有所反馈产生一定效果，这样才是一个完整的话语表达过程。

吴瑛认为，话语权的要素包括话语环境、话语主体、话语内容、话语传播、话语客体和话语平台（权力网络）[1]；冷凇认为话语权涉及五个要素，分别是话语的传播者（话语主体）、话语的对象（话语客体）、话语的内容、话语平台和话语反馈[2]；刘勇认为话语权的实现涉

---

[1] 吴瑛：《中国话语权生产机制研究：基于西方舆论对外交部新闻发言人引用的实证分析》，上海交通大学出版社2014年版，第27页。

[2] 冷凇：《新形势下媒体国际传播与话语权竞争》，中国社会科学出版社2016年版，第4—5页。

第二章　概念解析：学校体育话语权的概念与要素

及话语的产生、表达和传播，据此认为话语权由话语主体、话语内容、话语方式、话语传播及话语效果等要素构成①。

依据传播理论，话语权在话语传播的过程中产生与形成，即在一定话语环境中，话语主体借助话语平台将话语内容传播给话语客体，获得话语反馈，达到预期的话语效果，从而形成话语权。因此，话语权主要包括话语主体、话语客体、话语内容、话语平台、话语效果和话语环境六个要素，如图2-1所示。

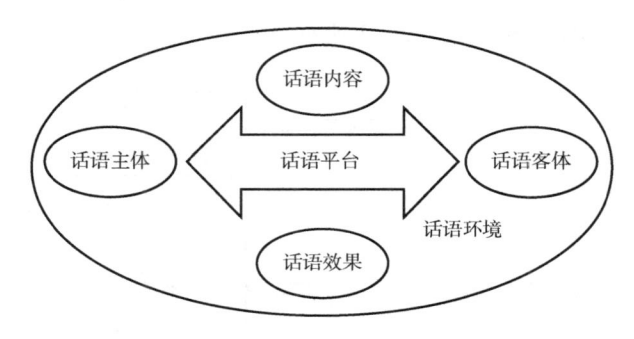

图2-1　话语权要素

一　话语主体

话语主体，即话语的传播者，它是话语权生成的主体要素。话语主体是研究"谁来说"的问题，包括主权国家的官方机构、非官方机构或者群体和组织、个人等。话语主体包括话语行为主体和话语实施主体，话语行为主体一般为国家或者政府，而话语实施主体为个人或组织。② 话语主体通过话语实践，"确立其社会地位"③，并影响他人，

---

① 刘勇：《当代中国主流价值观话语权的思想溯源与现实建构》，博士学位论文，安徽大学，2017年，第3页。
② 梁立启等：《话语权：全球化时代中国体育的诉求》，《北京体育大学学报》2014年第11期。
③ 王治河：《福柯》，湖南教育出版社1999年版，第159页。

从而获得话语权。

从组织层面上看，学校体育话语主体包括政府、社会和学校。其中政府主要是国家各级政府部门，包括国务院、教育部、省、市、县等各级地方政府；社会则包括各种社会组织，如体育学会、协会、俱乐部等，还包括媒体界、企业、社会大众等。从个人层面上看，教育行政部门的管理者代表政府，主管体育的校领导、体育组长（体育部系主任、体育学院院长）、体育教师和学生则是学校的不同个体，而家长是代表社会的个体，如图2-2所示。

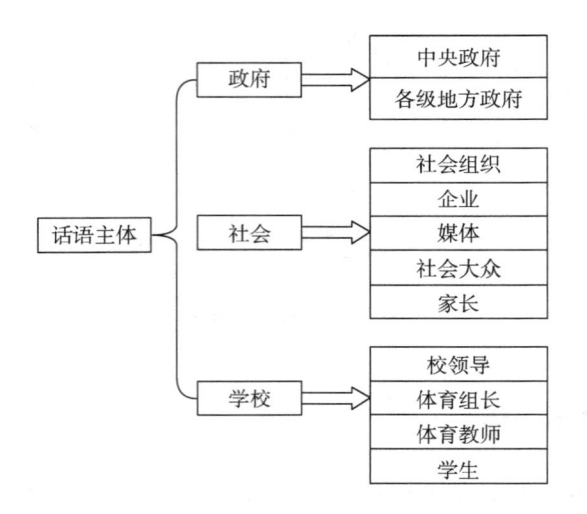

图2-2 学校体育话语主体

话语主体的权力地位决定其是否充分或者真正拥有话语权。一般来说，政府、学校、校领导享有较为充分的话语权，而体育教师、家长与学生作为个人，虽然享有话语权利，但是很少享有学校体育话语权力，尤其是学校体育最核心的利益者——学生，不论是在社会，还是在学校，其都处于弱势地位。

此外，可以依据话语的类型对话语主体进行分类。由于话语分为官方话语和民间话语，因此，可以将话语主体分为官方和民间，官方包括政府、行政管理部门领导与管理人员等，民间包括社会、学校和个人，涉及社会大众、媒体界、体育界、学校体育工作者、学生和家长等。也有学者将话语类型分为官方话语、媒体专业话语、市场话语和大众话语，据此可以将学校体育话语主体分为官方如国务院、教育部等各级地方教育行政部门与行政官员，媒介如新闻媒体界，市场如体育利益团体及成员，大众则一般是不能掌握或者使用主流媒体的广大民众。笔者在此仅从组织层面对学校体育话语权的话语主体进行论述，涉及政府、社会与学校，关于个人层面的学校体育话语权将在现状分析中进行表述。

（一）政府

政府作为国家行政机关，按照管辖范围可以分为中央政府和地方政府。从国家层面上看，学校体育话语权是一个国家在进行国际交流过程中学校体育权益诉求的表达权、传播权、评价权等，它是国家体育文化软实力的一种体现，也是该国学校体育发展水平和社会地位的体现。

政府作为学校体育话语主体之一，是学校体育政策文件和发展方向的顶层设计者与决策者，中央政府和地方各级政府引领全国和地方学校体育的发展。政府在学校体育话语体系中处于主导地位和决策地位，相对学校体育其他话语主体，如对于社会与学校而言，政府拥有绝对权威的学校体育话语权。

政府的学校体育话语内容具有权威性和强制性。中央政府制定的关于学校体育的相关政策和文件要求各级地方政府落实执行，要求各级各类学校必须执行。《体育法》关于学校体育的条文受到法律保护，关于学校体育的一些要求必须执行，具有权威性和强制性；相关的一些文件则具有较强的指令性。例如，2020年10月，中共中央办公厅、国务院办公厅印发《关于全面加强和改进新时代学校体育工作的意见》，规定"配齐配强体育教师"，具有较强的指令性。还有一些文件要求则具有一定的指令性。政府为了促进学校体育的发展，将学生体质状况纳入主管学校体育的教育行政管理部门领导的政绩、学校领导的业绩考核等，由于监督执纪力度不足，这一类似要求并未落实，致使该话语的指令性减弱。由于政府作为国家行政机关，掌控着主流意识形态和主流话语平台，因而政府在学校体育场域内占据决策地位和绝对优势地位，成为学校体育的权威者。

政府，尤其是中央政府对于学校体育政策文件的制定、学校体育发展的方向和趋势等方面拥有决策权。例如，中共中央办公厅、国务院办公厅印发的《关于全面加强和改进新时代学校体育工作的意见》要求相关部门和单位按照该意见实施学校体育工作，这体现了政府在学校体育话语体系中处于决策地位，是学校体育政策文件的决策者和权威者。中央政府与地方各级政府的官方话语代表社会的主流意识形态和主流学校体育价值观念。值得注意的是，虽然政府在学校体育话语主体中处于决策地位和主导地位，具有权威性，但是，如果政府制定的政策措施不能落到实处，其话语地位必将受到质疑。例如，政府制定的阳光体育工程，该工程在落实执行的过程中，虎头蛇尾，雷声大雨点小，没有执行力，受到社会大众的普遍怀疑。学校落实阳光体育活动的效果不佳，学生体质健康没有得到改善，学校体育的发展无法得到社会的认同。①

教育行政部门作为一个政府部门，从上到下依次是教育部，省教育厅，市教育局，区、县教育局等。对于政府部门来说，能够进入相应层级的事务管理决策层拥有决策权，才是真正拥有话语权。主管学校体育事务的行政机构是否拥有学校体育话语权，主要在于其在教育

---

① 刘韬：《中国学校体育百年话语分析》，博士学位论文，湖南师范大学，2015年，第108—109页。

行政部门的地位。例如，体卫艺司主管全国学校体育事务，体卫艺司在教育部的地位如何，在制定有关学校体育政策文件时，体卫艺司是否享有决策权；各省级教育厅中的体卫艺处在教育厅的地位如何，取决于其是否处于决策地位。

党和政府是学校体育话语权最权威的话语主体，具有极强的权威性和影响力，其话语内容具有强烈的渗透性。因此，在中央政府的政策、文件以及相关法律法规中渗透着学校体育的价值理念，这将非常有助于提高学校体育的发展水平，提升学校体育的地位，提升学校体育话语权。此外，国家领导人的学校体育观念对国家学校体育的发展也会产生深远的影响。例如，习近平总书记非常热爱体育运动，其关于学校体育的相关论述将会推动我国学校体育的发展。

（二）社会

作为话语主体的社会，包括社会组织、企业、媒体界、普通大众和家长等。社会组织和企业，若拥有主流社会意识形态，可以通过公权力机关发声，其市场话语则具有一定的权威性和强制力，或者至少具有一定的指令性，在一定范围内能够引导社会舆论，将会对普通大众产生较大的影响。而媒体界由于拥有话语传播的专业知识和技能，掌握一定的话语平台，他们的专业话语虽然没有强制性，但易于传播并引起社会舆论，或多或少地会影响普通大众。而专家学者，尤其是学校体育专家学者，他们关于学校体育领域的知识技能具有专业水准，属于学校体育的"智库"或者"智囊团"成员，在一定程度上可被视为学术权威，他们凭借自身的专业知识发声，其话语虽然不具备强制性，但是至少具有一定的启示性，其表述能否取得效果取决于主流社会是否采纳，抑或其关于学校体育的话语包括关于学校体育的利益诉求是否能够实现取决于政府是否采纳。

对于社会这一话语主体而言，不同社会成员是否拥有学校体育话语权表现是其学校体育话语是否能够对政府、对普通大众、对学校产生影响。普通大众不掌握话语平台，最容易受到社会舆论的影响，处于社会的弱势地位，极少发声，或者"声小"，能够拥有话语表达权，但是极少拥有话语传播权。而家长作为社会的重要组成部分，是否拥有学校体育话语权体现为其学校体育话语能否影响学校、能否对学校体育工作的具体管理与实践产生影响。例如，由于体育中考的分值逐年增加，一些家长要求体育课进行中考体育项目的训练，而停止讲授课标内容，家长的诉求能否得到满足在一定程度上可以体现出其是否拥有学校体育话语权或者拥有学校体育话语权的大小与强弱。

（三）学校

在学校内部，作为学校体育工作的具体执行者，其话语主体包括主管学校体育的校领导、体育组长（体育院系负责人）、体育教师和学生等。大部分体育教师，甚至体育组长对学校体育工作都没有决策权，只是具有执行权，一切听从校领导的安排和部署，而学校领导由于升学压力、排名压力、业绩考核等更为注重智育文化课程的学习，对于体育课程重视度不够，至多关注体育中高考事宜。学生能否表述自己的学校体育利益诉求在于学校是否设有专门的组织或者机构来听取学生或者家长关于学校体育的呼声和意愿。

话语主体的组织机构与话语权的分布关系如图2-3所示，左侧为话语主体的组织机构示意图，右侧则是话语权分布的示意图。由图可知，组织层级与话语权呈正相关，层级越高的组织机构，享有的话语权越大。例如，作为决策层的政府是国家最高管理组织，其话语权最强；而操作层如体育教师作为最基层的组织，其话语权最弱。对于学校体育话语权的话语主体来说，其决策层为国务院、教育部、国家体育总局等，其中国务院作为最权威的决策层，占据权

第二章 概念解析：学校体育话语权的概念与要素

威地位，在话语关系中处于绝对优势，拥有最强的话语权；管理层为地方各级主管学校体育的政府部门；执行层为监督学校体育工作执行落实的学校；而操作层则是具体开展各项学校体育工作的基层教师、一线体育教师。在组织结构中，操作层的层级最低，其话语权最弱。在学校体育话语主体中，作为操作层的基层体育教师缺乏学校体育话语权。

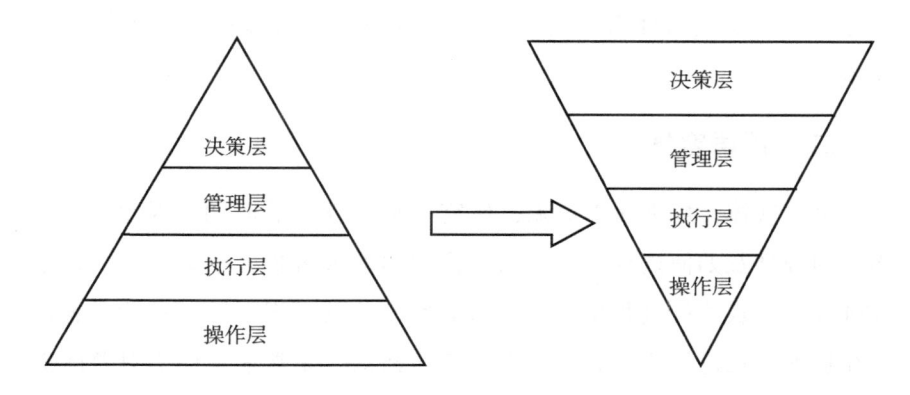

图 2-3 话语主体组织机构与话语权分布

在学校体育话语语境中，学校体育话语主体包括政府、教育管理部门、体育管理部门、学校、社会团体和个人等。其中政府具有学校体育的话语主导权，政府在学校体育话语体系中处于主导地位和决策地位，通过制定学校体育相关政策文件等提升其影响力和权威性；教育管理部门既是学校体育话语主体，也是话语客体。对于政府而言，教育管理部门是话语客体，听从政府的安排，根据政策文件等进行学校体育管理工作；而对学校而言，教育管理部门是话语主体，指导、管理学校开展学校体育工作，学校则是话语客体。[1]

学校体育话语权的话语主体，广大民众是最基本的代表和力量。

---

[1] 刘韬：《中国学校体育百年话语分析》，博士学位论文，湖南师范大学，2015 年，第 103 页。

对大众而言，人人享有学校体育话语权利，但是不同的话语主体拥有不同的影响力和控制力。因此，话语主体中存在权威主体，包括行政权威和学术权威。党中央代表最广大人民群众的利益，因此，中央政府极具权威性和号召力，政府可以运用其行政权力成为行政权威。例如，主管学校体育的教育行政部门领导具有行政权威，提升学校体育话语权离不开党和政府。而学术权威则是在学术界具有较强影响力的专家学者，他们对体育教师，尤其是基层体育教师将会产生较大的影响。

二 话语客体

话语客体，也称话语对象，研究"对谁说"的问题。因此，话语客体研究涉及如何选择听众或者受众以争取或者扩大话语效果。话语主体在话语表达的过程中，为了有效地表达其意识形态，对话语客体产生影响，在进行话语表达或者信息传播前，非常重视话语对象的选择，否则不能产生话语反馈的话语表达都是无效表达，无法对话语客体产生影响。话语主体想要争取或者扩大话语效果就要准确选择话语客体，可以根据话语平台确定选择不同的话语客体，也可以根据话语内容的不同选择话语客体。

在话语关系中，话语主体与话语客体共生共存，有时话语客体也是话语主体。在话语主体与话语客体进行话语交流的过程中，话语客体的看法观点作为话语内容反馈传递给话语主体，此时话语主体就成为话语客体。

实现话语权必须注意避免话语客体的缺失，话语表达需要一定数量的话语客体，才有可能实现话语表达的目的和意义。如果话语客体人数太少，作用甚微，范围太窄，话语表达的意义就不大。再者，在进行话语传播的过程中，话语主体应该考虑话语客体的理解力与认同感，才能实现有效传播。话语表达要获得话语效果，实现传播目标，话语主体一定要注意把握话语客体，全面了解话语客体的认知水平、性格、心理素质和接受能力等，选择合适的话语平台进行话语交流与传播。① 因此，话语主体可以考虑对不同的话语客体采用不同的话语平台表达话语内容，从而提高话语效果。例如，对农村学校的学生进行宣传，可以采取广播等形式；而在城市学校进行宣传时，则可以利用网络平台等新媒体。

三 话语内容

话语内容，即"说什么"的问题，需要注意话语的逻辑和质量。话语内容的数量和质量与其理论水平和学科体系有着必然的联系，因此，学校体育的话语内容与学校体育的理论水平和学科体系也必然存在密切联系。

话语内容的表达要具有逻辑性、完整性和真实性，让话语客体能够听懂且认可，才能达到话语传播的效果，从而赢得话语权。话语内容的质量直接影响话语的传播效果，因此，要注意提高话语内容的质量。而提高话语内容质量的关键在于提高话语者的话语能力，使其话语内容体现思想性、逻辑性和一致性，使话语内容新颖、有思想，而不是人云亦云，成为他人话语的跟随者。话语内容有条理、逻辑性强，则具有说服力；此外，话语内容要前后一致，不可因为话语环境的变化而产生矛盾。话语内容应该"言之有物、言之有理"，真实可靠、具有逻辑性。

从国家层面来看，话语内容是由一个国家的实力及其在处理国际事务中的地位和拥有的影响决定②，它反映了一个国家所关注的，与自

---

① 胡银银：《改革开放以来我国意识形态话语权问题研究》，博士学位论文，南开大学，2014年，第116页。
② 梁凯音：《论国际话语权与中国拓展国际话语权的新思路》，《当代世界与社会主义》2009年第9期。

身利益相关或与承担的国际责任、义务相关的观点和立场,话语内容涉及政治、经济、军事、文化和社会生活等许多方面①。从个人层面来看,话语内容体现话语主体的利益诉求,反映其观点与立场,而话语内容的质量与话语主体的认知水平以及话语客体的意识形态密切相关。②

一般来说,政府关于学校体育的话语属于官方话语,其话语内容相对而言质量较高,对大众而言具有风向标的作用。政府的学校体育话语内容对于营造良好话语环境,甚至维护社会稳定,具有重要作用。媒体关于学校体育的话语内容相对专业,通过媒体的行业自律确保其话语内容客观公正。同时还需注意承担社会责任,关注公共利益,以公众服务和公共利益为基石,在政府发表官方话语之前,报道大众强烈关注的涉及公共利益的体育话题。

学校体育话语应该包括学校体育的课程建设、实施、评价与师资等,以及学校体育在学校教育、社会发展、学生个体发展中的地位与作用等内容。③ 学校体育话语内容一般来说滞后于学校体育的实践利益诉求,受政治、经济、文化、教育等因素的影响和制约,学校体育话语具有鲜明的时代特征。要实现并提升学校体育话语权,必须以话语内容为基础,使话语内容能够反映话语主体的利益诉求,体现话语主体的意识形态、价值观和立场等。只有当话语内容能够贴近大众生活,真实反映话语客体的利益诉求,才有助于话语客体获得权益,从而获得、实现话语权。如果话语内容无法被话语客体理解和认同,话语主体就不拥有话语权。因此,实现、提升学校体育话语权,必须借助话

---

① 谭达顺:《在失衡的格局中失权:我国国际体育话语权现状分析及拓展路径研究——基于伦敦奥运会不公平事件的思索》,《成都体育学院学报》2013年第5期。
② 张志洲:《话语质量:提升国际话语权的关键》,《红旗文稿》2010年第14期。
③ 孙淑慧:《20世纪80年代中期以来我国学校体育话语现象的反思与探析》,《成都体育学院学报》2010年第2期。

第二章 概念解析：学校体育话语权的概念与要素

语的力量，使学校体育话语内容准确、具有条理性和逻辑性，使人信服，获得广大民众、社会的理解和认可。

为了更好地研究学校体育话语内容，依据访谈结果，通过整理归纳，本书将学校体育话语内容分为学校体育价值与理念、学校体育政策与落实、学校体育教育与教学、学校体育发展与问题、学生体质与健康、学校体育资源与保障等六个方面，如图2-4所示。

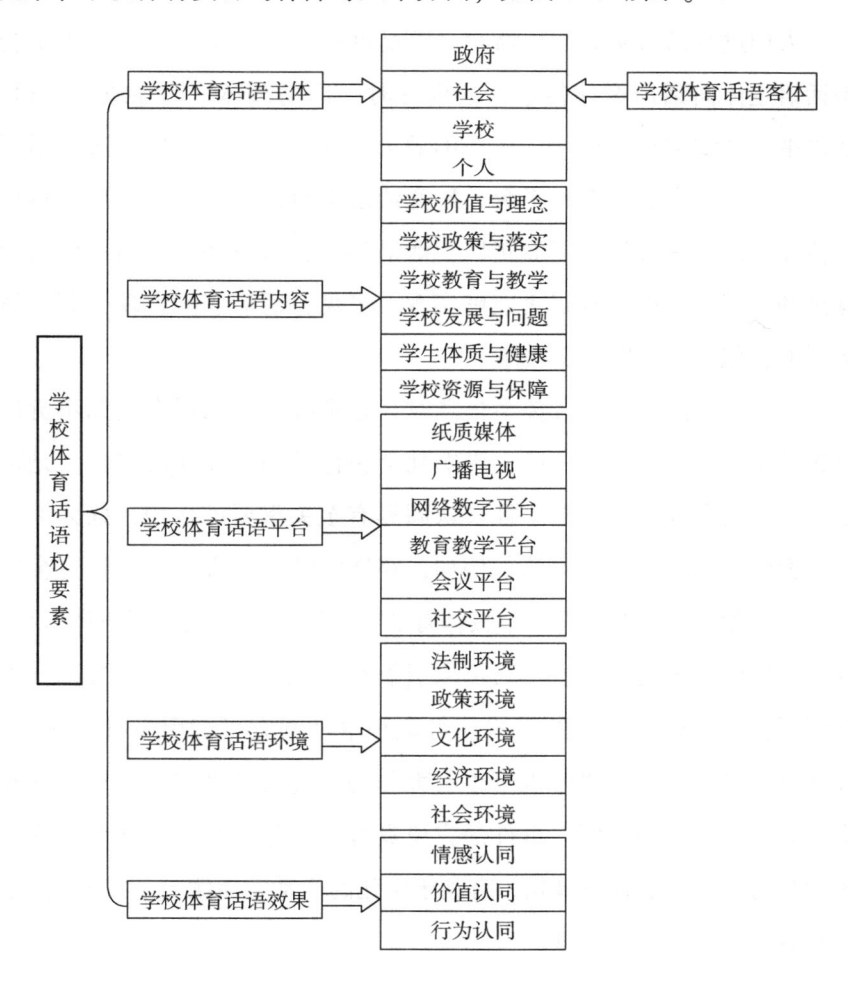

图2-4 学校体育话语权要素关系

四 话语平台

话语平台是指话语主体通过何种载体或者渠道表达或传播话语，研究"怎么说"的问题。话语平台是话语主体实现话语权的重要手段，包括各种纸质媒体（如报纸、书籍、杂志等）、广播电视、网络数字平台、教育教学平台、会议平台和社交平台等。

人们进行话语交流与传播时必须借助一定的话语平台。话语平台是话语主体向话语客体传递话语内容时采用的载体、途径或者渠道。话语平台的掌控有助于话语传播的效果。因此，话语主体在选择话语平台时，要综合运用多种平台，拓宽话语平台，以便更有效地进行话语传播。话语平台的覆盖面越广，话语客体也就越多。话语平台是否健全和完善决定话语权是否能够实现。可见，话语权的实现受到媒体的影响，但是并不取决于媒体。

媒体在话语表达或者传播信息时，总是将其意识形态不知不觉地渗透其中，从而在一定程度上影响社会舆论导向。媒体的传播力是话语权的重要资源。媒体对于社会认同具有至关重要的作用，媒体的报道会影响人们的态度和看法。例如，媒体对学校体育的相关报道会影响人们的学校体育观，并对学校体育的认同感产生影响。新媒体时代，随着新媒体的迅猛发展，使其可以引发社会风暴，影响舆论导向。大众话语权与媒介话语权的重构使得微小事件都有可能引发社会风暴，在网络信息社会，小媒体也可以有大作为。过去高度集中、单一的媒介话语霸权被削弱，同一事件的言说具有多元化的特征。话语内容的多元化有助于人们接近真相，有利于文化的生动、活泼与开放①，网络民意具有非同寻常的力量。

---

① 陈堂发：《媒介话语权解析》，新华出版社2007年版，第11页。

五 话语环境

话语环境是话语权实现的场所，它是话语表达的氛围。话语环境主要包括法制环境、政策环境、文化环境、经济环境和社会环境等。良好的话语环境是话语主体之间自由交流与对话的基础①，话语环境的优劣直接影响到话语表达的效果。例如，政策是扶持还是限制，文化是认同还是相异，经济是发展还是衰退，社会是认可还是质疑等，这些都将对学校体育话语表达的效果产生影响。

话语环境不同，话语主体承担的角色和所处的地位有所不同，其话语内容也不相同。在国内话语环境中，学校体育话语主体的角色是学生体育权益的维护者、学校体育权益的维护者和校园体育文化的建构者，要促进健康教育的实施、加大体育教学改革、推动学校体育工作的开展、传播校园体育文化等。而在国际话语环境中，学校体育话语主体的角色是国家学校体育权益的捍卫者和维护者，要捍卫国家学校体育的权益，争取在国际学校体育交流的过程中，拥有更多的话语表达机会和自由，打破西方话语霸权，重构学校体育国际话语体系，保护学校体育本土化、特色化的发展。

良好的话语环境，即法制健全、政策完善、文化先进、经济繁荣、社会进步，有利于表达诉求、实现话语效果，拥有并提升话语权。营造良好的学校体育话语环境，有助于话语主体获得并提升学校体育话语权。

学校体育法制环境是关于学校体育的一切法律法规，包括立法环境、执法环境、司法环境、守法环境和护法环境，具体有《体育法》《教育法》《教师法》等。学校体育政策环境主要是关于学校体育政策的制定、发布和执行落实等状况。学校体育文化环境包括物质文化环

---

① 梁立启等：《话语权：全球化时代中国体育的诉求》，《北京体育大学学报》2014年第11期。

境、制度文化环境和精神文化环境。其中，物质文化环境包括学校体育场地器材、设施建筑等；制度文化环境是关于学校体育工作的各项规章制度；而精神文化环境则是"重文轻武"、重智育轻体育等传统体育文化以及校园体育文化状况等。学校体育经济环境则是学校体育工作涉及的经费状况、经费投入等情况。学校体育社会环境是影响学校体育工作开展的各种社会环境的综合，包括社会对学校体育的态度，社会对体育教师的看法等。

六　话语效果

话语效果，也称为话语反馈，是话语主体所表达的观点、立场和主张等最终获得的结果和效果，研究"说得怎么样"，是话语表达获得的结果，即研究话语主体的话语内容是否得到话语客体的反应、接受和认同。话语反馈的效果有三种情况：一是毫无效果，即话语没有得到任何实际反应，毫无效果表明话语得不到任何反馈，没有作用或者结果，话语没有任何影响力，话语主体不享有话语权；二是话语在某种程度上被关注或者得到某种互动，说明话语主体享有一定话语权；三是话语引发强烈的社会舆论，说明话语主体充分享有话语权。

在话语交流与传播的过程中是否产生话语效果体现拥有话语权。话语权的强弱在于话语效果的大小。[1]

话语反馈分为正面反馈和负面反馈，据此，可以将话语效果相应地分为积极效果与消极效果。正面反馈是积极、肯定的态度，即达到话语效果，产生积极效果；而负面反馈则是消极、否定的态度，未实现话语的预期目标，没有话语效果，甚至产生消极效果。

话语效果可以通过权威评价与民众评价相结合的方式进行评定。

---

[1] 张殿军：《硬实力、软实力与中国话语权的建构》，《中共福建省委党校学报》2011年第7期。

第二章 概念解析：学校体育话语权的概念与要素

话语质量或者话语效果的评价从量的方面来看，主要研究接受并认可话语内容的话语客体的数量；而从质的角度来看，主要分析话语客体对话语内容的接受程度。话语客体对话语内容的认同可以分为情感认同、价值认同和行为认同，其中情感认同是行为认同的内在动力。对学校体育话语的情感认同是话语客体在理性的基础上，对学校体育话语的肯定和满意，能够形成一种相对稳定的、基于情感的肯定和赞同；对学校体育话语的价值认同是话语客体能够以共同的学校体育价值观作为标准来规范自己，并自觉地将其内化为自己的信念；而对学校体育话语的行为认同是话语客体对学校体育话语内容一致的实践行动，积极遵守或者践行学校体育话语的指向。当话语客体实现行为认同，表明话语主体拥有较强的学校体育话语权。

话语主体可以根据话语效果及时调整话语内容或是选择更加合适的话语平台以获得话语客体的认同，从而提高话语效果，增强话语的影响力和说服力，提升话语权。此外，要注意话语效果的实效性。话语效果没有实效性就失去意义，无法真正实现话语表达的目的，话语蕴含的意义将无法得到建构。

一般依据话语效果来评价话语主体是否拥有话语权。拥有话语权、实现话语效果的评价标准是话语主体引导话语客体的思想与行为是否朝着期待的方向发展，只有当话语客体的思想与行为与话语主体的预期目标一致时，才能表明话语主体真正拥有话语权。

积极的学校体育话语效果的主要体现是：在进行学校体育话语传播的过程中，人们认同学校体育的重要作用，更加关注青少年的体质健康；社会舆论充满学校体育积极话语，并在政府的积极引导下，直接影响学校体育政策的决策部门和决策者制定促进学校体育发展的政策文件，推动学校体育的发展，提升学校体育话语权；政府成为学校体育政策的制定者和监督者，学校拥有学校体育管理的话语权，在学校体育内部事务中处于主导地位，拥有主导权，而社会则承担监督的作用①，并可以向教育主管部门或者体育管理部门、学校进行反馈，形成良好的学校体育话语反馈机制。

综上所述，学校体育话语权的六个要素即话语主体、话语客体、话语内容、话语平台、话语环境和话语效果之间相互关联。话语主体与话语客体是相因相生的关系，在话语交流的过程中，既是话语主体又是话语客体。例如，话语主体在传播学校体育话语时，当话语客体做出反馈，话语主体接收话语反馈效果时成为话语客体。话语内容的质量受到话语主体的认知水平和话语能力的影响，话语平台影响话语传播的效果，增强话语内容的影响力要提高话语主体的认知水平和话语能力，并掌握更多的话语平台。因此，提升话语权的关键在于提高话语主体的认知水平与话语能力，以及拓宽话语平台。而话语主体在选择话语平台时，要根据话语客体的不同选择适当的话语平台。营造良好的话语环境，有助于提高学校体育话语的传播效率。话语主体在一定的话语环境中，运用话语平台将话语内容传播给话语客体，当话语客体对话语内容产生话语效果即产生情感认同、价值认同或者行为认同时，话语主体拥有话语权。

话语权的六个要素中对于话语权的强弱起着决定性作用的是话语内容与话语平台。话语内容的质量取决于话语主体的认知水平和话语能力。根据传播理论的相关知识可知，认知水平、话语能力和话语平台三者的合力形成话语表达的影响力，这种话语表达的影响力简称语力②，而语力的强弱直接决定了话语表达的效果。因此，话语权的强弱取决于认知水平、话语能力和话语平台三个核心要素。认知水平越高，知识水

---

① 刘韬：《中国学校体育百年话语分析》，博士学位论文，湖南师范大学，2015年，第109页。

② 陈开举：《话语权的文化学研究》，中山大学出版社2012年版，第179页。

第二章 概念解析：学校体育话语权的概念与要素

平越高，知识结构也就越完整，其对未来事态的预测能力也就越强，其话语表达的准确性也就越高，越容易获得信任，也就拥有更多的话语权。

话语能力包括驾驭语言能力、运用话语资源的能力和把握话语机会的能力。驾驭语言能力是话语主体将其内心思想外化的能力；拥有运用话语资源的能力则有助于表达话语思想，丰富话语内容，但是拥有话语资源不一定拥有话语权或者话语影响力。例如，作为行政权威，其凭借行政管理赋予的权力资源，与普通民众相比，享有更多发挥话语权力的重要平台，但是由于其能力有限，不能有效发挥其应有的话语优势和话语价值，造成"说话无声"、表达不力或者思想匮乏、无法言语的"无语"状态，这极大地浪费了其所拥有的权力资源；而把握话语时机的能力则受话语主体的思维能力、表达能力、观察能力、处置能力和应变能力的影响。[①] 话语能力是话语权的延伸[②]，话语能力包括话语表达的形式是否完整，逻辑是否严谨，表达是否准确，语言是否流畅等，一般用话语内容的质量来衡量话语主体的话语能力。话语能力的培养需要经过长期的学习或者专门的训练。话语能力体现话语表达的效果，它是拥有话语权的必要条件。话语能力越强，话语表达越准确，话语质量越高，信服的人越多，越具有公信力，获得人们信任与认同，话语才能有效果，话语权越强。掌握的话语平台越多，越容易传播，越有助于话语产生积极效果，话语权也越强。

话语权的核心要素认知水平、话语能力和话语平台三者相辅相成，话语能力与认知水平正相关，话语能力的强弱、认知水平的高低直接影响获得话语平台的多寡。此外，即使在同一话语平台，由于个体认知水平与话语能力的不同，享有不同的话语权。

---

① 史姗姗：《思想政治教育话语权研究》，博士学位论文，武汉大学，2014 年，第 102 页。

② 王智慧：《论体育强国视域下的国家体育话语能力》，《西安体育学院学报》2014 年第 3 期。

本章小结

本章首先梳理了话语权、教育话语权和体育话语权的相关概念；其次借鉴相关概念并从不同层面界定了学校体育话语权的概念，认为学校体育话语权是用话语来表达学校体育诉求，是使学校体育能够获得公平发展的机会和持续发展的动力。从国家层面看，学校体育话语权体现一个国家学校体育的发展水平；从个人层面看，体现了个人的社会地位。

学校体育话语权是在一定话语环境下，话语主体借助话语平台以话语表达自身意愿、维护学校体育权益的权利与权力。它包括三重含义：从宏观上看，学校体育话语权是指一个国家在进行学校体育国际交流时所拥有的决策权、表达权、传播权和议题设置权等；从中观上看，学校体育话语权是指社会和学校等关于学校体育工作的主导权、表达权和传播权等；从微观上看，学校体育话语权是个人表达其学校体育利益诉求的表达权、传播权和评价权等。

同时，对学校体育话语权的概念进行解读，认为学校体育话语权的本体是学校体育话语，价值是学校体育价值观，实践是将"理论话语"转变为"实践话语"，即学校体育政策文件的落实与执行。话语权的"质"是话语权力，有大小强弱之分；话语权的"量"是话语权利，有多寡之分。学校体育话语权的内在本质反映学校体育话语权是学校体育地位的体现，其核心主体是体育教师，最终受益者是学生；学校体育话语权的存在基础是学校体育工作，实力基础是学生的体质健康状况，衡量标准是话语主体是否处于主导地位，是否取得预期的话语效果。

最后，应用传播理论将学校体育话语权的要素分为话语主体、话语客体、话语内容、话语平台、话语环境和话语效果六个方面，并指出提升话语权的核心要素是话语主体的认知水平、话语能力与话语平台。

第三章 现状审思：我国学校体育话语权的现实状况

前一章对学校体育话语权进行了概念界定，并解读了学校体育话语权的内在本质与外在表现，同时依据传播理论，将话语权的要素分为话语主体、话语客体、话语内容、话语平台、话语环境和话语效果。本章将从学校体育话语权的六个要素入手对我国学校体育话语权的现实状况进行分析。根据话语权的产生机制，话语主体关于学校体育权益的话语诉求通过话语平台表达出来，进行有效传播，产生话语效果，话语主体才能真正享有学校体育话语权。

在分析我国学校体育话语权的现状之前，对其历史发展进行简单梳理以便对其动态发展有所了解，从而能够更加透彻地分析学校体育话语权的现实状况，并判断其未来的发展趋势与走向。

新中国成立之前，由于西方列强的侵略，话语权被西方列强所霸占，西方体育文化的逐渐渗透[1]，致使西方国家轻松地通过聚合体育组织、组织运动竞赛、制定竞赛规则和开展体育教育等途径掌控了当时的体育话语权[2]。当时，西方体育处于霸权地位，占据我国学校体育话

---

[1] 张军生、徐立宏：《关于我国国际体育赛事话语权的感悟》，《才智》2015年第36期。
[2] 刘剑：《20世纪20年代我国体育话语权诉求的历史回顾》，《体育学刊》2010年第7期。

语体系的主导地位，学校体育话语是军国民话语盛行，自然主义话语萌芽，民族主义话语成形。学校体育话语权背后的意识形态和价值观是以学校体育的政治价值取向为主，强调学校体育为国家服务，体育教师不被尊重，学校体育也不受重视。①

新中国成立以来，学校体育话语权的发展与变迁反映了我国学校体育的历史演变，体现了学校体育发展水平的变化与社会地位的改变。随着时代的发展，学校体育价值理念发生变化，学校体育工作随之发生变化，学校体育话语内容也会随着变化，进而推动学校体育话语权的发展和变化。

学校体育话语权的发展历程与学校体育的发展密切相关，因此，可以参照学校体育的发展历程来研究学校体育话语权的发展。新中国成立以后，我国学校体育话语权经历了萌芽发展、曲折发展、恢复发展和快速发展四个阶段。在萌芽阶段，新中国成立初期，学校体育自然主义话语趋弱，增强学生体质的话语处于主导地位，对内学校体育话语权利有所提高，但是在国际体坛我国毫无话语权。②

进入 21 世纪以来，随着体育全球化的发展，学校体育展现出全球化、国际化的发展趋势。随着学校体育国际交流的频繁和深入，学校体育话语权也包含了学校体育国际话语权的内容。因此，进行学校体育话语权研究，必然也会开展学校体育国际话语权研究。尤其是进入新时代，学校体育话语权进入快速发展阶段，学校体育单一价值观发生转变，学校体育的作用不再只是增强学生体质，而是要帮助学生通过体育锻炼"享受乐趣、增强体质、健全人格、锤炼意志"。体育与智育对立的观念也在发生转变，新时代要努力实现学校体育"以体育智"

---

① 陈晥卿：《今日之体育及体育教师》，《浙江体育月刊》1937 年第 7 期。
② 张军生、徐立宏：《关于我国国际体育赛事话语权的感悟》，《才智》2015 年第 36 期。

"以体育心"的独特功能，新时代赋予了学校体育发展的大好时机，为提升学校体育话语权创造了良好的话语环境，要求政府、社会、学校各方协调，教育部、共青团、体育总局等多部门共同推进学校体育的发展。各级各类学校协同发展，大中小学之间形成"一体化"衔接式教学，促进学校体育的教学改革，新时代学校体育话语权的话语环境极佳，各方协调合作，共同推动学校体育的发展，为提升学校体育话语权奠定坚实的物质基础。

本章依托上一章话语权的要素划分，对学校体育话语权的要素进行细致研究，分析我国学校体育话语权的现实状况，为后续发现我国学校体育话语权在发展过程中存在的问题奠定基础。

第一节 我国学校体育话语主体的现状

由于话语主体与话语客体在话语交流与传播的过程中，可以相互转换，二者相辅相成，因此，本书仅分析话语主体的现实状况。

一 学校体育话语主体的概况

学校体育话语主体作为学校体育话语的传播者，从组织层面上看，可以分为政府、社会和学校。其中，政府主要是官方机构，包括中央政府、各级地方政府、教育部、省市教育厅、市县教育局等，还有国家领导人，行政官员等，其学校体育话语属于官方话语；社会主要是非官方机构或者群体组织等，也可分为非营利的社会组织、企业、媒体界、社会大众，包括学生家长，其中企业的学校体育话语属于市场话语，如体育中考培训机构的学校体育话语，而媒体界掌握话语平台，其学校体育话语属于媒体专业话语；社会大众未掌握话语平台，在社会上处于弱势地位，容易受到社会舆论的影响，形成大众话语。

通过访谈发现，不同话语主体享有不同的学校体育话语权，正如王某某所说：

> 人人都有学校体育话语权利，只是话语权力的大小不同。不同群体拥有不同的话语权利，话语权利有多寡之分，主管学校体育工作的校领导拥有是否购买体育器材的决策权和表决权，而普通体育教师则根本没有购买器材的表决权。而同一群体的体育教师，即使拥有相同的学校体育话语权利，但是由于其掌握的资源不同，享有不同的学校体育话语权力。

学校体育话语主体范围广泛，在学校内部，人人享有学校体育话语权利。因此，本书将研究集中在中小学校，重点研究中小学体育教师学校体育话语权利的多寡和学校体育话语权力的强弱。

二　学校体育话语主体的调查分析

由于学校体育话语权的形成最终是把学校体育政策文件、学校体育教育教学落到实处，将"理论话语"转变为"实践话语"。学校是学校体育话语权实现的主阵地，也是学校体育工作实施的场所。在学校内部，学生是学校体育话语权的最终受益者；体育教师是学校体育话语权的践行者，是学校体育话语权的核心主体。为此，笔者重点研究学校内部的体育话语权状况，并专门设计了中小学体育教师的调查问卷，着重了解我国中小学的学校体育话语权的现实状况。

（一）对学校体育的发展起重要作用的主体状况

316 名调查对象认为实际对学校体育的发展起决定作用的主体是学校和政府，二者的比例过半，尤其是学校达到了 90.2%；其次是学生、家长和社会等，这与访谈情况一致，见表 3-1。正如教研员屈某所说：

第三章 现状审思：我国学校体育话语权的现实状况

学校体育的发展由政府主导，政府颁布学校体育的各种政策文件，都是顶层设计，最终真正起作用的还是要看学校的落实和执行情况，政府的文件是逐级下发的，到了县体育局之后，就可能进档案室了。学校是开展学校体育工作的场所，而体育教师才是学校体育工作的具体执行者。

表3-1 实际对学校体育的发展起重要作用的主体状况（N=316）

选项	人数(人)	所占比例(%)
政府	188	59.5
学校	285	90.2
社会	71	22.5
学生	102	32.3
家长	78	24.7
其他	11	3.5

小学体育组长王某某认为：

学校开展学校体育活动，除了开展日常教学管理之外，受学生和家长的影响较大，学校尤为关注学生每年的体质测试成绩和体育中考成绩，担心学生上体育课或者课外训练出现意外伤害事故没法给家长交代等。

由此可见，学校体育话语权的权威者虽是政府，政府主导学校体育的发展方向和定位，推动学校体育发展的政策文件属于"理论话语"，要将这些"理论话语"转变成"实践话语"，才能真正拥有学校体育话语权。学校是将"理论话语"转变成"实践话语"的场所，学校负责落实执行政府的学校体育政策文件，政府要充分行使其监督职能。

调查对象认为应该对学校体育的发展起决定作用的主体是学校和政府，但是学生选项达到53.5%，超过表3-1实际情况32.3%，增长了21.2%；家长也从24.7%增长到40.5%，见表3-2。由此可见，学校体育话语主体中学生和家长对学校体育发展的作用并未得到充分体现，这表明学生和家长没有充分行使其学校体育话语主体的权利。

表3-2 应该对学校体育的发展起重要作用的主体状况（N=316）

选项	人数（人）	所占比例（%）
政府	194	61.4
学校	279	88.3
社会	138	43.7
学生	169	53.5
家长	128	40.5
其他	15	4.7

（二）学校内部传达体育政策制度的主体状况

通过调查发现，在学校内部，传达学校体育政策制度的主体是体育组长和校领导，传达主体是体育组长的达到52.2%，校领导占39.2%，其他体育教师占3.2%，自己了解占4.1%，其他占1.3%。访谈时，高中体育教师董某某表示：

> 中小学的体育教师教学任务很重，每天都有课，除了课堂教学，还有大课间、课外体育活动、运动队带队训练等，甚至还要承担少先队辅导员等教务工作，根本没有多余的时间去了解学校体育政策文件，一般都是服从学校安排，听从体育组长的，一般

第三章 现状审思：我国学校体育话语权的现实状况

体育老师根本没有话语权。

由此可知，在中小学校，传达学校体育政策文件的主要是体育组长，其次是主管校长。通过访谈了解到，教研员也向中小学体育教师传递相关学校体育政策文件，指导中小学体育教师参加省级评优等工作。例如，市级教研员李某认为：

> 基层体育教师的工作任务重，除了与体育相关的工作，有的还要担任班主任、教务人员或者少先队辅导员等，还要坐班，也要评优评职称，校内有时间还得应付学校的各种检查。基层体育教师没有时间和精力去学习政府的各种学校体育政策文件，这就需要教研员来起到承上启下的作用，将政府的各种政策文件传达给基层体育教师，建议重视教研员的作用。

此外，通过访谈大学体育教师，了解到大学与中小学的学校体育发展状况存在明显不同，大学的学校体育话语权状况与中小学不同，体育教师的话语权也存在差异。王某认为：

> 在大学，体育是必修课，体育不及格的学生将没有学位证，学生每学期评奖学金时体育课的成绩也计算在内，学生非常重视体育成绩。但是体育学科在高校是一门弱势学科，不受学校重视。再者，大学老师由于科研任务要求，经常会自己主动了解学校体育政策文件。

（三）学校体育相关事务参与主体的状况

为了了解学校体育工作的参与主体，对参与学校体育相关事务的话语主体进行了调查，见表 3-3。体育教师在学校体育工作会议上经常发言的仅占 27.2%，偶尔占 35.8%；学校经常邀请家长参加校运会或者学校体育活动的占17.1%，偶尔占24.0%，其他占将近60%；修订学校体育相关制度征询学生意见的，除去经常和偶尔选项，其他选项占将近70%；邀请校外专家指导学校体育工作的经常和偶尔占到近45%。这些数据说明对于学校体育工作，体育教师能较好地表达自己的意愿，能够行使自己的学校体育话语表达权；学校比较关注家长参与学校体育工作，但是不太重视学生的体育意愿，较为重视专家进校指导工作。

表3-3　　学校体育工作参与主体的状况（N=316）

内容		经常	偶尔	一般	很少	从不
在贵校的学校体育工作会议中的发言状况	人数（人）	86	113	48	54	15
	比例（%）	27.2	35.8	15.2	17.1	4.7
贵校邀请学生家长参加校运会或者学校体育活动的情况	人数（人）	54	76	30	73	83
	比例（%）	17.1	24.0	9.5	23.1	26.3
贵校在修订学校体育相关制度时征询学生的意见的情况	人数（人）	40	57	54	89	76
	比例（%）	12.7	18.0	17.1	28.2	24.0
贵校邀请校外专家（包括教研员）来指导学校体育工作的情况	人数（人）	49	92	54	74	47
	比例（%）	15.5	29.1	17.1	23.4	14.9

通过调查，了解到体育教师对于不同话语主体参与决策学校体育工作的态度，见表3-4。调查对象中同意体育教师参与决策学校体育工作的高达95.9%，同意学生参与决策的达到85.1%，同意家长参与决策的则达到71.8%。由表3-4可知，调查对象认为体育教师、学生和家长都应该参与到学校体育工作之中，同是学校体育话语主体，应该享有相应的学校体育话语权。

表 3-4　体育教师对不同话语主体参与决策学校体育工作的态度

内容		非常同意	同意	一般	不同意	非常不同意
体育教师参与决策学校体育工作	人数（人）	236	67	13	0	0
	比例（%）	74.7	21.2	4.1	0	0
学生参与决策学校体育工作	人数（人）	144	125	36	10	1
	比例（%）	45.6	39.5	11.4	3.2	0.3
家长参与决策学校体育工作	人数（人）	110	117	65	21	3
	比例（%）	34.8	37.0	20.6	6.7	0.9

但是，通过访谈发现，现实状况却有所不同。例如，刘某某认为：

> 不管是体育教师，还是学生，或者家长，都有学校体育话语权，他们都是学校体育的话语主体。学生虽然享有学校体育话语权，但不行使话语权，和没有一样；体育教师行使学校体育话语权，但是权力有限，主要还要看学校是否采纳，体育教师说得再多，说得再好，学校不听还是没有话语权。而对于家长来说，还是少参与为好，不要影响学校的正常教学。体育课偶尔出现意外伤害事故是正常的，运动怎么可能不受伤？要是给家长太多的话语权，没法正常上课了，体育老师都"放羊式"教学了，只要不出事故就好，哪管学生到底锻炼没，有没有锻炼效果？只要不出事就行。

由此可见，在学校内部，学校体育话语权还是掌握在校领导手中，学生和家长能否拥有学校体育话语权在很大程度上取决于学校。体育教师积极行使自己的话语权，但是对于学校体育工作，校领导享有决策权和主导权，体育教师虽有学校体育工作的参与权，但很少拥有决策权。

通过问卷调查和访谈更加明确我国学校体育话语主体是政府、社会、学校和个人，政府处于主导地位和决策地位，主导学校体育的发展，决策学校体育的大政方针、发展方向和定位；社会有社会组织、企业、媒体界和普通大众等，媒体界由于掌控话语平台能够引导社会舆论，普通大众容易受社会舆论的影响；学校作为学校体育工作的执行者，在学校内部拥有学校体育话语权，体育教师在课堂教学等业务方面具有专业的话语权，但是在学校体育工作中较少拥有决策权，学生和家长也拥有话语权，但是受到学校的制约。

第二节 我国学校体育话语内容的现状

依据专家访谈结果，笔者将学校体育话语内容分为学校体育价值与理念、学校体育政策与落实、学校体育教育与教学、学校体育发展与问题、学生体质与健康、学校体育资源与保障六个方面，本节将从这六个方面分别研究学校体育话语内容的现实状况。由于话语内容的质量受到话语主体认知水平和话语能力的影响，话语主体的认知水平高，知识丰富，话语专业性强，话语能力强，话语能够准确表达，话语内容的质量就越高，话语内容就越容易被话语客体认同和接受，从而实现话语效果。话语主体不同，其话语内容也有所不同。相比较而言，政府的官方话语内容质量高，而媒体的专业话语质量较高，社会大众的话语质量有所欠缺。

一 价值与理念

学校体育价值理念能为学校体育工作指明发展定位与前进方向。政府高度重视学校体育，认为学校体育是推进教育现代化、建设教育强国和体育强国的重要工作，认为应该把学校体育工作摆在更加突出的位置，要坚持"健康第一"的教育理念，帮助学生在体育锻炼中"享受乐趣、增强体质、健全人格、锤炼意志"，此外，学校体育还具有"以体育智、以体育心"的独特功能。① 也有个别地方行政领导受社会观念的影响，不重视学校体育，访谈一位与区领导接触过的体育老师李某某，他表明：

> 区里领导不重视体育。每个学校的体育发展存在差异，体育教学可以有所不同，突出校本特色，但全区的体育教学内容、体育教学项目都是统一的，领导怕麻烦，全区统一，不出错就好。

社会大众普遍受传统观念的影响，重智育轻体育，认为体育是操作性技术学习，而非知识学习；体育是副科，主科是语数外或者数理化，社会对学校体育的认同度不高。正如屈某所说：

> 各类人群对学校体育的认识不足。不仅认识不足，还经常对体育有偏见，顺带对体育老师也有偏见，压根看不起体育老师，认为体育老师是体力工作者。

访谈体育教师，经常听他们抱怨被误解，尤其是一些中小学体育教师抱怨被误解。例如：

> 总有人说体育教师上课就是玩，不用备课，不用批作业；还有人说体育老师怎么上课的，学生的体质总上不去。

也有大学体育老师的声音：

---

① 教育部：《中共中央办公厅、国务院办公厅印发〈关于全面加强和改进新时代学校体育工作的意见〉和〈关于全面加强和改进新时代学校美育工作的意见〉》，中华人民共和国教育部政府门户网站，http://www.moe.gov.cn/jyb_xxgk/moe_1777/moe_1778/202010/t20201015_494794.html，2020年10月15日。

别人总说体育老师好,上课的同时也锻炼了自己的身体。也有人说学生从小学开始学体育,学习怎么跑、怎么跳,上了大学,还在学,十几年怎么还没学会?学生上了十几年体育课,一项运动技能也没掌握,这体育课都是怎么上的?上体育课有什么用?

学校对体育价值与理念的认知可以通过学校对学校体育工作的重视程度来体现,如图3-1所示,非常重视与重视学校体育工作的仅占48%。在集体访谈中,宁夏班45人,非常重视与重视学校体育工作的25人,占55.6%;新疆班33人,非常重视与重视学校体育工作的17人,超过一半。小学副校长赵某某在访谈时说:

> 有些校长的思想观念比较陈旧,对现在的体育课教学并不认可,对学校体育的重视程度不足。

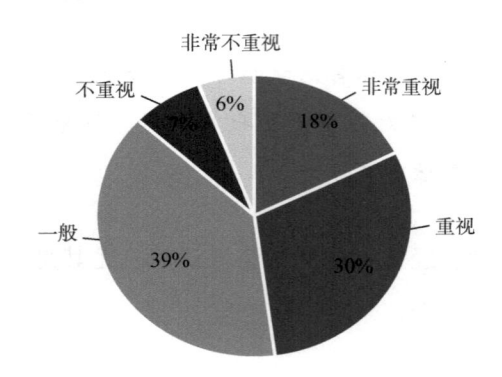

图3-1 学校对学校体育工作的重视程度

总的来说,学校对学校体育工作是否重视,主要取决于学校领导的学校体育价值观,是否认同"健康第一"的教育理念。此外,还需注意培养学生的学校体育价值观。正如徐某某所说:

> 加强学校体育工作应以学生为重点,培养学生终身锻炼的行为和习惯,要从改变学生的体育观念、形成"健康第一"的思想做起。

不论是校领导还是学生，对学校体育的认识均不足，还未养成或形成正确的学校体育价值观。因此，对于学校体育话语主体来说，首先要形成"健康第一"的教育理念，转变传统观念，充分认识学校体育的多元价值和重要性。

二 政策与落实

长期以来，我国学校体育在学校教育场域一直处于弱势地位，政府颁布一系列的政策文件以推动学校体育的发展。党的十八大以来，从国务院印发《关于进一步加强学校体育工作的若干意见》，到2020年中共中央、国务院印发《关于全面加强和改进新时代学校体育工作的意见》，再到2021年教育部印发《〈体育与健康〉教学改革指导纲要（试行）》等，这些政策逐步推进并落实。学校体育工作从"理论话语"到"实践话语"逐渐转变，政策的落实逐渐深入。例如，"将学校体育纳入地方发展规划，把政策落实情况等纳入教育监督评估范围"，"对政策落实不到位的地方政府、教育行政部门和学校负责人，依规依法予以问责"。

学校体育相关政策的"理论话语"在向"实践话语"转变的过程中，落实状况堪忧，正如屈某所说：

> 政府制定的有关学校体育的政策文件落实不到位，现实情况是国家非常重视学校体育，但在政策实施过程中学校体育却"说起来重要，做起来次要，忙起来不要"。学校甚至没有执行相关文件。例如学校体育27号文件发布后，基层校长、体育教师并不知道27号文件的存在，他们也没有时间和精力去主动学习这些政策文件，不了解政策，当然就没有执行力。再者，文件下发传递到区县教委，区县教委认为文件重要才会下达，如果认为不重要，就会归入档案室。基层体育组长对上可以与教研员联系，对下可

以与基层体育教师沟通，能够起到承上启下的作用。对于基层体育老师来说，教研员话语权的影响较大，可以关系到政策的落实情况。

这是不了解政策无法落实执行的，也有部分是在具体实施过程中觉得政策文件存在不合理之处，导致无法真正落实。例如小学副校长赵某某认为：

> 一体化教学没有落实到位是因为专家提倡由生理变化带动心理变化，但是只测试心血管水平，而不测试大脑和力量，这是不合理的。再者，"享受乐趣、增强体质、健全人格、锤炼意志"四个目标中只有一个是生理变化，另外三个是心理变化，无法真正贯彻执行。此外，各个学校所在的地域不同，经济水平不同、场地设施不同，设置一样的课程执行标准是否合理？因此，上级制定的规范、科学的政策文件在下级的执行过程中经常被大打折扣。

体育教师对学校体育政策的关注度较高，如图3-2所示，非常

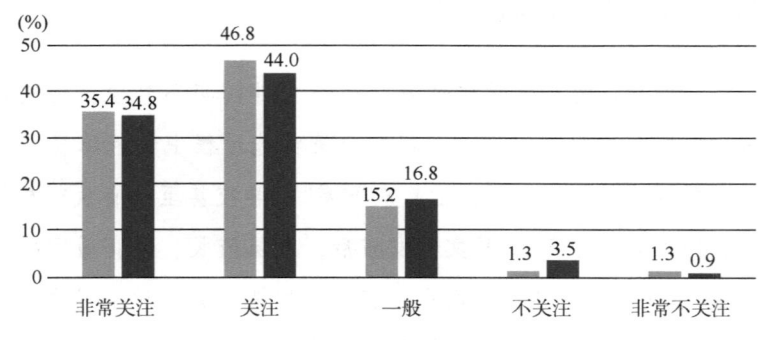

关注程度	对国家颁布政策文件 (%)	对自己学校制度文件 (%)
非常关注	35.4	34.8
关注	46.8	44.0
一般	15.2	16.8
不关注	1.3	3.5
非常不关注	1.3	0.9

图3-2 中小学体育教师对国家和本校的学校体育政策文件的关注程度

关注和关注国家颁布的相关学校体育政策文件的体育教师达到82%以上，非常关注和关注本校相关学校体育政策文件的体育教师达到78%以上，国家学校体育政策和学校体育制度二者的关注度基本相似。体育教师关注政策，但是不一定了解政策的具体内容，因而落实情况不容乐观。

三　教育与教学

学校体育教育与教学涉及的话语内容主要包括课堂教学、课外活动、课后训练、课后服务、指导参赛、学校体育管理、学生体质测试等学校体育工作，因此教育教学的主体是体育教师。

政府关于学校体育教育教学的话语内容：要积极开展学校体育教学改革，要"更新教育理念、深化教学改革"，加强体育课程建设，强化学校体育教学训练等。

调研发现，学校体育工作开展非常好的占17.7%，开展得好的占32.0%，二者之和近50%，如图3-3所示。集体访谈发现，宁夏班学校体育工作开展非常好或好的占62.2%，新疆班学校体育工作开展非常好或好的占57.6%。

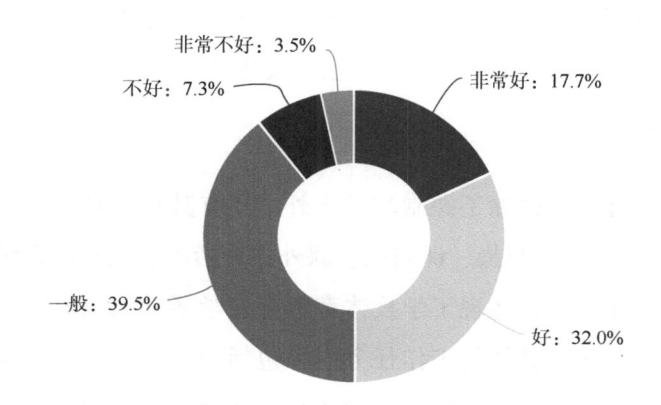

图3-3　学校体育工作开展效果

学校体育工作开展的效果与所在学校密切相关，该校校长的学校体育观、学校的体育教学条件、硬件设施等，与体育教师也有很大的关联。如果体育教师在从事学校体育教育与教学的过程中拥有较强的话语权，则有利于学校体育工作的开展。提升体育教师的话语权在一定程度上能够提高学校体育工作开展的效果。例如，李某认为：

> 教研员在教研活动、教学评比、教师培训等方面具有话语权，在学生竞赛方面没有话语权，学生竞赛的话语权掌握在行政领导、学生体协等手中；体育教师在课堂教学内容、教法、学法的选择，教学、教研、大课间、课外活动、课余训练和竞赛等关于业务方面都有话语权。体育教师具有一定的话语权，有利于学校体育工作的开展。此外，体育教师的话语权与学校定位、办学特色有一定关系。例如，对于足球特色学校而言，足球教师相对其他体育教师而言更有话语权。

体育教师对于课堂教学拥有绝对话语权，如李某某认为：

> 上课内容全由体育教师说了算，大部分体育教师对课程标准其实并不熟悉，并没有按照课程标准上课，且长期重复某些教学内容，如篮球、足球等，把"出了安全事故一切为零"当作不积极上课的借口。

中小学体育教师除了课堂教学之外，还有其他教育工作任务，如图3-4所示，包括早操、课间操、课外体育活动、运动队训练、指导参赛、课后服务等，体现了学校体育教育教学活动的内容丰富、形式多样。此外，选择其他的工作任务内容包括担任班主任，负责包括餐食在内的后勤工作，兼任学校行政工作、德育工作、晚自习、科研工作等，有的甚至还要教授其他科目，可见中小学体育教师的教育教学任务种类较多。

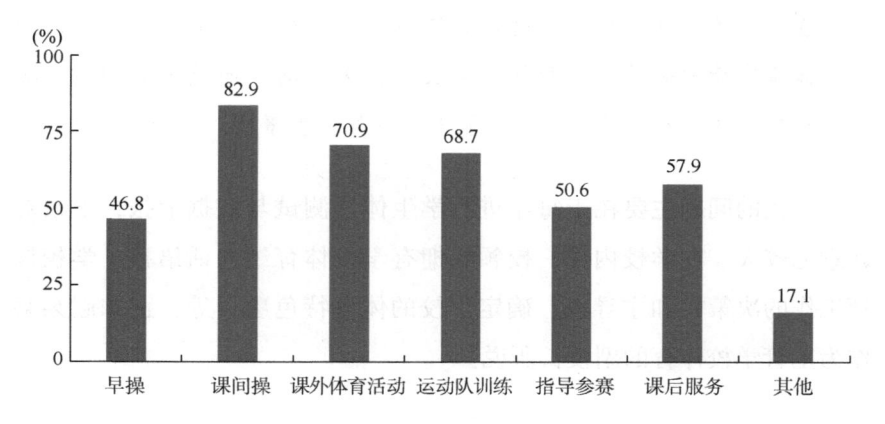

图 3-4 体育教师除课堂教学外其他的工作任务

柱状图数据：早操 46.8%，课间操 82.9%，课外体育活动 70.9%，运动队训练 68.7%，指导参赛 50.6%，课后服务 57.9%，其他 17.1%。

四 发展与问题

政府对学校体育发展的要求是"以服务学生全面发展、增强综合素质为目标"，要求学校体育"补齐短板、特色发展"，"开齐开足上好体育课"等，认为学校体育的短板有师资、场馆、器材等，要配齐配强体育教师。目前，学校体育存在课时开设不足、活动组织滞后、场地设施短缺、师资力量薄弱、线上教育流于形式、教学质量难以提升等问题。

社会大众普遍认为学校体育的问题在于学生体质健康状况，学生的近视率不降反升，肥胖率不断增加等，社会经常将这些问题归结为学校。访谈时发现，家长关注的还有学生的中考体育成绩会不会影响学生升学等，如冯某某说道：

> 作为初中体育教师，希望体育成绩不好的学生提早在初二的时候就开始锻炼，但是一些学生家长根本不支持。等孩子上初三了，家长又着急了，给体育教师提各种要求，把体育课上成中考

体育项目训练课，每个学生自由选择的体育项目不同，家长总希望老师多训练自己孩子选择的体育项目，反复强调一定不能因为体育成绩影响孩子的升学。家长最为关注的问题是体育中考，其次就是孩子在上体育课时不能出现意外伤害事故。

学校的问题主要在于每年进行学生体质测试与数据上报，学校对此意见较大。在学校内部，校领导拥有学校体育绝对话语权、学校体育工作的决策权和主导权、确定学校的体育特色项目等，正如赵某某作为主管学校体育的副校长所说：

> 学校购买器材等由作为主管校长的我决定，学校体育的发展基本是校长说了算。例如，校长喜欢足球运动就重点开展足球运动，对排球、篮球等项目基本不涉及。

此外，部分体育教师注意到中小学的体育接轨可能存在问题，访谈时张某某表示：

> 如果学生所在的小学是篮球特色学校，中学是排球，或者足球特色学校，那么中间的衔接就可能失效。

除此之外，体育教师还关注自身在学校体育工作的话语权问题，超过一半的体育教师认为自己在学校体育工作中拥有话语权，主要是在课堂教学（83.9%）、课后训练（73.2%）、学生体质健康测试（60.1%）、课外活动（58.9%）、指导参赛（56.5%）等方面拥有话语权；认为没有话语权的，主要是在学校体育政策落实（62.8%）、学校体育资源与保障（60.1%）、学校体育管理（59.5%）、课后训练（37.8%）、课后服务（37.2%）、课外活动（34.5%）等方面没有话语权。体育教师冯某某反映：

体育老师在竞赛训练和课程内容上非常有话语权，在其他方面基本没有话语权。

通过集体访谈得知，宁夏班 45 人，有 24 人认为体育教师在体育工作中拥有话语权；与语数外等老师相比，认为体育教师有较大话语权只有 1 人，认为话语权差不多的有 12 人，认为体育教师话语权较小或很小的占 71.1%；与小三科老师相比，认为体育教师有较大话语权有 4 人，认为话语权差不多的占 53.3%，认为体育教师话语权较小或很小的占 37.8%。新疆班 33 人，有 24 人认为在体育工作中没有话语权；与语数外等老师相比，认为体育教师有较大话语权有 3 人，认为话语权差不多的有 15 人，认为体育教师话语权较小或很小的占 45.5%；与小三科老师相比，认为体育教师有较大话语权有 5 人，认为话语权差不多的占 69.7%，认为体育教师话语权较小或很小的占 15.2%。这些数据显示，新疆班 72.7% 的体育教师认为其没有话语权，近一半的人认为与语数外等教师相比，自己没有话语权。可见，新疆体育教师的学校体育话语权较小，这与其地域经济等有一定的关系。

五　体质与健康

政府非常关注学生的体质与健康，为了促进学生身心健康、提升学生体质健康水平，国务院和教育部颁布的《学生体质健康监测评价办法》《关于强化学校体育促进身心健康全面发展的意见》等文件均与学生的体质健康有关，并把学生体质健康状况纳入学校评价体系。

社会尤其是家长也格外关注学生的体质与健康，学校也较为重视体质健康，但更为关注中考、高考成绩。访谈校长了解到：

比起学生的体质与健康，学校更重视学生的体育成绩，对体质测试标准的合理性存在质疑，体质测试标准与学生的成长规律不太相配，如坐位体前屈，学生的基础数据不同，没有动态数据的对比是不合理的，身长腿短的学生坐位体前屈的成绩会好一些。

体育教师每年都要对学生进行体质健康测试，并且要上报测试数据，测试工作非常耗时，工作量较大，刘某某认为：

学校不太重视体质健康测试工作，不计工作量，即使有报酬也很微薄，与劳动付出不相符，老师很少愿意参加测试工作，除非酬劳可观，一般大学都是让体育学院的学生去进行测试，付少许酬劳即可。个别中小学校有实习学生帮忙测试，但是测试的工作量依然很大。

六 资源与保障

学校体育资源包括学校的场地设施、器材、教师、经费等的配备；保障涉及师资保障、教学条件的保障，以及经费、制度保障等。例如师资保障包括教师的待遇、职称、评奖、课时等内容。政府要求中小学体育教师每周的基本教学工作量保障12课时，并将组织大课间、带队训练、指导比赛、体质监测等活动计入教师工作量。[①]

通过调研发现，中小学体育教师近63%的教学工作量超过了每周12课时，甚至有7.6%的体育教师每周教学工作量超过20课时，如图3-5所示。每周出操次数如图3-6所示，每天出操的占64.2%。此外，每天在学校的工作时长超过8小时的体育教师达到61.2%。

---

① 教育部：《〈体育与健康〉教学改革指导纲要（试行）印发》，中华人民共和国教育部政府门户网站，http://www.moe.gov.cn/jyb_xwfb/gzdt_gzdt/s5987/202107/t20210722_546095.htm，2021年7月22日。

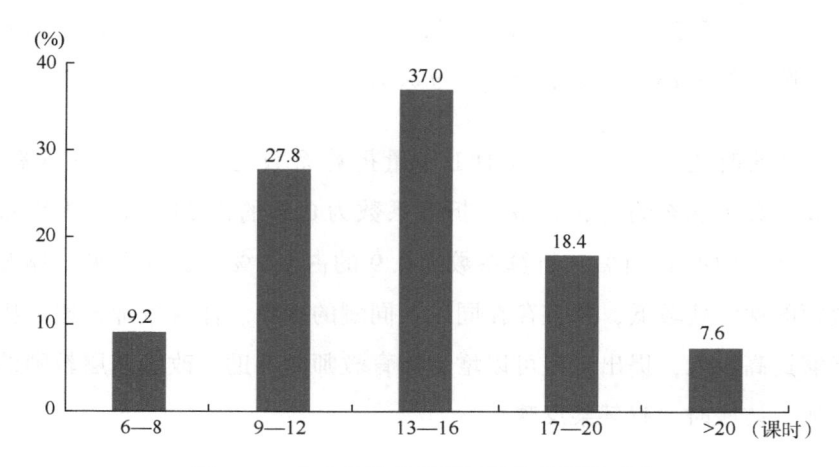

图 3–5　中小学体育教师每周的教学课时量

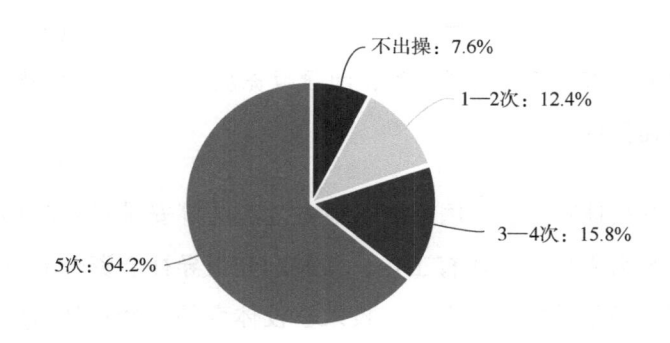

图 3–6　中小学体育教师每周出操次数

集体访谈宁夏班了解到，71.1% 的体育教师每周教学超过 12 课时，每天出操的占 71.1%，每天在学校的工作时长超过 8 小时的占 42.2%；新疆班有 87.9% 的教师每周教学超过 12 课时，每天出操的占 51.52%，每天在学校的工作时长超过 8 小时的占 81.8%。由此可见，新疆体育教师的每周的教学课时较多，每天工作时长超过 8 小时的也较多，这与新疆体育教师不足密切相关。

值得注意的是，有一半中小学体育教师表示其课时费低于其他学科的教师，访谈高中体育教师董某某，她说：

体育教师压根没有话语权，课时费都比其他老师低，其他老师一节课16元，体育教师一节课12元。

调研时还发现，体育教师工作量折算系数为1的仅占21.8%，折算系数为0.6的占37.0%，折算系数为0.8的占24.4%，折算系数为0.7的占11.1%，折算系数为0.9的占5.7%。由此可见，体育教师的课时费较低，并且存在同工不同酬的现象。体育教师普遍希望能够提高收入，提出希望可以增加体育教师的补助，改善基层教师的生活。访谈时，赵某某反映：

学校体育教师少，没有编制，17个班，700名学生，却只有4个体育老师，每个老师每周至少12节课，教学工作量较大。学校应该有体育教师的发展规划，加强师资队伍建设，加强体育团体、体育团队的建设。

关于学校体育经费，国家要求地方政府统筹安排财政转移支付资金和本级财力支持学校体育工作，并鼓励和引导社会资金支持学校体育的发展。但是学校经费有限，投入学校体育的经费更加有限。正如冯某某所说：

学校的服装费从2012年的1250元增加到2019年的1700元，体育物资保障在逐步提高。

李某某则表示：

要从学生训练补助和教师奖励两方面加强学校体育工作的保障，学生参加体育训练没有训练费，只有参加市级比赛才可能有1000元补助。教师评职称压力过大，目前一个区有20、21所小学，体育教师100个，只有5个高级教师指标，要求是市级骨干、教龄长，并有教学比赛的获奖证书。很多体育教师对评高级职称没有信心，就算评上每月工资只多七八百元，并没有太多改善，并且与前期投入相比，微不足道。希望可以增加体育教师的补助，改善基层教师的生活。

表3-5　学校体育资源与保障满足教学的情况统计（N=316）

选项	人数(人)	所占比例(%)
完全满足	23	7.3
比较满足	99	31.3
一般	122	38.6
比较不满足	46	14.6
完全不满足	26	8.2

对于学校体育资源与保障是否满足教学需要，见表3-5，近40%的中小学体育教师认为可以满足或完全满足教学需要。这表明学校还需进一步加强师资、场地设施建设，加强经费投入和完善制度以保障学校体育工作的顺利展开。

第三节　我国学校体育话语平台的现状

话语平台是话语主体向话语客体传递话语内容时采用的载体、途径或者渠道，话语平台的覆盖面越广，话语客体的数量越多，越有可能实现话语效果。话语主体掌控的话语平台越多，话语平台越通畅，传播效率也就越高，更能实现有效传播，达到话语效果，实现话语权。在上一章中，笔者根据调研将学校体育话语平台分为纸质媒体、广播电视、网络信息平台、教育教学平台、会议平台和社交平台等。不同话语平台对学校体育的宣传有所不同。本节将从学校体育话语权的六个平台入手分析我国学校体育话语平台的现实状况。

狭义的话语平台是话语传播的物质载体——媒体。媒体尤其是主流媒体，其传播的信息内容具有较为浓厚的行政色彩。一般来说，传统媒体拥有强势话语权，宣传的体育项目受行政机构的影响，体育评论带有一定的政治色彩[①]。媒体传播相对而言是一种精英体育，在媒体的舆论导向下，人们更为关注竞技体育、社会体育和体育产业等。在体育场域，不论是传统媒体还是新媒体，媒体对学校体育的传播与对竞技体育、社会体育、体育产业的传播相比，宣传力度明显不足。

一 纸质媒体

纸质媒体作为传统的信息传播与交流方式，是以纸质材料为载体的一种信息媒体，包括期刊、报纸、书籍等。纸质媒体在工作生活中应用较为广泛，尽管随着信息技术的发展，在"互联网+"时代，网络媒体的普遍应用对纸质媒体造成了巨大冲击。但是纸质媒体具有权威性强、可信性高的优势，并且纸质媒体作为第一媒体，受众覆盖面广，文字优势强，可以将文字信息以书面的形式保存下来，这些优点使得纸质媒体具有难以替代的作用，仍然占据话语平台的主导地位。

（一）期刊

我国关于学校体育的第一种全国性的刊物是《学校体育》，1981年创刊，后改名为《中国学校体育》，为月刊，2014年改为半月刊。相对其他媒体而言，期刊对于学校体育的宣传较多。凡属于学校体育研究范畴，如涉及学校体育的课程设置、教学改革、学生体质、场地设施、体育教师等的论文均被归为学校体育论文。如表3-6所示，2014—2018年的9种CSSCI体育期刊发表的有关学校体育的论文平均

---

① 黎彬：《ICT时代体育话语权重构的启示》，《首都体育学院学报》2010年第2期。

占 12.1%。2017 年，"中央 7 号文件"发布十周年，学校体育论文所占比例为 14.8%。由于期刊多是在学校和科研机构流通，再者，在期刊上表达的学校体育权益诉求较易受学术权威或行政权威的制约，因此，期刊对社会大众的影响较小。

表 3-6　2014—2018 年间 9 种 CSSCI 体育期刊发表的学校体育论文数量统计表

序号	期刊名称	学校体育论文数量(篇)/论文总数(篇)				
		2014 年	2015 年	2016 年	2017 年	2018 年
1	《体育科学》	7/145	5/140	6/134	17/121	8/127
2	《中国体育科技》	2/126	4/117	2/121	6/110	1/113
3	《北京体育大学学报》	43/290	51/271	45/260	46/262	15/220
4	《天津体育学院学报》	6/107	7/96	3/94	2/84	3/79
5	《上海体育学院学报》	10/109	10/105	6/94	10/89	10/98
6	《武汉体育学院学报》	26/216	23/197	22/191	21/184	19/164
7	《西安体育学院学报》	9/140	10/127	6/123	16/115	20/123
8	《体育学刊》	60/184	55/166	37/154	54/159	45/146
9	《体育与科学》	10/140	2/112	5/103	9/99	6/99
	合计	173/1457	167/1331	132/1274	181/1223	127/1169
	所占比例(%)	11.9	12.5	10.4	14.8	10.9

此外，学术期刊有上海体育学院主办的英文版的《运动与健康科学》(*Journal of Sport and Health Science*) 是国际化期刊，但是国际影响力较小。其文章主要是运动人体科学方向，学校体育方面的论文数量较少。成都体育学院与中国体育科学学会联合主办的《运动医学与健康科学》(*Sports Medicine and Health Science*，SMHS) 2019 年创刊，是

中国第一本运动医学领域的英文学术期刊，主要刊登运动医学与健康科学领域的文章。

（二）报纸

在传统媒体中，报纸相对而言，普及最广，影响力最大。随着时代的发展，报纸的种类也越来越多，内容更加丰富，版式更加灵活，报纸成为人们了解时事信息的主要媒体。报纸被社会大众认为是公信力最高的媒体，消息相对精准可靠，并且大部分报纸由政府机关主办。再者报纸出版周期短，信息传递较为及时，具有较好的保存性。受大众关注度的影响，官方报纸对于学校体育的宣传力度较为薄弱，以《中国体育报》为例，据统计，2016年该报纸全年共有14433条报道，其中关于学校体育或者校园体育的报道有282条，仅占1.95%；2019年该报纸1702条报道，其中关于体育的报道574条，而涉及学校体育的报道仅有43条，占2.53%。报纸能够大范围影响社会舆论，但是在信息时代，电视和网络产生影响的覆盖面远远超过报纸。

通过调研发现，有25.63%的体育教师通过纸质媒体获知学校体育政策，27.85%的学校选择以纸质媒体的形式传达学校体育政策文件，165名体育教师中有26人采用纸质媒体与校领导沟通，说明纸质媒体虽不及网络媒体应用广泛，但是也较为常用，具有不可替代性。

二 广播电视

广播电视是通过无线电波或导线传播声音、图像、视频的传播工具，只播送声音的称为声音广播，播送声音和图像的称为电视广播。广播电视是大众传播媒体，具有宣传功能和教育功能。

电视以CCTV 5体育频道为例，主要栏目是实况录像、健身动起来、体育晨报、武林大会、赛事集锦、体坛快讯、体育新闻、篮球公园、体育世界等，主要涉及竞技体育的赛事欣赏、大众体育和体育产业，很少涉及学校体育。政府为了扭转社会对体育教师的认识偏差，让人们更加关注和支持学校体育工作，于 2017 年 9 月 10 日在 CCTV 5 体育频道启动了《我是体育教师》大型公益宣传活动，其目的在于通过电视节目让社会各界更深入地了解体育教师这一行业，扭转社会对体育教师的认识偏差，进而更关注和支持学校体育工作。目前我国还没有专门的体育国际频道，不能畅通地对外宣传我国体育的发展，尤其是学校体育的发展。

通过调研发现，有 31.96% 的体育教师通过广播电视获知学校体育政策，13.92% 的学校选择以广播电视传达学校体育政策文件，通过广播电视获知学校体育相关政策文件的比通过广播电视传达政策的多 18%。这是因为采用广播电视进行传播体育信息的门槛较高，学校很少通过广播电视传达体育信息。广播电视的发展为体育政策的获知与传达提供了便利，政府掌握主流传统媒体便于传达体育信息，学校、体育教师和社会大众等更容易通过广播电视获得体育信息。

三 网络信息平台

网络信息平台是以互联网技术为基础，利用物联网、云计算和大数据等技术的各类网络服务支持系统。随着媒体深度融合阶段的到来，以短视频为主打产品的抖音、快手、微视等网络平台应用也越来越广泛。

在网络信息平台中，大型门户网站在我国体育媒体界占据强势地位。网络中的体育网站较多，有央视体育、新华体育、新浪体育、乐视体育、网易体育、搜狐体育、PPTV 体育、东方体育、优酷体育、CCTV 5、凤凰体育等。这些体育网站一般进行竞技体育赛事直播或者转播、体育产业和社会体育等的宣传报道，偶有校园足球的报道。我国竞技体育的迅猛发展和辉煌成绩，使得人们和媒体界对竞技体育更加关注，而非学校体育。并且，在对外宣传方面，目前，我国还没有外文体育网站，因此，不能有效地对外传播我国学校体育的发展。

通过调研发现，有81.65%的体育教师通过网络信息平台获知学校体育政策，49.68%的学校通过网络信息平台传达学校体育政策文件，通过网络信息平台获知学校体育相关政策文件的比通过其传达政策的超过30%。此外，165名体育教师中有51人采用网络信息平台与校领导沟通。这些都表明网络信息平台的应用更为广泛，覆盖面广，信息传递速度快、操作便捷简单，是更适合现代社会的信息交流方式。

四 教育教学平台

教育教学平台可分为线上线下两种类型。线上教育教学平台也是一种网络平台，在此单独区分出来，是为了凸显其教育教学的目的与媒体网络平台的目的不同。线上教育教学平台主要是通过雨课堂、腾讯课堂、MOOC等形式进行的教学，其组织规模可大可小，具有跨越教学时空、突破时空限制的优势。线下教育教学平台主要是师生面对面的、以传授知识、技能为主要目的双边活动，规模通常比线上规模小。教育教学平台也可以分为高等教育教学平台和基础教育教学平台，教育部要求利用教育教学平台，在2020年新冠疫情期间"停课不停学"，国家网络云课堂以教育部编写的教材及各地使用较多的教材为版本，建立符合教学进度安排的统一课程表，提供网络点播课程。[①] 在停课不停学期间，各级各类学校要求教师，包括体育教师通过腾讯课堂、雨课堂、云课堂、钉钉、微信、QQ等多种平台和App开展教学活动，进行视频教学、线上线下混合式教学和指导等。

通过调研发现，有53.5%的体育教师通过教育教学平台获知学校体育政策，有46.8%的学校通过教育教学平台传达学校体育政策文件，

---

① 邹硕：《教育部：利用网络平台，"停课不停学"》，中国日报网，http://cn.chinadaily.com.cn/a/202001/29/WS5e317e41a3107bb6b579c28b.html，2020年1月29日。

此外，165 名体育教师中有 59 人采用教育教学平台与校领导沟通。由此可知，学校借助教育教学平台传递告知相关政策的效果较好，其优势在于校内交流直接、沟通便捷。

五 会议平台

会议平台有线上线下两种，新冠疫情期间，停课不停学，许多教学、教务工作转移到线上，会议也采用了线上的形式。线上会议的参会人员从几个人发展到上百人，甚至十几万人同时观看会议直播，参与线上互动。这些线上会议推动了会议平台的飞速发展，为举办会议提供了新的渠道。线上会议平台的交流方式可以有效提高沟通效率，降低办会成本、参会成本，在疫情防控期间利用线上会议平台进行信息交流传播将继续被广泛应用。

学校体育方面的会议也逐渐开始采用线上会议平台的方式举办。例如，2020 年 6 月，武汉体育学院利用会议平台成功在线举办了"体教融合：理念·方法·路径"学术研讨会。该研讨会在腾讯会议进行，哔哩哔哩进行实时转播，吸引了近 20 万人次观看，在线观众人数峰值达到 13.7 万人以上。①

通过调研发现，有 33.9% 的体育教师通过会议平台获知学校体育政策，51.6% 的学校通过会议平台传达学校体育政策文件。由此可知，在学校内部，常用线下会议平台来传达政策信息等。

六 社交平台

社交是指人与人之间的交流往来，通过某种媒介进行传递信息、交流思想以达到某种目的的社会活动。社交平台也分为线下线上两种

---

① 李爱群、王思：《"体教融合：理念·方法·路径"学术研讨会成功举办》，武汉体育学院官网，https：//www.whsu.edu.cn/info/1053/54381.htm，2020 年 7 月 1 日。

形式,线下社交活动形式多样,线上有 Bloger、Discuz 等形式。社交平台较多,影响范围也较大。

通过调研发现,有 27.2% 的体育教师通过社交平台获知学校体育政策,12.7% 的学校通过社交平台传达学校体育政策文件。

学校传达政策信息的渠道与教师获知政策信息的渠道有所不同,如图 3-7 所示,学校传达政策信息经常使用会议平台、网络信息平台和教育教学平台,之后是纸质媒体;而体育教师获知学校体育政策信息的渠道是网络信息平台,达到 81.7%,其次是教育教学平台,之后是会议平台、广播电视、纸质媒体和社交平台。

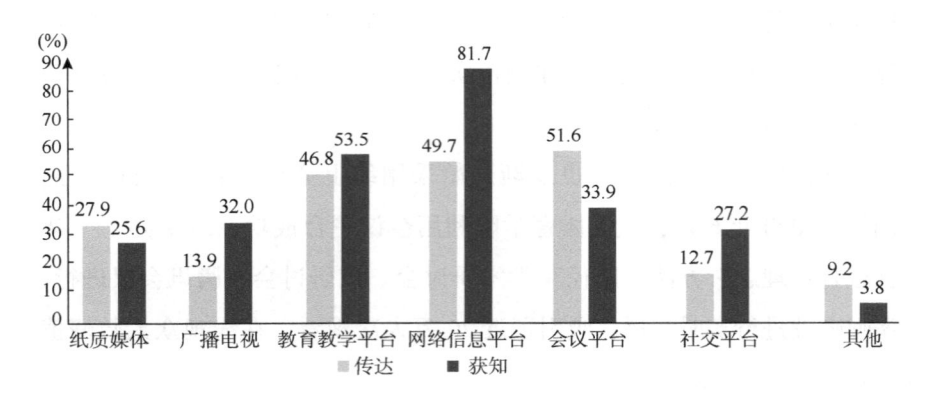

图 3-7 学校传达政策信息的渠道与教师获知政策信息的渠道

此外,通过调研还发现,仍有 47.8% 的学校没有体育教师与校领导进行沟通的平台,体育教师与校领导间有沟通平台的主要是会议平台,其次是教育教学平台、网络信息平台和社交平台。

第四节 我国学校体育话语环境的现状

话语环境是话语权实现的场域,它是话语表达的氛围。良好的话语环境是不同的话语主体之间自由交流与对话的基础,话语环境的优劣直接影响到话语表达的效果。学校体育话语环境包括法制环境、政策环境、文化环境、经济环境和社会环境等。良好的话语环境，即法制健全、政策完善、文化先进、经济繁荣、社会认同，有利于权益诉求，实现话语效果，拥有并提升话语权。

一 法制环境

法制环境包括立法环境、执法环境、司法环境、守法环境和护法环境等。政府制定的涉及学校体育的一系列法律法规，如《教育法》《教师法》《体育法》等，还有《学校体育工作条例》等，法制较为健全。在"中央7号文件"下发后，江苏省制定了第一部关于学校体育的省级地方性法规——《江苏省学生体质健康促进条例》。但是由于学校体育执法力度不够，部分学校忽视《体育法》中规定的学生的体育权利，占用体育课时间，侵占体育场地挪为他用或者限制使用，体育教师长期缺编制等。因此，在注重法制健全的情况下，还需加大执法力度等。

通过调查发现，体育教师对学校体育发展的法制环境的认可度情况见表3-7，认为法制环境好，包括很好和较好的占45.25%；认为法制环境一般的占44.94%，可见体育教师对学校体育法制环境的认可度有待提高，学校体育法制环境还有进一步改善。

表3-7　　　　　学校体育发展的法制环境（N=316）

选项	人数（人）	所占比例（%）
很好	61	19.30
较好	82	25.95
一般	142	44.94
不好	19	6.01
很不好	12	3.8

二 政策环境

学校体育政策环境是指学校体育发展所依托的政策状况,涉及关于学校体育政策的制定、发布和执行落实等状况。政府制定的关于学校体育的各种政策文件主导着我国学校体育的发展。近年来政府制定和发布了一系列推动学校体育发展的政策文件,有效地促进了学校体育的发展。我国学校体育的政策环境有利于推动学校体育的发展,改革开放以来相关学校体育的主要政策文件见表3-8。这一系列政策文件体现出国家非常重视学校体育的发展,学校体育不仅被视为素质教育的重要组成部分,还被视为实现立德树人根本任务、提升学生综合素质的基础性工程,更是加快推进教育现代化、建设教育强国和体育强国的重要工作。

表3-8 改革开放以来相关学校体育的主要政策文件

序号	颁布时间	文件名称	颁布机构
1	1982年6月28日	关于在中医院校体育课中增加保健体育内容的意见	国家教育委员会、国家体育运动委员会、卫生部
2	1989年6月1日	关于全国各类文化设施向中小学生免费或优惠开放的意见	广播电影电视部、共青团中央、文化部、全国总工会、全国妇女联合会、中国人民解放军总政治部、全国科学技术协会、国家体育运动委员会、国家教育委员会
3	1990年3月12日	关于实施《学校体育工作条例》的通知	国家教育委员会、国家体育运动委员会
4	1990年4月5日	关于公共体育场所应进一步向中、小学生开放的通知	国家体育运动委员会
5	1992年9月7日	关于进一步加强学校体育卫生工作,提高学生体质健康水平的意见	国家教育委员会、国家科学技术委员会、国家体育运动委员会、卫生部、国家民族事务委员会

第三章 现状审思：我国学校体育话语权的现实状况

续表

序号	颁布时间	文件名称	颁布机构
6	1993年 3月30日	关于贯彻《九年义务教育全日制小学、初级中学课程方案（试行）》中有关体育教学要求的意见	国家教育委员会
7	1995年 8月29日	中华人民共和国体育法	全国人民代表大会常务委员会
8	1997年 11月28日	全国学生体育竞赛管理规定	国家教育委员会
9	1999年 6月10日	关于假期、公休日学校体育场地向学生开放的通知	教育部
10	2002年 7月22日	关于印发《中学体育器材设施配备目录》《小学体育器材设施配备目录》的通知	教育部
11	2003年 6月19日	关于印发《全国普通高等学校体育教育本科专业课程方案》的通知	教育部
12	2004年 8月22日	关于印发《普通高等学校体育场馆设施、器材配备目录》的通知	教育部
13	2004年 11月8日	关于保证中小学体育课课时的通知	教育部
14	2005年 4月18日	关于进一步加强普通高等学校高水平运动队建设的意见	国家体育总局、教育部
15	2005年 4月25日	关于进一步加强高等学校体育工作的意见	教育部
16	2005年 8月19日	关于落实保证中小学生每天体育活动时间的意见	教育部
17	2005年 11月17日	关于加强学校体育活动安全防范工作的紧急通知	教育部
18	2006年 12月20日	关于进一步加强学校体育工作切实提高学生健康素质的意见	教育部、国家体育总局
19	2006年 12月20日	关于开展全国亿万学生阳光体育运动的通知	教育部、国家体育总局、共青团中央

续表

序号	颁布时间	文件名称	颁布机构
20	2006年10月31日	关于进一步推动体育职业教育改革与发展的意见	国家体育总局、教育部
21	2007年4月4日	关于实施《国家学生体质健康标准》的通知	教育部、国家体育总局
22	2007年5月7日	关于加强青少年体育增强青少年体质的意见	中共中央、国务院
23	2007年9月28日	关于实施阳光体育奖章制度的通知	教育部、国家体育总局、共青团中央
24	2008年3月24日	关于做好2008年初中毕业升学体育考试工作的通知	教育部
25	2008年6月9日	关于印发《国家学校体育卫生条件试行基本标准》的通知	教育部、卫生部、财政部
26	2008年8月12日	关于印发《中小学体育工作督导评估指标体系（试行)》的通知	教育部
27	2008年12月1日	关于印发《中小学健康教育指导纲要》的通知	教育部
28	2010年8月23日	关于推广实施《全国中小学生系列武术健身操》的通知	教育部、国家体育总局
29	2011年4月26日	关于在义务教育阶段中小学实施"体育、艺术2+1项目"的通知	教育部
30	2011年7月8日	关于印发《切实保证中小学生每天一小时校园体育活动的规定》的通知	教育部
31	2011年8月31日	中等体育运动学校管理办法	国家体育总局、教育部
32	2011年9月2日	少年儿童体育学校管理办法	国家体育总局、教育部
33	2011年9月2日	关于印发《中等体育运动学校设置标准》的通知	国家体育总局、教育部

第三章　现状审思：我国学校体育话语权的现实状况

续表

序号	颁布时间	文件名称	颁布机构
34	2012年10月22日	关于进一步加强学校体育工作的意见	教育部、发展改革委、财政部、国家体育总局
35	2013年11月6日	关于印发《体育传统项目学校管理办法》的通知	国家体育总局、教育部
36	2014年1月6日	关于开展大学生"走下网络、走出宿舍、走向操场"主题群众性课外体育锻炼活动的通知	国家体育总局、教育部、共青团中央、中华全国学生联合会
37	2014年1月30日	关于报送"一校一品"体育特色建设情况的函	教育部
38	2014年4月21日	关于印发《学生体质健康监测评价办法》《中小学体育工作评估办法》《学校体育工作年度报告办法》三个文件的通知	教育部
39	2014年6月11日	关于印发《高等学校体育工作基本标准》的通知	教育部
40	2015年4月30日	关于印发《学校体育运动风险防控暂行办法》的通知	教育部
41	2015年7月22日	关于加快青少年校园足球的实施意见	教育部、国家发展和改革委员会、财政部、新闻出版广电总局、体育总局、共青团中央
42	2016年4月21日	关于强化学校体育促进学生身心健康全面发展的意见	国务院
43	2016年5月18日	关于举办2016年度学校体育艺术教育工作专题研讨班的通知	教育部
44	2017年2月3日	关于推进学校体育场馆向社会开放的实施意见	教育部、国家体育总局
45	2017年3月27日	关于印发《中小学校体育工作督导评估办法》的通知	国务院教育督导委员会
46	2017年7月3日	关于进一步加强普通高校高水平运动队建设的实施意见	教育部

续表

序号	颁布时间	文件名称	颁布机构
47	2017年8月24日	关于贯彻全国学校体育工作座谈会的通知	教育部
48	2017年10月8日	学校体育美育兼职教师管理办法	教育部
49	2018年2月2日	关于印发《北京2022年冬奥会和冬残奥会中小学生奥林匹克教育计划》的通知	教育部、国家体育总局、北京2022年冬奥会和冬残奥会组织委员会
50	2018年3月19日	关于开展全国学校体育教学、训练、竞赛及条件保障体系建设改革成果征集活动的通知	教育部
51	2019年5月20日	关于加快推进全国青少年冰雪运动进校园的指导意见	教育部、国家发展和改革委员会、财政部、国家体育总局
52	2019年6月11日	关于开展体育美育浸润行动计划的通知	教育部
53	2019年7月11日	关于2019年高水平运动队建设项目调整有关事项的通知	教育部
54	2020年1月14日	关于公布2020年普通高校高水平运动队技术调整结果的通知	教育部
55	2020年5月12日	关于在常态化疫情防控下做好学校体育工作的指导意见	教育部
56	2020年8月31日	关于深化体教融合，促进青少年健康发展的意见	国家体育总局、教育部
57	2020年10月15日	关于全面加强和改进新时代学校体育工作的意见	中共中央、国务院
58	2021年6月23日	关于印发《〈体育与健康〉教学改革指导纲要（试行）》的通知	教育部
59	2021年7月16日	关于进一步加强新冠肺炎疫情防控常态化下学校卫生管理工作的通知	教育部、国家卫生健康委员会
60	2021年7月22日	《体育与健康》教学改革指导纲要（试行）	教育部

续表

序号	颁布时间	文件名称	颁布机构
61	2021年8月10日	关于全面加强和改进新时代学校卫生与健康教育工作的意见	教育部、国家发展和改革委员会、财政部、国家卫生健康委员会、市场监管总局
62	2021年9月7日	关于进一步完善和规范高校高水平运动队考试招生工作的指导意见	教育部、国家体育总局
63	2022年1月26日	关于进一步加强普通高等学校高水平运动队建设管理的意见	教育部
64	2022年6月14日	关于提升学校体育课后服务水平 促进中小学生健康成长的通知	国家体育总局、教育部、国家发展和改革委员会
65	2023年1月16日	关于在学校设置教练员岗位的实施意见	国家体育总局、中央机构编制委员会办公室、教育部、人力资源社会保障部
66	2023年2月14日	关于做好当前疫情形势下学校体育工作的通知	教育部

社会普遍认为我国目前政策环境的不利因素在于政府有关学校体育的政策文件落实不到位。虽然国家、国家领导人非常重视学校体育，并且为了促进学校体育的发展制定了一系列的政策。例如，2007年中共中央、国务院颁布"中央7号文件"——《关于加强青少年体育增强青少年体质的意见》，这是改革开放以来我国最高级别的学校体育文件，由中共中央和国务院联合下发，最具权威性和影响力。"中央7号文件"下发以后，地方各级政府积极落实文件精神，制定了相应的地方性法规、实施意见、工作通知、工作方案和实施细则等，但是地方教育局和学校对于政策落实却不到位，常常致使相关政策文件的搁浅，使得体育学科经常被置后或者延后发展。

通过访谈发现，在一些欠发达地区，中小学校领导对于体育政策文件的态度就是"走走形式，应付差事，国家下发了有关学校体育的政策文件，学校只是让体育组聚在一起，开个组会随便讨论一下便潦草结束，至于何时、何地、如何落实政策却避而不谈"。

体育教师对学校体育发展的政策环境的认可度情况见表3-9，认为政策环境好，包括很好和较好的占41.7%；认为政策环境一般的占47.8%，可见体育教师对学校体育政策环境的认可度还有待提高。政策环境的关键在于落实政策。

表3-9　　　　　学校体育发展的政策环境（N=316）

选项	人数(人)	所占比例(%)
很好	51	16.1
较好	81	25.6
一般	151	47.8
不太好	22	7.0
很不好	11	3.5

三　文化环境

学校体育文化环境是能够影响学校体育价值、观念、偏好和行为的文化传统、风俗习惯等文化因素。学校体育文化环境包括物质文化环境、制度文化环境和精神文化环境，物质文化环境涉及学校体育场地器材、设施建筑等，制度文化环境是学校关于学校体育工作的各项规章制度，精神文化环境则是"重文轻武"、重智育轻体育等我国传统体育文化以及校园体育文化状况等。

在此，需要注意的是制度文化环境中的应试教育制度。以往的应试教育体系，以文化课程分数为主要评价手段，体育、音乐、美术、科技、劳动等课程在升学中所占比重较小，甚至不占比重，逐渐被

第三章 现状审思：我国学校体育话语权的现实状况

"边缘化"。目前，我国体育中考制度已经覆盖全国，中考体育分值逐渐增加。2021年起多数省份的中考体育分值有所增加，而且增加的幅度比较大，见表3-10。尤其是云南省将中考体育分数增加至100分，与语数外处于同一水平，这引起教师、家长和学生对中考体育的高度重视，从而改善了学校体育的制度文化环境。

表 3-10　　　　　2021年部分省市体育中考分值

体育中考总分	部分省市
100 分	云南昆明、四川攀枝花、湖南岳阳
80 分	四川绵阳
70 分	广东广州、河南郑州、河南洛阳
60 分	江西南昌、陕西西安、江苏南通、安徽合肥
50 分	四川成都、广东深圳、吉林长春、海南、辽宁大连、重庆、青海西宁、山西太原、山东济南
40 分	北京、江苏南京、福建福州、厦门、贵州贵阳、内蒙古呼和浩特、浙江衢州
30 分	上海、湖北武汉、湖北襄阳、浙江义乌、天津

资料来源：《2021年全国各地市体育中考（分值、项目）大预告》，中招网，https：//www.zhongzhao.org.cn/news/show-334584.html，2024年4月18日。

传统"重文轻武"的文化环境，使得体音美被称为"小三科"，经常被边缘化，甚至被文化课挤占。但是通过访谈发现，随着教育强国、体育强国建设的推进，许多初中体育教师反映：

> 尤其是将体育纳入中考之后，体育课被挤占的情况逐渐减少，被挤占的情况明显好于音乐、美术等课程。

此外，学校体育的发展是否考虑当地的文化环境的情况见表3-11，考虑文化环境，包括经常考虑和偶尔考虑的占57.0%，不考虑和从不考虑文化环境的占11.0%，可见学校开展体育工作比较注意文化环境的影响。

表3-11　　　　学校体育发展与文化环境（N=316）

选项	人数（人）	所占比例（%）
经常考虑	95	30.1
偶尔考虑	85	26.9
一般	101	32.0
不考虑	27	8.5
从不考虑	8	2.5

四　经济环境

学校体育经济环境是指学校体育工作涉及的经费投入与支出等情况，包括学校开展学校体育工作的外部经济条件以及学校内部的经费支持等，如体育教师的工资待遇、工作量的报酬、日常训练经费、比赛经费等。教育行政部门对学校体育的拨款较少，学校用于体育学科的经费支出也远远低于其他学科，在访谈中，杨某某说道：

> 按照学校每年总经费的比例，可以给体育口几百万元的经费，但是学校只给了70万元，学校给体育的经费太少。

在教育场域，体育是一门弱势学科，容易被边缘化，经费投入较少；在体育场域，国家对于竞技体育的投入力度远远高于对学校体育的投入力度，体育博彩业所获得的体育公益金也大多投入社会体育之中。

此外，从经济学视角来看，利益相关者颇为关注短期效益和经济利益，容易忽视长期效益和社会效益。在体育场域，学校体育相对竞技体育和体育产业而言，需要长期投入才能获得一定的社会效益，学校体育的经济利益很小，主要体现为社会效益和公共利益，在一定程度上很难满足利益相关者的短期效益和经济利益。部分体育主管部门领导为了自身政绩、评估考核等，经常关注竞技体育和体育产业带来的巨大效益，而不重视甚至忽视学校体育的发展，更不会投入更多精力和经费用于学校体育。没有充足的经济支撑，学校体育发展后劲不足、动力不足，这也使得一些经济欠发达地区、偏远地区的体育器材匮乏，经费紧张，安全问题等较难得到保障。

表 3 – 12　　　　学校体育经济环境的认可度（N = 316）

选项	人数(人)	所占比例(%)
很好	32	10.1
较好	91	28.8
一般	124	39.2
不太好	40	12.7
很不好	29	9.2

体育教师对学校体育发展的经济环境的认可度见表 3 – 12，认为经济环境好，包括很好和较好的占 38.9%，认为经济环境一般的占 39.2%，认为经济环境不太好或很不好的达到 21.9%，可见体育教师对学校体育经济环境的认可度相对较低。

五　社会环境

学校体育社会环境，是影响学校体育工作开展的各种社会习俗、社会观念、社会舆论等状况，一般体现为社会对学校体育的认同度，涉及社会对学校体育的态度、关注度以及社会对体育教师的看法等。所以，社会环境良好，社会对学校体育的认同度高，将会促进学校体育的发展；反之，社会对学校体育的认同度低，则将阻碍学校体育的发展。越来越多的社会现象表明，社会舆论虽然承认学校体育工作的重要性，并认识到学校体育的价值，但是对体育教师群体存在严重的偏见，认为体育教师"四肢发达，头脑简单"，文化素养欠佳导致道德素养不高等。在访谈中，许多体育教师反映：

> 社会对体育老师存在许多偏见，认为搞体育的野蛮粗暴，不讲理，不能担任班主任，学生哪门成绩不好，动不动就说"你的某某课是体育老师教的"，明显瞧不起体育老师。

还有的老师反映：

> 其他学科的老师总是说体育老师上课就是带着孩子玩，轻松，不用备课，还不用批作业，学校的一些后勤工作、少先队辅导员等工作可以让体育老师兼任，反正他们也没什么升学压力。还有人说基层体育老师"脚臭、脸黑、挣钱少"。体育老师不畏风吹日晒，却得不到社会的尊重，挣钱少，还不让当班主任，太另眼看人了，实在不公平。

在学校教育领域，体育、音乐、美术等课程，与主流文化课相比，处于弱势地位，这种观念不是一朝一夕形成的，而是文化观念、社会观念长期形成的结果。

（一）社会对学校体育的认同状况

1. 社会认同的提高

经过多年的努力，我国学校体育取得了较大的发展，"十三五"时期，学校体育已纳入教育现代化评估指标体系、纳入考试制度改革、纳入全民健身计划。首先，全国各地各校已普遍建立起学生体质健康档案，各地上报的体质健康测试数据和教育部复核数据之间的一致性逐步提高，目前已基本上达到 95% 以上；其次，我国初中和高中的学业水平考试也将体育学科纳入其中，到目前为止，全国各地都已普遍推进了体育中考，体育分值从 30 分到 100 分不等，且已实现全覆盖；最后，学校体育已被纳入全民健身计划。① 同时，国家颁布一系列推动学校体育发展的政策文件，这在一定程度上提高了社会对学校体育的认同度。此外，随着体育中考的全面覆盖，社会对学校体育的认同度逐渐上升。

2. 社会认同的降低

我国由体育大国向体育强国转变，体育强国建设不仅是竞技体育强国、社会体育强国、体育产业强国，还是学校体育强国。学校体育关系着青少年的身心健康和全面发展，"少年强则国强"，"体育兴则国兴"。但是，在教育场域内，学校体育仍是"相对薄弱的环节"②。学生体质健康水平依然是短板，学生的视力不良问题居高不下，且持续呈现低龄化倾向，肥胖检出率持续上升。大学生的耐力、速度、爆发力、力量素质持续下降，甚至一些指标还不如中学生，以致大学生的身体素质已经成为制约国民身体素质提高的瓶颈③。学校体育的这些现实状况又降低了社会对学校体育的认同。

---

① 樊未晨：《教育部：全国各地已经实现"体育中考"全覆盖》，中国青年网，https://baijiahao.baidu.com/s? id = 1686038437809557325&wfr = spider&for = pc，2020 年 12 月 14 日。
② 《国务院办公厅关于强化学校体育促进学生身心健康全面发展的意见》，中国政府网，http://www.gov.cn/zhengce/content/2016 - 05/06/content_ 5070778.htm，2016 年 5 月 6 日。
③ 张洋、何玲：《新世纪我国青少年体质健康发展研究——中国青少年体质健康状况动态分析——基于 2000—2014 年四次国民体质健康监测数据》，《中国青年研究》2016 年第 6 期。

社会舆论环境也将影响学校体育的发展。媒体对学校意外事件的肆意极端报道,大大降低了社会对学校体育的认同。体育课堂常有意外事件的发生,偶有极端事故的发生。例如疫情可控期间,初三学生入校上课,体育课上进行中考项目训练,有个别学生在长跑中猝死。2020 年 4 月 14 日,温州市第二实验中学一名 16 岁的初三男学生在跑步中晕倒猝死;4 月 20 日,周口市郸城县某中学一名 15 岁初三男学生戴口罩在体育课跑步时晕倒猝死;4 月 30 日,湖南长沙湘郡未来实验学校一名 14 岁初三学生佩戴 N95 口罩在体育课长跑时猝死①。这警醒学校、体育教师和学生在户外运动尤其是长跑时,不应也不必佩戴口罩,要注意科学地运动。但是媒体大肆宣传的结果致使当年体育中考取消 1500 米长跑测试,甚至有些地方取消了体育中考。对 2020 年中考体育政策发生改变的部分城市进行统计发现,取消中考体育的省市有上海、浙江、福建(福州)、吉林、辽宁(大连)、山西、江西(南昌);做出明显调整的有天津、广东、福建(厦门)、江苏(苏州)、陕西(西安)、安徽(埠阳)和四川。许多地方取消了长跑项目的测试,如江苏苏州、陕西西安、福建厦门等,天津则是长跑免试,以满分 4 分计入总成绩。还有一些省市取消中考体育现场测试,而浙江不仅取消了中考体育测试,还明确规定体育分不计入中考成绩。社会对学校体育的认同度降至最低。

(二)社会对学校体育的关注度

社会的认同与关注在一定程度上能够影响学校体育的发展。在体育场域内,人们对竞技体育、社会体育和体育产业的关注度远远高于对学校体育的关注度。根据马斯洛的需要层次论,体育需求本质上是

---

① 《半个月三起中学生戴口罩跑步猝死事件!多地紧急通知:体育课不戴口罩!》,齐鲁网,http://news.iqilu.com/shandong/yuanchuang/2020/0508/4538712.shtml,2020 年 5 月 8 日。

一种高层次的文化需求，只有当经济发展到一定程度，人们的生活水平达到一定水平之后，体育需求才会引发人们的重视，人们才会关注自身的身体健康状况、青少年的体质状况和健康水平。在区域经济发展不平衡的情况下，大多数地区，不论是政府、社会还是个人，更多关注的是经济利益，社会对体育的关注度不高；而当涉及竞技体育赛事，如世界杯、奥运会等时，社会关注度才有所上升。民众对奥运会和竞技体育的关注度极高，凸显了竞技体育的政治价值，竞技体育有助于激发爱国主义热情、培养民族自尊心和自豪感。例如东京奥运会乒乓球混双决赛的惜败，引发了民众对女单半决赛的热烈关注，最终孙颖莎以4比0完胜日本选手伊藤美诚，众望所归。奥运会的盛况并未很好地激发民众对体育运动项目的热爱，而是点燃了民众的爱国情怀。但是学校体育对社会的吸引力不足，导致社会对学校体育的关注度不高。

（三）社会对体育教师的态度

社会不认可体育教师的文化水平和管理能力，甚至反对体育教师担任班主任。2020年青岛一所学校让体育教师担任班主任，结果遭到了众多家长的反对和投诉，家长们甚至到政府信箱投诉。这一事件在网上迅速发酵，引发了体育教师能不能担任班主任的大争论。对此，同年10月16日，在教育部的新闻发布会上，教育部体育卫生与艺术教育司司长表示，体育教师、音乐教师、美术老师、科技老师都可以担任班主任。①

通过调研发现，社会对体育教师存在偏见。49.7%的体育教师认为社会对其有偏见，这种偏见有很多，主要是认为体育教师"四肢发达，头脑简单"，社会大众普遍认为：

---

① 《体育老师怎么不能当班主任？》，《中国青年报》2020年10月17日第5版。

体育教师文化知识底子薄弱，甚至没啥文化。体育老师上课就是在玩，"放羊式"教学，轻松没有压力，谁都可以去上体育课，发几个球让学生自己运动就行了；还认为体育是副课，不重要，连带上课的老师也不重要，认为文化课重要、体育锻炼不重要。固有观念对体育教师存在习惯性的偏见，受错误舆论的影响对体育教师存在偏见，轻视体育与体育教师，认为体育教师不能当班主任，体育教师不用写教案，体育教师不用批作业，还天天耍，体育教师能力低。他们不重视体育，只重视考试成绩。

总的来说，社会对体育的认知不足，不重视体育课，更重视文化课，认为体育教师文化基础较差或者没文化，上课轻松，不用备课，不用批作业，等等。这些社会舆论使体育教师经常被歧视，受到不公平的待遇，得不到应有的尊重，工作量被减半，评优没指标。长此以往会导致体育教师失去职业认同，从而影响学校体育工作的开展，阻碍学校体育的发展。

学校同样对体育教师存在偏见，只是比社会舆论稍好一点而已，40.2%的体育教师认为学校对其的偏见主要是：

体育教师对学生的管理权有限，工资待遇不如其他老师，工作量大还不被重视，许多竞赛成绩不计入工作量，没有培训机会。学校认为体育教师的教学压力小，工作轻松，因此，体育教师在职称评审时没有优势，不当班主任，不批作业，不和家长沟通，被认为事情少，比较闲，学校还无故占用体育课，体育教师经常被叫去干杂活，或者别人的活、没人干的活。

学校除了给体育教师指派学校体育教学与管理的任务之外，经常指派体育教师从事其他教师不愿意干的事情，认为体育教师没有教学压力，上课轻松，不用担任班主任，不用批作业，闲暇较多，可以超出本职工作多干一些事情。

在学校，除了教学工作，体育教师经常还有其他管理与辅助教学工作，如小学的少先队指导员、中学的团建辅导等。在基础教育阶段，这些少先队指导工作、团建辅导工作都需要有教师参与其中。这些工作不同于教学工作，检查评价教师教学质量如何，可以通过学生的考试成绩来体现。而少先队指导等工作的效果评价主观性较大，客观依据没有考试成绩更具说服力，许多老师宁可在自己的教学工作上下功夫，也不愿在少先队指导上浪费时间，大部分教师不愿意去兼任少先队指导等工作。而学校的少先队指导工作又必不可少，于是，校领导、教导主任等多会选择让体育教师参与其中。在访谈中发现，基层学校中许多体育教师都兼任过非教学的其他工作，除了少先队指导员、团建辅导员，有的体育老师还负责学校后勤、学生餐食等工作。

学校体育发展是否考虑当地的社会舆论环境的情况见表3-13，考虑社会环境，包括经常考虑和偶尔考虑在内的占60.5%，不考虑和从不考虑社会环境的占9.1%。可见学校开展学校体育工作比较注意社会舆论环境的影响，会考虑家长的诉求。

表3-13　　　　学校体育发展与社会环境（N=316）

选项	人数（人）	所占比例（%）
经常考虑	113	35.8
偶尔考虑	78	24.7
一般	96	30.4
不考虑	21	6.6
从不考虑	8	2.5

第五节 我国学校体育话语效果的现状

是否产生话语效果表明是否拥有话语权，只有当话语主体的话语内容对话语客体产生影响，使话语客体产生情感认同、价值认同或者行为认同时，话语主体的话语权才得以实现。话语效果有积极效果和消极效果，如果产生积极效果，则表明实现话语目标。

一 政府的话语效果

政府的学校体育话语效果可以通过政府制定的学校体育相关政策文件的落实情况来判断。政府的学校体育政策文件落实得好，说明政府的话语效果好，表明政府的学校体育话语权得以实现；政府的学校体育政策文件落实得一般，表明政府话语效果也一般，说明政府需要提升学校体育话语权，加大学校体育政策文件的执行力度。

落实学校体育政策文件的情况见表3-14，落实很好的占17.4%，落实得好的占25.9%，落实得一般的占46.2%，落实得不好的占7.3%，落实得很不好的占3.2%，总体落实情况达到43.3%，还需加大落实的力度。

表3-14　　　　学校体育政策落实情况（N=316）

选项	人数(人)	所占比例(%)
很好	55	17.4
较好	82	25.9
一般	146	46.2
不太好	23	7.3
很不好	10	3.2

二 学校的话语效果

学校的学校体育话语效果可以通过学校体育工作的开展状况来体现，学校体育工作开展得好，说明学校获得学校体育话语效果，拥有学校体育话语权，反之亦然。

学校体育工作开展状况见表3-15，开展得非常好的占17.7%，开展得好的占31.9%，开展得一般的占39.6%，开展得不好的占7.3%，开展得非常不好的占3.5%。总的来说开展得好或非常好的达到49.6%，比政府学校体育话语落实效果（43.3%）略好。

表3-15　　　　学校体育工作开展状况（N=316）

选项	人数(人)	所占比例(%)
非常好	56	17.7
好	101	31.9
一般	125	39.6
不好	23	7.3
非常不好	11	3.5

三 体育教师的话语效果

体育教师的话语效果直接用话语权来表示，拥有话语权将会产生话语效果；拥有强势话语权或者话语权大，则会实现话语效果；没有话语权则不会产生话语效果，甚至产生负面效果。

表3-16　　　　体育教师的话语权状况（N=316）

选项	人数(人)	所占比例(%)
很大	14	4.4

续表

选项	人数(人)	所占比例(%)
较大	27	8.5
差不多	110	34.8
较小	107	33.9
很小	58	18.4

体育教师的话语权状况见表3-16，话语权很大仅占4.4%，话语权较大占8.5%，话语权差不多占34.8%，话语权较小占33.9%，话语权很小占18.4%。总的来说，体育教师与其他教师相比话语权大的占12.9%，话语权小的占52.3%，说明大多数体育教师的话语权较小，需要提升话语权。

此外，通过访谈了解到，一些体育教师认为话语权大是与音乐、美术、信息等小学科的教师进行比较。由于体育中考的全国覆盖，与其他"小三科"的教师相比，体育课被挤占的次数少了，甚至不再被挤占。说明中考体育的应试制度在一定程度上提升了学校体育的地位。

以上从学校体育话语主体、话语内容、话语平台、话语环境和话语效果五个要素入手，分析了我国学校体育话语权五大要素的现实状况，发现拥有学校体育话语权的关键是：在话语表达过程中，话语主体能够高质量地表达话语内容；在话语传播过程中，话语主体能够应用话语平台有效传播话语内容；在话语反馈过程中，话语主体能够获得话语效果。因此，学校体育权益诉求能否高质量地表达、能否有效传播、能否产生效果，是拥有学校体育话语权的内在支撑。如果"失语"，意味着失去话语表达的权利和机会；而"失声"则意味着说话无声，拥有说话的权利和资格，但是话语没有力量，使得话语未产生效果，失去话语表达的权力和影响力。由此可见，"失语"比"失声"

问题更加严峻，重度"失声"会使话语者不再发声、不再言语，导致"失语"。目前，我国学校体育在学校教育场域处于"声小"的状态，而在体育场域处于"少语"的状态。

通过对我国学校体育话语主体、话语内容、话语平台。话语环境和话语效果的现状进行调查分析，发现我国学校体育话语权的现实状况是：政府是学校体育政策文件的制定者、学校体育工作的决策者，享有权威学校体育话语权，能够高质量地表达学校体育的权益诉求，并掌握各种话语平台。学校体育政策文件具有一定的强制性，会产生较深远的影响，但是，从学校体育政策文件的执行情况来看，话语效果不佳。

社会，以媒体界为例，享有学校体育话语权。媒体界采用多元的话语平台进行有效传播，对民众产生一定的影响。但是社会关于学校体育话语内容的质量却参差不齐，甚至有时自相矛盾。而广大民众的从众心理，容易人云亦云，要么不能有效地表达学校体育权益诉求，要么话语权利被媒体取代，变成"媒体代其发声"。在新媒体时代，民众尤其是家长，可以运用各种自媒体，诸如抖音、小视频、微博、微信公众号等来为自己发声。

学校是学校体育工作的执行者，是学校体育工作落实的场所，在学校内部，主管校长作为具体学校体育工作的决策者，享有学校体育话语权，学校购买体育器材的经费，是否参加校外体育活动，主管校长具有绝对话语权。基层学校的体育组长是具体学校体育工作的管理者，对于大课间活动、运动会比赛项目等具有一定的学校体育话语权。体育教师作为学校体育工作的具体执行者，在体育教学、运动训练等方面拥有业务话语权。学生虽然是学校体育话语权的最终受益者，中小学阶段在选择体育社团时拥有话语权，但是作为弱势群体，学生在学校体育的其他方面基本没有话语权。

本章小结

　　本章从话语主体、话语内容、话语平台、话语环境和话语效果五个方面分析我国学校体育话语权的现实状况，结果表明：政府享有权威的学校体育话语权，话语内容质量高，掌握多种话语平台，制定颁布的学校体育相关政策文件具有强制性，但从落实执行度来看，话语效果不尽理想；社会中媒体界掌握较多话语平台，拥有一定的学校体育话语权，专业媒体话语质量较高，社会大众包括家长受社会舆论影响较大，话语平台较为单一，大众话语质量较低；学校领导拥有较多学校体育话语权，掌握一定数量的话语平台，话语质量高低不同，体育教师的学校体育话语权不足，话语质量略高但也有差异；而学生则欠缺学校体育话语权。

第四章 问题剖析：我国学校体育话语权存在的问题与原因

第一节 我国学校体育话语权存在的问题

分析我国学校体育话语权存在的问题，要从学校体育话语权的要素入手。上一章调查分析了我国学校体育话语主体、话语内容、话语平台、话语环境和话语效果的现实状况，本章将从这些要素的现状中剖析不同要素存在的问题，进而找出我国学校体育话语权的现有不足。并探究存在这些问题的原因，以便为下一章提出发展对策奠定基础。

一 部分话语主体对学校体育存在认知偏差与偏见

通过上一章对学校体育话语主体的现状调查发现，政府高度重视学校体育，对学校体育有清晰、正确、全面的认识。国家领导人也非常重视学校体育，关注青少年的体质健康，多次发表讲话阐述学校体育的价值在于帮助学生在运动中"享受乐趣、增强体质、健全人格、锤炼意志"，这为我国学校体育的发展指明了方向。但是社会对学校体育有偏见，部分行政领导、学校领导对体育的认识存在偏差，部分体育教师对学校体育的认识也有不足。总的来说，大部分话语主体对学校体育的认知水平偏低,有待提高。

(一) 社会对学校体育的偏见与不认同

社会对学校体育存在认知偏见,学校体育是"学校内的体育"的基本认知和"关起校门开展体育"的惯性做法依然主导着学校体育的发展。[①] 20 世纪 80 年代以后,体质教育、运动技术教育、快乐体育、终身体育、健康教育等纷纷登上学校体育的舞台[②]。但是这些学校体育改革措施并没有取得多大实效,学生体质依然不容乐观。学生健康状况不高,运动技能水平较低,使得学校体育话语的内在价值失衡[③],导致社会对学校体育改革的强烈不满,从而对学校体育产生了误解和偏见。例如,部分关于学校体育的政策文件贯彻落实不到位,学校体育工作缺乏经费保障,升学压力等使得学校体育在某些方面没有取得预期的效果,致使社会、大众对学校体育的改革与发展不认同。

社会对学校体育的偏见,还体现为对学校体育工作者的偏见,尤其对体育教师存在严重的认知偏见。在网络中流行且我们日常也经常听到的"你的语文是体育老师教的",或者"你的数学是体育老师教的",这样的话语明显反映出社会对体育教师的轻视,认为体育教师的文化知识欠缺,文化水平较低。更有甚者,歧视体育教师。例如 2017 年,青岛电视台主持人在评论"高铁门"事件时,竟然说:"你说这是个体育老师,我觉得还不违和。"这句话深深地伤害了体育教师的感情,也体现出当今社会大多数人的真实想法,认为体育教师做一些不当的行为可以理解。电视台作为媒体界的典型代表,媒体界作为掌握

[①] 黄爱峰、王健:《学校体育发展的 10 大问题省思》,《北京体育大学学报》2015 年第 2 期。

[②] 梁立启、邓星华:《国外学校体育思想的传入及其对我国当代学校体育发展的启示》,《体育学刊》2013 年第 5 期。

[③] 孙淑慧:《20 世纪 80 年代中期以来我国学校体育话语现象的反思与探析》,《成都体育学院学报》2010 年第 2 期。

较大话语权的专业组织，话语质量较高，才能得到社会认同。但是电视台主持人的这番言论却被理所应当地面向全国播放，这也反映出社会大众普遍认为体育教师没有文化、素质低下、行为举止有所不当。事后，在体育教师群体的强烈抗议下，电视台才做出道歉。媒体专业人士对体育教师的态度尚且如此，更何况普通大众？

再如，2020年一场"关于体育教师能不能担任班主任"的大争论也反映了家长对体育教师的认知。体育教师作为教师的一分子，必须具备教师的职业道德规范，享有担任班主任的权利。但是体育教师担任班主任遭到了众多家长的反对与投诉，不仅投诉班主任、投诉学校，还向政府信箱投诉，家长们不相信体育教师能成为合格的班主任，不相信学校的判断，只相信自己的主观臆断。这一投诉行为也表明了众多家长对体育教师的看法，他们对体育教师极度不信任，这种偏见受传统社会观念的影响，认为体育教师文化水平低，没有真才实学，只会带着学生玩。

（二）部分主管体育行政领导、校领导对学校体育的认知偏差

主管体育的行政部门主要负责各级政府的体育事业发展，其工作职能包括竞技体育、体育产业、社会体育、学校体育等。政绩考核使得行政领导更加关注经济效益和短期效益。学校体育的效益是一种公共效益和社会效益，学校体育的发展需要政府和社会的长期投入才有可能取得一定的效益。学校体育的效益不仅是一种长期效益，还是一种潜在效益和未知效益，最终效益的大小具有不可确定性。而大力发展竞技体育或者体育产业，如举办一场竞技体育比赛，很有可能产生巨大的经济效益，并且相对而言是短期投入。学校体育则需要长期持续不断地投入才会产生效益，这种效益需要执政数年甚至数十年之后才能显现，而此时主管领导早已不在此岗位，成绩与己无关。因此，主管领导多会认为学校体育是一种出力不讨好的事情，无法与其政绩

密切相关。而竞技体育则可以通过全运会、省运会名次，国家队人才输送情况等明确的指标来评价。因此，体育主管部门领导重视竞技体育与体育产业的发展而忽视学校体育的发展，认为学校体育维持原状即可。正是这种认知偏见，在一定程度上影响了学校体育的健康发展。

也有部分学校领导认为体育是"锦上添花"，而非"雪中送炭"那种需要继续落实的事情。因此，认为体育并不是常规事情，开展学校体育工作只是为了"面子"，能够在学校体育竞赛中取得好成绩而已。学校体育工作应付差事，并未认真落实执行，有些学校校长不重视甚至根本就没有把体育卫生工作纳入学校教育计划。①

（三）体育教师自身对学校体育的认知不足

部分体育管理者和体育教师自身对学校体育的认识也存在不足。这主要表现为他们对学校体育的质量评价观念不正确，有的将提高学生的运动技术水平作为学校体育的目的，只关注学生对运动技能的学习，不传授相关理论知识和健身方法；有的强调学生体质的增强和学校体质达标率的提升，忽视学生的兴趣；还有的只是将体育作为德育和心理健康教育的手段，忽略了体育促进健康、增强体质的本质功能，沦丧了学校体育的主体地位。②

体育管理者和体育教师自身对学校体育的认识存在误解和偏见，致使其在落实学校体育工作或者执行学校体育政策时出现偏差和错误，使得学校体育理论与实践相脱节。目前，学校体育的理论话语与实践活动之间存在很大的差距，广大基层教师对学校体育理论研究意见颇

---

① 李少群、卢其宝：《落实"中央7号文件"不妨从"校长重视体育"抓起》，《体育教学》2012年第7期。
② 张劲松、张树巍：《高校体育新常态的发展特征与目标实现路径》，《中国学校体育》（高等教育）2016年第3期。

第四章 问题剖析：我国学校体育话语权存在的问题与原因

多，认为学校体育理论大有生搬硬套之嫌，提出的改革多是空谈。此外，将"体育"改为"体育与健康"之后，基层教师学校体育理论素养不足，理论研究者普遍认为一线教师不能很好地推进新课标的推行与实施。①

此外，学校体育的"物化"，学校体育"科学主义观"，即过于重视科学技术在学校体育工作的"霸权"，导致学校体育功利化，将人"物化"，把学生当作工具或者机器，在体育教学中强调一致性、统一性、训练躯体或者肉体，标准化的评价模式使人像机器一样精准、整齐，从而使学生丧失创造力，导致学校体育人文观的失落。

还有体育教师简单地认为只要搞好学生的身体健康，就实现了学校体育的教学目标和任务，忽视了体育是教育的重要组成部分。学校体育除了关注学生体质健康之外，还有育人和社会适应等六项目标。也有体育教师认为学校体育工作主要是体育教学，忽视了学校体育的课外训练、健康教育等，这些对学校体育的偏见导致学校体育工作一直不尽如人意。

基层体育教师对学校体育政策的理解偏差也导致其在具体落实学校体育工作时出现失误。目前的学校体育改革是一种自上而下的改革，学校体育改革的"顶层设计"领导者对基层学校体育改革的思路较为清晰，但是在改革的过程中难免会出现表述不清、认知有误的情况，而广大基层体育教育者很难准确认识和把握改革的内涵，导致体育教学改革实践盲目跟风，不知对错。顶层设计者与基层执行者之间没有良好的交流与沟通，未达成共识。

（四）学生对学校体育的认同度较低

学生对学校体育的认同度较低，主要表现为学生不喜欢上体育课。

---

① 孙淑慧：《20世纪80年代中期以来我国学校体育话语现象的反思与探析》，《成都体育学院学报》2010年第2期。

调查发现，部分学生对学校体育的内容、执行和效果不认同，满意度不高，并且存在不遵守学校体育政策的现象。① 在应试教育的大环境下，升学压力、学校考核、父母期盼等致使学生将更多的时间投入文化课程的学习之中，没有时间更没有精力参与学校体育活动，有时甚至消极参与。例如学生消极对待学校组织的体质测评，只要达标即可。即使面临体育中考，也较少有学生进行长期锻炼，绝大多数学生仅是短期突击训练，甚至还有一些学生滥用兴奋剂以取得高分。②

二 话语内容质量参差不齐

学校体育话语内容包括学校体育的价值与理念、政策与落实、教育与教学、发展与问题、体质与健康、资源与保障六个方面，不同话语主体的话语内容质量不同，不同话语主体关注的话语内容也有所不同。

（一）政府的学校体育话语内容质量高

政府是学校体育政策的制定者、学校体育定位的决策者、学校体育发展的主导者和学校体育理念的顶层设计者。政府高质量地表达学校体育话语内容，相关学校体育政策文件具有权威性和强制性，对社会、学校和个人都有较强的影响力。

政府关于学校体育价值与理念的内容指导我国学校体育工作的开展，为学校体育的发展指明方向和前进道路，一系列的政策文件多方位地支持和加快学校体育的发展。政府关注学校体育的价值理念、教

---

① 陈善平等：《学校体育政策态度对大学生体质健康标准测试数据的影响》，《成都体育学院学报》2016年第2期。
② 《疯狂｜为在中考体育拿高分 家长让孩子吃兴奋剂！谁该"吃药"？》，央视网，http：//m.news.cctv.com/2017/07/13/ARTlgSBrnhHCyctF67SEvpuw170713.shtml，2017年7月13日。

第四章 问题剖析：我国学校体育话语权存在的问题与原因

学改革与发展、青少年体质与健康等话语内容。

（二）社会的学校体育话语内容质量良莠不齐

社会关注的学校体育话语内容涉及学生的体质与健康，体育中高考以及学校体育的问题。社会主要包括媒体界和社会大众等。媒体界享有较多的话语平台，其话语内容为媒体专业话语，内容有一定的专业性，会对社会大众产生一定的舆论影响，尤其是媒体界拥有主题设置权，引导社会舆论，为了吸引社会大众的眼球、注意力和关注度，有选择性地报道自己喜欢的内容。还有一些社会的学校体育话语属于市场话语，为了获得自身权益表达诉求，因而话语内容关注学校体育的发展与问题。由于学校体育的发展缺乏群众基础以及学生体质的持续下降，社会对学校体育的社会认同度不高，其学校体育话语内容带有成见。

社会大众的学校体育话语质量普遍不高，普通大众的学校体育观念受社会舆论的影响较大，人云亦云的从众行为等使得大众的学校体育话语内容质量不高。例如，一些家长认为"参加体育锻炼变相缩短了学习时间""体育课运动不要太剧烈，不然学生体力消耗太大，没有精力进行体育课之后的学习""体育课应该安排在下午最后一节课"，因而阻止学生参加体育活动。

家长和社会关于学校体育的责任在很大程度上有所缺失，他们将学生体质健康不佳或者体育课成绩差的原因全部归结为应试教育和体育课效果差。决定学生体质健康状况最主要的是学生业余时间的体育锻炼，每周2—3节的体育课不能解决学生体质的根本问题，关键在于学生的课外锻炼是否落实。因此，学生的体质健康还需要家长的积极引导和社会的支持，真正落实"家、校、社"三方合作，共同推进学生的健康。此外，家长和社会对体育教师存在偏见，认知偏见在一定程度上也会影响其学校体育话语内容的质量。

(三) 学校的体育话语内容质量高低不等

学校的体育话语内容主要是学校体育的教育与教学、学生的体质与健康以及资源与保障。学校是学校体育工作实施的场所,也是学校体育话语权实现的场所。许多学校并不重视体育,使得其关于学校体育价值与理念的话语内容逻辑性略显不足,价值理性不高,话语缺乏条理性,质量不高。但是具体到学校体育的常规工作,例如,每年一次的学校运动会、学生体育中考等话语内容质量较高。

一些专家学者关于学校体育改革的话语内容,许多都是套用或者移植教育领域的一些术语。话语移植是借用其他学科的话语来命名和解释新的事物或者现象。学校体育是学校教育的组成部分,借鉴或者移植教育领域的术语本来无可厚非,但是学校体育应该具备自身独特的风格与规律,不能生搬硬套直接移植。此外,由于学校体育在学校教育中得不到应有的重视,其从业人员或者研究人员为提升学校体育的地位,妄图通过提高学校体育的政治基调来促进学校体育的发展,这使其缺乏一种平实、冷静和理性的心态,从而导致相关言论或者话语缺乏一定的思想性。[①] 还有一些学者为了提升学校体育的地位,过于强调学校体育的政治价值,这种非理性思考,使得其话语内容缺乏逻辑性,话语质量较差。

体育教师的学校体育话语内容多是关于教育与教学以及资源与保障的。许多体育教师过于关注体育教学的具体内容和形式等,经常忽视在教学过程中传递终身体育的思想和健康生活方式的理念,较少表述学校体育价值与理念的内容。

由于体育教师的缺编,一些非专业的教师进入体育教师行列,其

---

① 孙淑慧:《20世纪80年代中期以来我国学校体育话语现象的反思与探析》,《成都体育学院学报》2010年第2期。

学校体育话语非专业化、非学术化，理论性较差，逻辑性较差，且缺乏科学性，这严重影响了体育教师的学校体育话语质量。体育教师的学校体育话语质量不高还表现在以下方面。

一是夸大学校体育的作用。一些体育教师或者体育管理者，他们虽然对学校体育有相当的认知，但是觉得学校体育没有得到人们的普遍重视，致使他们使用了一些缺乏逻辑和理性的话语来表达其学校体育诉求，并试图通过提高学校体育的政治基调来促进学校体育的发展，反而使得其学校体育话语内容缺乏逻辑和条理，过于夸大学校体育的政治价值，过分地强调体育能够促进智育。

二是忽视体育教学的目标。学生在运动时不可避免地会出现意外事件。例如，跑步摔倒，被足球、排球或者篮球打到头部，尤其是同场竞技项目不可避免地会发生各种运动冲撞。部分体育工作者为了减少体育运动的意外事件，避开激烈运动项目，进行"放羊式"教学，认为体育课"以安全为主"，"体育课只要不发生意外就行，随意运动一下就好"，而忽视了学校体育"塑造人格、锤炼意志"的目的。

三 学校体育话语平台有限，学校体育宣传力度不足

现代社会是信息社会，各种媒体层出不穷、日新月异。在新媒体时代，话语平台呈现多元化的发展，也越来越智能化。新媒体与传统媒体相比，具有不同的特色。传统媒体在传播学校体育价值观时具有较强的排他性和非竞争性；而新媒体则具有多样性、个性和差异性。在传统媒体时代，报纸等纸质媒体是第一媒体，广播是第二媒体，电视是第三媒体。随着信息时代的来临，多媒体技术的高速发展，使得互联网成为第一媒体，手机等移动客户端成为第二媒体。人们首先可以通过手机上网平台进行话语表达、信息传播，这种个性化即时信息

传播是信息时代话语表达的新渠道，可以称为网络信息平台，其次还有教育教学平台、会议平台和社交平台等。

学校体育话语平台有纸质媒体、广播电视、网络信息平台、教育教学平台、会议平台和社交平台等。对于学校体育而言，可供选择的话语平台虽然多元，但是比较有限。政府拥有多种话语平台，最常使用的是广播电视、网络信息平台和纸质媒体；社会较多采用网络信息平台、社交平台；而学校经常采用教育教学平台、网络信息平台和会议平台；家长常用网络信息平台和社交平台，而体育老师则使用教育教学平台、网络信息平台、社交平台等。

（一）话语平台对学校体育的关注度较低

多媒体时代，"互联网+"时代，话语平台的环境比较复杂。随着媒体部门市场化、商业化的发展，其媒体专业话语逐渐向市场话语转变。随着市场话语的增多，受市场机制的影响，许多媒体部门以营利为目的，追求利润的最大化。同时，受广告商、经济利益的约束和限制，其话语内容逐渐集中在民众最为关注的问题上，而对于以公共利益为主的学校体育则传播力度不足。相对竞技体育、体育产业而言，学校体育对于民众的吸引力较弱，因此，媒体很少宣传不吸引民众关注的学校体育，否则无法给媒体和广告商等带来更多的经济利益和效益。虽然学校体育的话语平台比较多元，但是媒体对学校体育的关注度不高。

新闻媒体对奥运等竞技体育的宣传铺天盖地，对社会体育的报道也比比皆是，体育产业蒸蒸日上，唯有学校体育少有报道。以《中国体育报》为例，据统计，2019年该报纸发布1702条报道，其中关于体育的报道574条，而涉及学校体育的报道仅有43条，占2.53%。此外，网络中的体育网站较多，有央视体育、新华体育、新浪体育、乐视体育、网易体育、搜狐体育、PPTV体育、东方体育、优酷体育、

CCTV 5、凤凰体育等，这些体育网站一般都是竞技体育赛事直播或者转播、体育产业和社会体育等的宣传报道，偶有关于校园足球的报道。再如，2021年7月，第十四届全国学生运动会在青岛举行，其直播平台有中国教育电视台、青岛电视台、青岛电视台教育频道、蓝睛App、爱青岛网络广播电视台QTV-1；而东京奥运会的直播平台除了CCTV 5体育频道的直播之外，还有99直播、山猫直播、球神直播、雨燕直播、超清直播、看球直播、泽宇直播、188直播、178直播、酷虎体育、天娱直播、河豚直播、虎讯直播、红杉直播、人人直播、象牙直播、UU球直播、火牛直播、88直播。2021年9月在陕西举办的全运会，在微信公众号"西安本地宝"上回复"全运会"，将获得全运会最新消息、赛事安排、赛果查询、直播观看、门票购买、交通限行等信息。这些体现了在体育场域，社会对学校体育的关注度不高，并且相较于竞技体育、社会体育和体育产业而言，社会对学校体育的关注度偏低。

（二）媒体对学校体育宣传力量薄弱

媒体如果对某一事件或话题失去兴趣，那么该事件就可能很快被边缘化。媒体对学校体育相关事宜报道较少，学校体育相关事件不能引起社会民众的关注，那么学校体育事件也就很有可能被边缘化。媒体对学校体育的宣传越来越少，即使进行学校体育宣传，其宣传力量也非常薄弱。

媒体作为话语表达的载体，对于学校体育的一些负面报道也会严重影响学校体育话语权。随着媒体的商业化运作，为了提高收视率、点击率、关注度和阅读量，媒体很有可能为满足绝大多数人的猎奇心理和起哄心态，有选择性地推送一些信息。媒体报道的失真或者哗众取宠，对学校体育的负面报道将进一步弱化学校体育话语权。

此外，如果话语表达的渠道不完全通畅，信息可能在传播过程中产生失真，造成误解，而人们对于媒体信息的识别能力较差，在不了解真相的情况下，就可能对学校体育产生偏见。例如，学校体育伤害事故的夸大报道和不实报道等给学校体育带来了许多负面影响，甚至有的学校因为担心体育伤害事故的发生，进行"放羊式"教学，致使学校体育的正常教学无法得到保证。

学校体育话语表达的平台建设不够完善，政府拥有大量的话语平台，但是社会和学校，尤其是学生几乎没有表达其学校体育利益诉求的话语平台。当学生的体育权益受到侵害或者体育权益无法实现时，学生不知道向什么部门或组织去表达自己的体育诉求，导致学生诉求无门或者无效，最终无语，不再诉求。在新媒体时代，新媒体技术的应用打破了传统观念下传播媒体话语权的垄断地位或者绝对优势地位。社会也拥有了自己的话语平台。例如，应用网络信息平台进行线上交流，应用社会平台也可以开展线下交流等。

四 话语环境各有优劣

学校体育话语环境包括法制环境、政策环境、文化环境、经济环境和社会环境等，话语环境的现实状况各有不同，各有优劣。

（一）法制较为健全

我国的法制环境已经较为健全。经过几十年的不断发展与完善，我国已经建成了一套比较完善的法律法规体系。但是关于学校体育的立法不足，学校的执法力度不够，学校体育中的形式主义比较严重，因此，在健全学校体育法制的基础上应加大执法力度。

（二）政策较为完善

营造良好的学校体育政策环境，才有可能为推动学校体育发展的政策法规等提供保障。政府的各种学校体育政策文件围绕目前的实际需求而制定，但是这些政策的落实还有待进一步的努力。我国学校体育政策环境有利于扶持学校体育的发展，近年来出台了一系列关于学校体育的政策文件，有效地促进了学校体育的发展。党的十八大以来，政府频频发布政策文件以促进学校体育的发展。例如，2020年8月，教育部、国家体育总局联合下发《关于深化体教融合，促进青少年健康发展的意见》；2021年7月，教育部颁布《〈体育与健康〉教学改革指导纲要（试行）》；同年10月，中共中央、国务院下发《关于全面加强和改进新时代学校体育工作的意见》。学校体育政策文件的频发也体现出国家对学校体育更加重视。

2009年，江苏省制定《江苏省学生体质健康促进条例》，这是第一部省级青少年体育的地方性法规，规定"将体育课和课外体育活动列入学校教学计划，不得削减或挤占体育课时"，并且要求多个部门共同促进学校体育的发展，"应当建立由教育、人力资源和社会保障、财政、体育、卫生等行政部门以及共青团、妇联等单位参加的学生体质健康促进工作联席会议制度"，要求"地方各级政府和教育行政部门应当将学生体质健康状况作为评价地方和学校工作的重要依据"。2011年8月，昆明市人大常委会审议通过《昆明市中小学生体质健康促进条例》，这是首个省会城市制定的专门的地方性体育法规。

总的来说，政府创设了良好的学校体育政策环境。但是对于学校内部而言，关键在于学校体育政策的落实情况，只有真正落实好各项政策，政策才会产生效果，促进政策环境的更优化。

(三) 文化尚文轻武

我国的传统文化本身就不太重视运动，注重智力而非体力，尚文轻武，认为体育是术科，属于技术学习，不是知识学习；认为体育是副科，主科是语数外或者数理化。学校体育的发展受文化环境的影响较大，我国传统的文化观念是重智育轻体育，推崇以和为贵，强调整体利益大于个人利益，注重国家利益高于个人利益，注重用竞技体育的政治功能来体现强国心态。因此，我国竞技体育的文化氛围比较浓厚，而校园体育的文化氛围相对薄弱，大多数学校还未形成特色的校园体育文化。

在国际体育文化环境中，西方体育文化占据强势地位，西方校园体育文化占据主流地位，东方校园体育文化处于从属地位。再者，外来体育文化的兴盛，尤其是以奥运会为代表的西方体育文化成为世界主流体育文化，使得我国学校体育文化深受西方主流体育文化的影响。例如，球类、田径、体操、游泳等体育项目逐渐走进学校体育课堂，成为学校体育的主流项目，而我国传统体育文化则逐渐式微。

此外，我国的制度文化，如应试教育制度，体育中考的全国普及在一定程度上提升了人们对学校体育的重视程度。体育是教育的重要组成部分，学校体育在教育场域内应处于主体地位，但是由于学校体育课程的边缘化，学校体育在学校教育场域内的主体地位难以回归。

（四）经济支持较少

从经济环境来看，国家对于竞技体育的投入力度远远大于对学校体育的投入力度，体育博彩业所获得的体育公益金也大多投入社会体育。政府对学校体育的经费投入不足。部分体育主管部门领导为了自身政绩、评估考核等，经常关注竞技体育和体育产业带来的巨大效益，而不重视甚至忽视学校体育的发展，更不会投入更多精力和经费用于学校体育，使得学校体育发展后劲不足，动力不足。

在学校内部，学校对体育的投入也是微乎其微。没有良好的经济支撑，学校体育缺乏发展的后劲。总的来说，学校体育的经费投入较少，尤其是中小学体育场地拥挤，器材匮乏，经费紧张，安全问题较难保障。此外，还有体育教师的工资待遇也存在问题。中小学体育教师的课时费一直低于其他老师，只有教学算工作量，课间操、课外体育活动、课外辅导、参赛指导等都不计入工作量，甚至教学工作量常常被打折扣，并且没有机会参加培训，评优、评职称的难度非常大，致使体育教师感觉受到不公平的待遇，从而影响体育教师的职业认同，影响其开展学校体育工作的积极性和主动性，不利于学校体育的发展。

（五）社会认同度低

从社会发展的角度来看，人类体质健康下滑不仅是中国的问题，也是全球的问题。竞技体育的迅猛发展和辉煌成绩，社会有目共睹，且认可度高；社会体育大众健身开展得如火如荼；只有学校体育一直受到社会大众的怀疑，学生体质不佳使得学校体育得不到社会认可，这种社会环境使人们不注意或者不屑于倾听学校体育的诉求。

社会对学校体育和体育教师都存在偏见，甚至学校对体育和体育教师也存在偏见。虽然学生体质下降与学校体育工作有着或多或少的关系，但是最重要的因素是社会文化氛围，社会、学校、家长、学生都不重视学校体育，应试教育制度、学校评价体系都使得人们更加注重智育课程，升学的指挥棒使得学校、教师、学生和家长都更为关注对升学有显著作用的文化课程。

学校体育主管部门作为专门管理学校体育工作的部门，在处理具体学校体育管理事务中应具有较大的话语权和自主权，但是实际上学校体育主管部门在政府为主体的传统管理模式中权力很小。学校体育主管部门往往只是单纯听从上级指示和领导安排，不能充分发挥自身的作用。

目前，我国学校体育的社会环境并不利于促进学校体育的发展，传统的社会观念，包括对体育教师的偏见，在短时间内很难消除，必须经过长时间的转变观念，才能营造良好的学校体育发展的社会环境。

五 学校体育话语权的权力失衡

学校体育话语权的不平衡体现为不同话语主体之间的学校体育话语权不平衡。不平衡是一种常态，弱势群体的学校体育话语权不平衡、性别差异引发的学校体育话语权不平衡以及国际合作与交流中国家之间学校体育话语权的不平衡，这些都与话语主体的社会地位或者国家的国际地位密切相关。

（一）不同话语主体的学校体育话语权不平衡

学校体育话语权的不均衡是必然的，对于学校体育工作的不同方面，不同话语主体拥有的学校体育话语权是不相同的，不可能均衡话语权，关键在于权力的分配。例如，涉及学校体育的大政方针，关乎学校体育发展的决策等，政府是学校体育话语权的权威者，具有绝对优势地位；而学校作为学校体育工作的执行单位，具有承上启下的枢纽作用，落实学校体育政策，执行学校体育工作，主管体育的校领导具有行政权威，在学校体育活动等方面具有较为强势的话语权；体育教师是学校体育工作的具体执行者，在体育教学方法的选择上具有绝对话语权，在教学内容的安排等方面具有一定话语权，必须按照新课标的要求有选择地进行体育教学。例如，由于体育中考，初三的体育课变成体育考试项目的训练课。体育教师遵循学校的要求，确保体育中考不会拖学生的后腿，尤其是那些文化成绩好、体育成绩差的学生。家长的强烈要求使得学校在初三的体育课上不再按照课标进行教学，而是训练中考体育项目，并且将日常体育成绩均给满分。体育教师在选择如何训练学生考试项目技能时，则作为业务权威拥有专业话语权。

话语权的不均衡与话语权的不平衡是不同的，话语权不平衡可能受到经济、地域环境等因素的影响。基础教育体育课程的失衡主要体

第四章 问题剖析：我国学校体育话语权存在的问题与原因

现为弱势群体的资源匮乏。弱势群体，也称为边缘群体，它是游离于社会边缘的弱势群体，弱势群体一般获得资源的水平较低，权力不平等。例如，留守儿童、随迁子女、农民工子女，他们的学校体育资源明显匮乏。[1]

政府的权威话语或者霸权话语在一定程度上影响着其他话语主体，尤其是弱势群体的学校体育话语表达。例如体育教师和学生，他们由于在学校体育话语环境中处于弱势地位，在一定范围内失去了自身的学校体育话语权。尤其是学生，经常处于失语状态。学生与体育教师相比，学生虽是学习的主体，但在课堂教学中处于劣势地位，没有多少体育话语权；而体育教师与体育组长或者主管体育的校领导相比，由于行政地位产生的行政权威，体育教师的部分体育话语权被剥夺。

1. 学生的失语

关于学生话语权的研究较少，学者们更为关注师生关系、教与学的关系等，在学校体育话语权研究中关注学生的话语权是对弱势群体的关注，是对学生的尊重，也是对学校体育主体性的思考。学生也具有表达自身体育利益需求的机会和权力。相对学生而言，教师处于话语霸权地位，教师的话语霸权使得学生经常处于失语和失声的状态。在学校体育教学过程中，体育教师掌握着学校体育话语表达的主动权，掌控话语表达的方式和内容。在学校体育话语表达的过程中，学生的话语权经常被忽略。体育教师具有学校体育课程教学内容的选择权、教学方法的使用权、教学环节的控制权等，注重学生运动技能学习如动作是否规范等。但是，其对学生是否想学、是否喜欢学并不关注，学生没有表达个人体育需求和爱好的机会。

---

[1] 冯雅男等：《困境与视角：对我国基础教育体育课程改革的思考》，《北京体育大学学报》2017年第8期。

这种话语表达环境使得学生习惯被他人所掌控，容易沦为学校体育教学的失语者。

(1) 学生没有选择不同运动项目的话语权

学生喜欢体育运动，但不喜欢上体育课，作为学校体育的主体——学生，在学校体育教学中的主体地位得不到维护。虽然目前在教学中倡导"以学生为主体，教师为主导"的教学理念，但是学生无法维护自身的学校体育权益，即使不喜欢体育课的形式和内容，也只能上课，失去对体育课的学习热情，无法选择运动项目的学习。

在中小学校，大部分学校没有开展大中小体育衔接一体化的教学，学生在小学上的足球示范学校，考入的初中可能是篮球示范学校，高中可能是排球示范学校，这使得学生不得不改变自己的运动项目。当然，在选择体育社团时情况有所转变，学生具有选择权，可以选择自己喜欢的运动项目参加不同的体育社团，满足自己的运动喜好，具有一定的话语权。

由于地域、经费等原因，相同地位的学生在不同的学校享有不同的学校体育话语权。例如，喜欢游泳的学生到北方学校，很少开设游泳专项教学；中西部高校的学生即使喜欢高尔夫等运动，由于学校经费、师资力量等原因也无法选择高尔夫俱乐部进行学习。

(2) 学生没有表达的话语平台

中小学生作为学校体育话语体系的弱势群体，几乎没有表达学校体育利益诉求的话语平台。当学生的体育权益受到侵害或者体育权益无法实现时，学生不知道向什么部门或组织去表达自己的体育诉求，导致学生诉求无门或无效，最终无语，不再诉求。

2. 体育教师的失语

在体育教师群体中，中小学体育教师与大学体育教师在学校体育话语表达方面存在较大的差距。中小学教师的主要精力用于基层体育

第四章 问题剖析：我国学校体育话语权存在的问题与原因

教学实践。发表学校体育言论，进行学校体育话语表达的体育教师多是大学教师。大学体育教师作为学校体育话语表达的主要话语主体，其学校体育基础理论研究与基层实践研究经常处于脱节状态。许多基层体育教师认为现在的学校体育理论研究对于学校体育实践没有多少指导价值。更多的基层体育教师不喜欢理论上的浮夸，任由理论研究者自说自话，反倒使自己处于失语状态。

中小学体育教师逐步丧失专业的话语权。体育教师正常教学，小学生在学习起跑动作要领，或者做 30 米的练习时，不小心摔倒，擦伤了膝盖，蹭破皮。学校领导担心家长找学校，便认定此行为是教学事故，扣发教师奖金，制定学校制度，要求体育课以安全为主，避免发生伤害事故。避免发生学生伤害事故是正常体育教学必须恪守的原则。但是意外伤害事件在所难免，尤其涉及同场对抗的项目，如足球和篮球。对于小学生来说，跑步也会摔倒，这些属于正常的意外事件。学校为了避免家长的过激行为，将体育课堂上出现的这些正常事件认定为教学事故，使得体育教师为了维护自身的经济利益，只好在体育教学时以安全为主，不管体育课程的学习而进行"放羊式"教学。体育教师丧失自身专业体育教学的话语权，最终导致学生失去自身的学校体育权益，不能正常地享受真正的体育教学。学校抢占了体育教师的专业话语权，而教师则为了自身利益，剥夺了学生的体育课程学习话语权。

弱势群体话语权缺失具有明显的负面效应。学校体育资源匮乏不仅是一个体育问题，还是一个社会问题。学校体育课程能够潜移默化地塑造学生的人格，培养学生的拼搏、合作等社会价值观念，弱势群体学校体育课程资源匮乏使得处于边缘地带的学生无法享有与其他学生平等的学校体育话语权，容易引发社会不公的舆论，激化人民内部的矛盾，不利于社会的团结与稳定。

(二) 不同性别的学校体育话语权不平衡

根据社会性别理论，社会观念和文化传统，使得男尊女卑的思想根深蒂固。一般来说，男性比女性更容易拥有社会权力。在学校体育领域，也存在由于性别差异引发的话语权不平衡的问题。

1. 学生的性别差异导致学校体育话语权的不平衡

在绝大多数学校，男生占据了比女生更多的学校体育资源。以足球示范学校为例。在一些足球示范学校，要求每人备有一个足球，每周三节体育课中至少要有一节足球课。不论男生还是女生，体育课的授课内容一致，这种做法明显忽略了男女生对运动项目的喜好。部分运动项目具有鲜明的性别特征。例如，橄榄球、足球、摔跤、举重等项目更适宜男性，而艺术体操、花样游泳、舞蹈等更适宜女性。这不仅与项目的运动特点有关，也与人们的社会性别观念、运动喜好密切相关。男生更喜好运动量大、刺激的运动项目，而女生则更倾向于柔美、运动负荷小的项目。足球项目具有大运动量、刺激、碰撞等同场竞技的特点，深受男生的喜爱。在足球运动学校，绝大多数男生非常喜欢上足球课，但是女生则大部分不喜欢。个别学校据此编制了足球操以引起女生的兴趣，这种足球操在一定程度上缓解了足球示范学校女生不喜欢足球运动的问题。但是足球与足球操具有明显不同的运动特点，结果想踢足球的男生也得做足球操，或者想做足球操的女生只能踢足球，这种矛盾在足球示范学校一直无法得到较好的解决，反而使得足球示范学校的一些举措没有解决实际问题。大部分足球示范学校中男生的话语权得到部分体现，忽视了女生的学校体育话语权。

（1）男生享有更多的运动项目选择机会

例如，体育中考项目中陕西三大球任选一项进行测试，篮、足、排三大集体项目，篮球与足球都是同场竞技项目，排球是隔网对抗项目，由于男女生性别差异和性别偏好，更多的男生喜欢篮球与足球项

第四章 问题剖析：我国学校体育话语权存在的问题与原因

目。对女生而言，她们更喜好三大球中的排球项目，但是与舞蹈项目相比，女生则更喜欢舞蹈项目。中考体育项目选择的限制，使得男生享有更多的项目选择机会，而女生选择运动项目的机会则较少。

（2）男生在体育课上受到更多的关注

从教室走向操场，男生的好动个性使得其在体育课或者课外体育活动中更容易释放天性，更喜欢自由地运动，但是也更容易发生意外伤害事件。教师为了维护较好的课堂秩序，减少意外事件的发生，必须更关注这些好动的男生，这恰好更容易发现这些男生的动作是否规范，于是指导男生的机会便更多。

（3）体育委员多是男生

在班级管理中，男生当体育委员的机会更多。当体育教师让体育委员带领同学们自由活动时，男性体育委员会经常选择男生喜欢的活动，女生的体育项目需求不能得到较好的满足。

2. 体育教师的性别差异导致学校体育话语权的不平衡

受社会观念和传统文化的影响，选择体育教师职业的男生远远多于女生。性别差异引发的不平衡在于：体育教师多是男性，体育组长或者主管体育的校领导也多是男性。此外，由于学校室外场地较多，室内场馆较少，大多数体育教师只能在室外进行课堂教学，饱经风吹日晒。因此，如果学校设有体育馆，进行室内授课的以女性教师为主。在访谈中，女性体育教师认为：

> 领导都是男的，女老师没有晋升领导的机会，职称晋升也没有男老师快。男老师总是认为我们娇气，干不了事，沉不住气。女老师说话就不算数。工作什么的，都听男老师的。

也有男性体育教师反映：

每次运动会之类的，都是男老师干又脏又累的活，女老师袖手旁观就行。室内上课都是女的，有些男老师年纪大了仍在室外上课。待遇没有任何不同，但是，总是男老师干得多一点。

（三）国家层面的学校体育国际话语权欠缺

随着体育全球化的发展，各国在学校体育领域也展开了全方位的国际交流与合作。例如，举办国际学校体育联盟大会。2011年10月28日，由全国高等教育体育教育指导委员会、美国人体运动学协会和美国教育研究会学校体育研究团体主办，中国高等教育体育专业委员会、江苏省教育厅、高等教育出版社协办，苏州大学承办的"面向未来：新体育科学暨学校体育国际会议"在苏州大学举行。体育与健康课程作为学校教育的核心课程，应当面向世界，博采众长，具有国际性①，这是学校体育进行国际合作与交流的本意。但是在合作与交流的过程中，由于国家在国际地位的不同，呈现出不同的学校体育话语权。

当今世界体育话语体系，尤其是学校体育话语体系，各国的话语权发展极不平衡，国际话语权或者话语主导权依然由西方少数发达国家掌控。我国学校体育在进行国际交流与交往的过程中，学校体育国际话语权的欠缺体现为我国学校体育理论水平较低，在国际交流的过程中，学术话语权明显不足，导致我国学校体育在西方学校体育霸权下"失语"。我国体育人文学科建设相对滞后，文化建设远远落后于体育实践，学校体育理论建设也同样落后于学校体育工作实践。

学校体育的西化现象是学校体育话语权缺失的一种体现，西化是指西方文化的霸权。我国学校体育在对外传播过程中，与国外学校体

---

① 本刊记者：《面向未来：新体育科学暨学校体育国际会议——中美体育教师实践展示研讨课在苏州市振华中学召开》，《中国学校体育》2011年第11期。

第四章 问题剖析：我国学校体育话语权存在的问题与原因

育相比，宣传力度不足，在学校体育国际化发展的过程中没有话语权，我国学校体育在对外宣传、校园体育文化传播与对外交流中处于弱势地位，体现了我国学校体育传播的困境，即西方校园体育文化的强势与我国校园体育文化的弱势。近代以来，我国大量引进西方体育项目，如体操、田径、球类运动和游泳等。这些西方体育项目走进学校，成为我国各级各类学校的体育课程内容，而我国本土的民族传统体育项目引入学校的进展颇为缓慢，只有个别学校，尤其是民族地区的学校在校本课程中设置了民族传统体育项目。例如，广西民族大学的公共体育课程内容涉及抛绣球、抢花炮、珍珠球、赛龙舟等[①]，陕西师范大学公共体育必修课课程内容设有传统的太极拳和青年长拳初三路。

甚至还有一些人盲目推崇国外的学校体育思想，没有考虑本国的文化教育传统而生搬硬套未必会取得预期的交流目的。例如"快乐体育"认为学生应该快乐地进行体育活动，体育如果不快乐就不是体育，这明显忽视了体育"锤炼品质"的作用。在国际交流中，美国的学校体育占据话语优势，各国推崇的是西方学校体育话语体系，美国的学校体育观得到更多国家的认同。

在进行学校体育国际交流时，体育教学模式、学校体育理念等学习西方发达国家的体育教学模式和学校体育理念。从最初的清末民初时期，学习日本的维新变法的同时学习日本的军国主义教育理念；民国时期，学习美国的实用主义和自然主义的体育思想；新中国成立初期，学习苏联的学校体育理念；改革开放以来，学习快乐体育、健康体育等，始终没有形成一套自己的学校体育体系或者学校体育思想。

---

① 汪全先等：《我国民族传统体育文化的当代困境与消解》，《武汉体育学院学报》2015 年第 7 期。

在争夺学校体育国际话语权时，应该注意目前仍是西方体育占据话语主导地位，只有学习西方体育话语表达的习惯和方式来表达自己的意愿，才有可能使自己的话语表达能够被西方完整和准确地传递而不发生偏差。[①]

第二节 我国学校体育话语权不足的原因剖析

一 学校体育的自身实力不强

我国的学校体育经过长期的发展，取得了较大的成绩，但是依然存在一些问题，尤其是学生体质的问题。国家和政府对此高度重视，颁布了一系列的学校体育政策文件以推动学校体育的发展。学校体育缺乏话语权的原因是多方面的，内因是关键，其中学校体育自身实力不强是最主要的原因。要获得话语权，自身实力是关键。

（一）体育学科属于弱势学科

在学校教育场域，体育学科的学科地位在一定程度上决定了学校体育的地位。而学校体育的地位又影响体育教师在教师队伍中的地位。在教育场域，体育学科属于弱势学科，边缘化现象比较严重。体育学科与其他学科相比，其价值在于社会的认同，受人们传统观念的影响，中国"重文轻武"的传统观念根深蒂固。

体育学属于教育学的学科门类范畴，体育学作为一级学科，与教育学、心理学是并列关系，理学学科门类下设数学、物理学、化学等十余个一级学科。从学科大类来看，体育学与教育学、心理学、数学、

[①] 邱小平：《表达自由——美国宪法第一修正案研究》，北京大学出版社2005年版，第611页。

物理学等都是一级学科，是并列的关系。但是，在现实生活中，社会普遍认为体育学与数学、物理学等并不属于同一级别。2021年7月，教育部在《关于进一步明确义务教育阶段校外培训学科类和非学科类范围的通知》中明确指出："体育（或体育与健康）、艺术（或音乐、美术）学科，以及综合实践活动（含信息技术教育、劳动与技术教育）等按照非学科类进行管理。"① 体育明确被归为非学科类，与学科类的语数外等还存在明显的不同。

（二）学校体育地位低微

随着社会的进步、经济的发展、人们生活水平的提高，人们的健康观念逐渐发生变化，使得人们的学校体育价值观也有所改变。学校体育在政府、社会、学校各方的协同合作下，得到了较大的发展，政府制定了一系列推动学校体育发展、促进青少年体质健康的政策和文件，社会各方都更加重视学生的体质健康、身心健康等问题，学校体育的社会地位有了较大提高。虽然从历史的视角来看，学校体育的地位不断提高，但是横向比较，在学校教育场域内，学校体育的地位依旧低微，仍然处于"说起来重要，做起来次要，忙起来不要"的尴尬状态。

长期以来，体育、美育和劳动教育在学校教育中处于弱势，没有得到足够的重视。"十三五"时期，党中央高度重视推进学校体美劳教育的开展，并对此做出了一系列的部署，以促进体美劳教育的发展。虽然在整个教育场域，体育处于弱势地位；但是在体美劳三者之间，体育的地位较高。通过访谈发现，在小学阶段，体育课虽然也会被挤占，但是与美术、音乐、信息课相比，这种情况较少，信息等副科被

---

① 教育部：《关于进一步明确义务教育阶段校外培训学科类和非学科类范围的通知》，中华人民共和国教育部政府门户网站，http://www.moe.gov.cn/srcsite/A29/202107/t20210730_547807.html，2021年7月29日。

挤占的程度更为严重；在初中阶段，由于全国全面覆盖体育中考，初中的体育课也很少被挤占；而在高中阶段，由于学业的压力，体育课被挤占的现象比较常见；到了大学阶段，虽然体育是弱势学科，但是体育课是必修课，依照国家政策文件的制度性安排。例如，教育部2014年颁布的教体艺〔2014〕4号文件，要求"必须为一、二年级本科生开设不少于144学时（专科生不少于108学时）的体育必修课，每周安排体育课不少于2学时，每学时不少于45分钟"，甚至还要"为其他年级学生和研究生开设体育选修课，选修课成绩计入学生学分"。此外，文件明确提出学生体质测试成绩"作为对学生评优、评先的重要依据。毕业时，学生测试成绩达不到50分者按结业处理（因病或残疾学生，凭医院证明向学校提出申请并经审核通过后可准予毕业）"[①]。这意味着在高校，体育不及格不发毕业证，只有结业证。由此可见，大学阶段，体育作为必修课，比一般学科更受重视，但是重视的真实程度值得思考。

学校体育应然重要，实然边缘化。人才强国和人力资源强国的一个非常基础性的要求是"做好学校体育工作，提高青少年的体质健康水平"，学校体育应该处于教育场域的主体地位，但实际上处于边缘地位。

（三）体育教师地位低下

体育教师的师资队伍建设取得了一定成绩，这在一定程度上反映了体育教师被边缘化的倾向有所减缓或者好转。"十三五"时期，全国义务教育阶段体育教师由50.2万人增加到59.5万人，每年新增体育教师约2万人，年均增速4.3%；此外，全国95%的学校能够保障学生在

---

① 教育部：《关于印发〈高等学校体育工作基本标准〉的通知》，中华人民共和国教育部政府门户网站，http：//www.moe.gov.cn/srcsite/A17/moe_938/s3273/201406/t20140612_171180.html，2014年6月12日。

校每天一小时体育锻炼。① 但是，在学校场域内，体育教师在整个教师队伍中居于边缘位置，处于弱势地位。体育教师的弱势地位体现在工资待遇、评优、晋升职称等方面。

其他学科的教师除了班主任带班之外，其工作主要是教学，而体育教师的工作除了课堂教学之外，还有课间操、课外辅导、带队训练、指导比赛和体质测试等，甚至还要担任少先队辅导员、后勤保障等工作。但是大部分学校并未将课间操、带队训练、指导比赛、体质监测等常规活动计入工作量，个别学校则减半计入工作量。此外，绝大多数体育教师的工作量计算是教学课时乘以系数，文化课的工作量等于教学课时，学校认为体育教师不用批改作业，因此，工作量系数往往是0.6—0.9，存在同工不同酬的现象。虽然个别大学体育教师的工作量系数为1，但文化课系数是1.1，存在同样的问题。

在以往的应试教育体系中，是以分数为主要评价手段的，体育、音乐、美术、科技、劳动等课程在升学中所占比重较小，甚至不占比重，因此逐渐被"边缘化"。在学校场域，这些术科教师与文化课教师相比，地位较低。在访谈中，一些体育教师反映：

> 体育教师压根没有地位，说话也没人听，开会的时候就坐在角落。和其他老师相比，体育老师好像是"低人一等"一样被歧视。

体育教师在教师队伍中地位不高，在评优等工作中，体育教师所占比例通常也最低。体育教师与其他学科的教师相比，同工不同酬，这种不公正的待遇严重挫伤了体育教师工作的积极性。例如，普通高

---

① 樊未晨：《教育部：全国各地已经实现"体育中考"全覆盖》，中国青年网，https：//baijiahao.baidu.com/s? id=1686038437809557325&wfr=spider&for=pc，2020年12月14日。

校的公体部教师教学工作量的计算办法与其他专业教师不同，理论课教师的教学工作量等于教学课时乘以1，而技术课教师的教学工作量等于教学课时乘以0.7或者0.8，明显存在同工不同酬的问题。因此，江苏省在2009年制定的《江苏省学生体质健康促进条例》中明确提出"学校专职体育教师、卫生专业技术人员的课时津贴、业务进修、职称评定、考核评比等，与其他学科教师享受同等待遇"①。《中共湖南省委湖南省人民政府关于加强我省青少年体育增强青少年体质的实施意见》中提出"科学计算体育教师的工作量，要适当提高体育教师工作服装发放标准。体育教师组织课间操（早操）、课外体育活动和体育竞赛活动都应计算工作量"。②

体育教师在学校体育事务中没有决策权。体育教师没有学校体育话语权，主要是传统权威或者学校领导利用其行政职务来实施话语权威，这些权威受到规章制度的认可。体育教师在处理学校体育事务中不占主导地位，没有决策权，一切听体育组长的安排，而体育组长则是服从学校领导的指示。学校非常注意安全问题，以至于体育课教学不出现意外就好。一旦出现意外，即使因为学生自身问题，例如，跑步时不小心摔倒——尤其是小学，也会被认定是体育教师的教学事故，这导致大多数小学的体育教师只好"放羊式"教学，学生运动技术是否掌握无关紧要。

甚至，体育教师对于学校体育课程设计缺乏话语权，只能被动地执行学校体育课程标准，无法保持对课程的忠实取向。③

---

① 李林：《中国学校体育热点问题研究报告》，化学工业出版社2016年版，第8页。
② 《中共湖南省委湖南省人民政府关于加强我省青少年体育增强青少年体质的实施意见》，湖南省政府网，http：//jyt.hunan.gov.cn/sjyt/xxgk/tzgg/201701/t20170120_3946521.html，2008年6月24日。
③ 刘昕：《关于体育课程实施若干问题的理论探析》，《北京体育大学学报》2011年第9期。

第四章　问题剖析：我国学校体育话语权存在的问题与原因

体育教师作为学校体育课程改革的具体实施者，是学生与领导层、决策层沟通的桥梁。体育教师话语反馈机制是否有效，决定了教师在教育改革中所面临的问题能否上通下达。但是由于基层体育教师缺乏话语权，目前其所遇到的真实问题无法呈现给上级领导层和决策层，使得政策与教学改革实际状况出现不匹配的现象。①

（四）学校体育思想不够成熟

学校体育属于体育学科的一个分支，体育学科自身发展并不完善。学校体育作为体育人文社会学的研究范畴，用自然科学规范其学科体系，缺乏社会认同，阻碍了体育学科的发展。此外，相对于其他成熟学科，体育学科是一门边缘学科，一旦体育学科与其他学科交叉融合，威胁到主导学科的权益，主导学科就会利用自身的权力阻碍新兴学科的发展。②

我国学校体育思想还不够成熟。话语是思想的载体③，话语权的缺失昭示出思想的匮乏。学校体育话语体现的是学校体育的思想，我国有关学校体育的话语内容许多都是套用或者移植教育领域的一些话语。例如，套用认知学习理论、混合学习理论等进行体育教学，忽视了智育与体育的差异，将知识学习和技能学习混为一谈，没有形成自身的话语风格，其内含的价值理念和思想难以有效地通过话语表达出来，使得其话语内容质量不高，缺乏话语分量，无法引起社会的关注和共鸣。

新中国成立初期，受苏联学校体育教学模式的影响。改革开放以

---

① 冯雅男等：《困境与视角：对我国基础教育体育课程改革的思考》，《北京体育大学学报》2017年第8期。

② 范美丽、钟贵钦：《学科规训视野下大学体育学科话语权的缺失与重建》，《贵州体育科技》2015年第4期。

③ 王智慧：《论体育强国视域下的国家体育话语能力》，《西安体育学院学报》2014年第3期。

后，尤其是进入21世纪，处于吸取各国先进体育文化的大发展时期，中国的学校体育受"快乐体育""成功体育""健康体育""自然体育""实用体育"等多种国外学校体育思想的影响，没有形成具有自身特色的成熟的学校体育思想。

我国学校体育思想不够成熟，学校体育思想体系不够健全，存在学校体育话语匮乏的现象，经常借鉴欧美、日本等国家的学校体育教育模式。如学校体育的理论研究源于日本的快乐体育、美国杜威的实用体育、英国洛克的自然体育、法国朗格朗的终身体育等，西方体育思想占主导地位，支配着我国学校体育的发展。全盘西化、完全拿来主义使得学校体育的发展存在严重弊端，终将水土不服，导致沦落。必须走本土化的发展，不能在国外学校体育多元发展理念中迷失自我，应该将先进的国外学校体育教育理念和教育模式进行本土化改造，构建具有中国特色的学校体育思想体系。

（五）学生体质健康状况不佳

学生体质健康是学校体育工作的核心目标之一。但是学生体质的健康水平一直不尽如人意。1985—2010年，我国青少年体质健康状况连续下滑，通过政府一系列推动学校体育工作、促进青少年体质发展的政策文件的颁布、实施和推进，2010年，我国青少年体质下滑的趋势初步得到遏制，但是大学生的体质状况还在下降。① 2012年北京市应征入伍的青年体检合格率不足一成，90%的青年人入伍体检成绩不合格，这反映了我国学生体质状况低下到让人担忧的地步。学校体育如果不能增强学生体质，不能提高学生健康水平，就没有话语地位，没有话语权。

在2020年的"两会"上，全国政协委员吴志明等人认为中小学生

---

① 孙科:《学校体育，路在何方?》，《体育与科学》2013年第2期。

第四章 问题剖析：我国学校体育话语权存在的问题与原因

体能日益下降，近视、肥胖发生率居高不下，"小眼镜""小胖墩"越来越多。邢台学院教授陈凤珍曾对邢台市的中小学进行走访调研，认为体育课在促进学生身心发育、激励精神方面具有重要作用，应该引起广大体育教育工作者的重视。我国学校体育经过多年来的发展，学生形态发育水平不断提高，营养状况得到不断改善，常见病的患病率持续下降。但是学生的耐力、力量、速度等体能指标却呈下降趋势，学生的肺功能也在持续降低，视力不良率居高不下，超重和肥胖少年的比例明显增加。① 我国青少年的近视率高居世界第一，青少年肥胖、心理等诸多问题也越来越严重。近视问题是整个青少年综合身体素质的一个缩影，我国青少年的近视问题颇为严重。据国家卫生健康委员会调查，2018 年全国儿童青少年总体近视率为 53.6%，2020 年疫情期间，由于学生停课不停学，线上上课，观看电子屏幕时间长、户外运动严重不足，使得我国中小学生近视率在 2020 年 1 月至 7 月间增加了 11.7%。在江苏省锡山高级中学高一就读的 893 名学生中有 774 人戴眼镜，近视率高达 86.7%。② 近视防控的最简单、最有效的方法就是参与户外运动，合理的户外运动有助于改善青少年的肥胖、脊柱侧弯、心理健康等问题。

学校体育能否得到社会认同，关键在于能否增强学生体质健康。一直以来，我国学生的体质堪忧，学校体育虽然进行了多番改革，但是依旧未能解决问题，这引发社会、家长对学校体育工作的不满。但是学生体质不佳不能直接归因于学校体育工作的失败，这是多方因素的综合结果，不仅涉及教育部门，还涉及医疗、卫生和环境等部门。

---

① 李笑萌：《加强体育课健体、育魂、育人功效》，光明网，https：//m.gmw.cn/baijia/2021-03/11/34676450.html，2021 年 3 月 11 日。

② 刘博超：《让孩子拥有更多"体育时间"》，光明网，https：//m.gmw.cn/baijia/2021-05/09/34830143.html，2021 年 5 月 9 日。

二 传统观念的影响

(一) "重文轻武"文化观念的束缚

文化根基是话语力量的来源,因此,文化有深度,话语权才有力度。① 学校体育在学校教育领域的话语地位受制于宏观的政治与文化环境以及学校的教育传统。在学校内部,学校领导、体育组长、体育教师掌控学校体育的话语权威。要消解学校体育话语权缺失,首先要促进体育教师的话语权力回归,和学生参与体育健康的话语权回归。学生拥有自觉参与锻炼的主体话语权,有捍卫自己健康的权利。

文化传统的形成不是一朝一夕的事情,需要经过朝代迭替、长年累月的积淀。我国传统文化是儒家之道,"重文轻武"。受这种文化观念的束缚和影响,大部分校长、教师和家长都存在重智育轻体育的观念,要改变这种观念需要长期的文化熏陶。新观念不是凭空产生的,而是在旧观念的基础上逐步形成的,这是一个新旧观念博弈的过程。文化观念的对抗,使得旧的制度执行不下去。文化观念的改变与制度的变迁不同,制度可以在短时间内发生根本性的变化。顶层设计发生变化,制度随之发生改变,而文化观念的改变则需要一个漫长的过程。

话语作为一种载体,是文化的一种表现形式。在话语交流的过程中,话语权的争夺体现的是意识形态的冲突、观念的冲突和文化的冲突。学校体育话语权的争夺体现了各种学校体育思想的交锋与共存,以及各种学校体育观念的冲突与融合。

(二) 社会偏见的桎梏

体育在人的成长过程中具有重要的作用,是培养人全面发展、塑

---

① 张殿军:《硬实力、软实力与中国话语权的建构》,《中共福建省委党校学报》2011年第7期。

第四章 问题剖析：我国学校体育话语权存在的问题与原因

造人格的重要途径。学校体育课程是学校教育的重要根基之一，在学校课程体系中处于基础地位。"体育是教育的基石"，没有学校体育，教育注定会失败。① 但是，学校体育在学校教育领域中一直处于"说起来重要，做起来次要，忙起来不要"的尴尬境地，在现实中毫无地位，经常被挤占和边缘化，常态的体育课教学和课外体育活动的开展情况不容乐观。无论是学校，还是学生，包括学生家长，看重的是体质测试、体育考试的成绩，而不是学生能否在体育运动中身心受益。②

对体育教师进行污名化是社会常态，这才有了青岛电视台主持人报道"高铁门"事件时大言不惭地说，"你说这是个体育老师，我觉得还不违和"。社会普遍认为体育教师"四肢发达，头脑简单"，"脚臭、脸黑、挣钱少"，"脾气暴躁，爱打人"等，体育教师经常背锅；"语文不好是体育老师教的"，"数学不好也是体育老师教的"，各种轻视和污名化现象时有发生。

体育教师自身受传统教育思想的影响，对于学校体育的认识也存在不足。这主要表现为他们对学校体育的质量评价观念"重育体轻育心""重体魄轻人格"，对新课标的理解不充分、不全面。有的将提高学生的运动技术作为学校体育的目的，只关注学生运动技能学习，不传授相关理论知识和健身方法；有的强调学生体质的增强和学校体质达标率的提升，忽视学生的兴趣；还有的只是将体育作为德育和心理健康教育的手段，忽略了体育促进健康、增强体质的本质功能，使学校体育丧失主体地位。③ 体育管理者和体育教师自身对于学校体育的

---

① 孙科：《学校体育，路在何方？》，《体育与科学》2013年第2期。
② 慈鑫：《学生体质测试数据成了"造假重灾区"》，《中国青年报》2014年11月24日第4版。
③ 张劲松、张树巍：《高校体育新常态的发展特征与目标实现路径》，《中国学校体育》（高等教育）2016年第3期。

认识不准确，致使其在落实学校体育工作或者执行学校体育政策时出现偏差和错误。

（三）认知水平的限制

从经济学视角来看，利益相关者更为关注短期效益和经济利益，忽视长期效益和社会效益。而学校体育相对竞技体育和体育产业而言，需要长期投入才能获得一定的社会效益，学校体育的经济利益很小，主要体现为社会效益和公共利益，在一定程度上很难给利益相关者提供短期效益和经济利益。体育主管部门为了自身政绩、评估考核等，经常关注竞技体育和体育产业带来的巨大效益，而忽视学校体育的发展，更不会投入更多精力和经费用于学校体育，使得学校体育发展后劲不足，动力不足。

1. 体育教育主管部门相关领导较为关注政绩

作为政府行政管理部门，体育主管部门主要负责各级政府的体育事业发展状况。在体育主管部门的职能中，往往将竞技体育、体育产业、群众体育、学校体育等均列入其工作任务之中；在政绩考核的过程中，更加关注经济效益和短期效益。而学校体育的效益是一种公共效益和社会效益，是一种长期效益，还是一种潜在效益、未知效益，最终效益的大小具有不可确定性。而大力发展竞技体育或者体育产业，很有可能产生巨大的经济效益。例如举办一场竞技体育比赛，目前，国内马拉松比赛开展得如火如荼。据统计，2017年马拉松比赛遍及全国234个城市，覆盖全国70.06%的地级市。全年参赛人次将近500万人次，完成全程马拉松26.9万人次，完成半程马拉松45.3万人次，人均参赛旅游消费2500元左右。① 由此可见，竞技体育赛事可以带来巨

---

① 陈锡尧:《马拉松赛事的圈层文化：当今社会的多元价值体现》，全球视野下的生态体育发展论坛论文，丽江，2018年。

大的经济效益,体育赛事+旅游促进了体育产业的发展,推动了当地经济的发展,提升了举办城市的知名度和美誉度。这无疑会给体育主管部门领导成就政绩,通过举办竞技体育赛事获得政绩成为绝大多数体育主管部门领导的必然选择。"十年树木,百年树人",学校体育需要长期持续不断地投入才会产生效益,这种效益需要执政数年甚至数十年之后才能显现,这时主管领导早已不在此岗位,成绩与己无关。因此,主管领导多会认为学校体育是一种出力不讨好的事情,无法与其政绩密切相关。因此仅重视竞技体育与体育产业的发展而忽视学校体育的发展,学校体育维持原状即可。

此外,竞技体育可以通过全运会、省运会名次,国家队人才输送情况等明确的指标来评价,并且体育主管部门主抓竞技体育等出成绩,容易获得政绩。相比较而言,学校体育需要一个长期的过程,并且可能短时间内较难取得较大成效,这些都使得体育主管部门领导对学校体育的关注度不足,将更多精力投入竞技体育、体育产业和社会体育领域。

2. 主管体育的校领导更为关注升学率

在学校内部,主管体育的校领导由于行政领导地位,在学校体育工作中具有行政话语权威。虽然政府对学校体育工作的管理和指导逐渐完善,国家关于促进学校体育发展的政策和文件不断地建立和完善,但是对于学校体育工作的具体执行部门——学校来说,其执行情况不佳一直是我国当前制约学校体育发展最为严重的问题。虽然政府通过颁发政策和文件明确学校体育的具体工作,但是落实到具体学校,该学校是否开设体育课、开设的课时、是否配有专职体育教师,体育课是否有教学计划等完全由学校自己决定。① 因此,主管学校体育工作的

---

① 李少群、卢其宝:《落实"中央7号文件"不妨从"校长重视体育"抓起》,《体育教学》2012年第7期。

校领导，其对学校体育的认识和态度至关重要。

学校领导不太重视学校体育。许多主管学校体育工作的校领导认为体育是锦上添花的学科，学校体育工作是基础之外增光添彩的事情，学校的教学理念是"升学率第一"，当升学率不理想的时候，便无暇顾及学校体育；只有当升学率较高的情况下，才会考虑学校体育。再者，有些校领导重视体育，也是希望利用体育给学校"争面子"，尤其是在学校体育竞赛中取得好成绩为校争光。甚至连一些省级教研员，都只关注体育竞赛是否获奖，而对体育课的态度则是只要不出事就好，明显忽视学校体育教学。有的学校甚至没有学校体育领导小组，或者徒有形式，没有实质工作。对于阳光体育运动，虽然政府三令五申，但是具体落实到学校，常常仅在开始如火如荼，由于没有相应的监督和评价机制，最终流于形式。对学校体育持有片面认识的中小学校长大有人在。[1]

学校领导认为对升学起重要作用的课程是文化课程，受升学率和入学率的影响，关注文化课程，忽视学校体育，甚至为了安全问题而将长跑、体操等项目取消。学校的办学理念是让所有学生都能考上理想的学校，而不是让所有学生都身体健康。此外，还有一些体育教师和学生也更为关注自身权益。

三 制度建设不完善

（一）监督问责机制落实不到位

学校体育在教育领域中发展滞后与学校体育的监督不到位、不作为有很大的关系。学校体育相关政策文件质量很高，引领了学校体育

---

[1] 李少群、卢其宝：《落实"中央7号文件"不妨从"校长重视体育"抓起》，《体育教学》2012年第7期。

第四章 问题剖析：我国学校体育话语权存在的问题与原因

的发展，但是实际执行力度不足，这与相关监督问责机制的落实密切相关。

对于校长负责制的学生体质健康测试，如果学校连续三年体质健康水平下降，取消其评优等资格。但是真正落实的情况并不理想，有的学校为了实现体质健康水平每年持续增长，上报虚假学生健康数据，这已成为业内公开的秘密。南京理工大学动商研究中心主任王宗平教授在参加学生体质抽测时发现，"有一半的学校自主上报与抽测数据吻合度不到50%，造假最严重的学校，两项数据的吻合度只有20%—30%"。即使对于造假最严重的学校，现在也没有任何的处罚措施。①阳光体育运动的执行状况也是如此。2006年，教育部、国家体育总局和共青团中央共同决定，从2007年开始结合《学生体质健康标准》的全面实施，在全国各级各类学校中广泛、深入地开展全国亿万学生阳光体育运动，并明确指出"用3年时间，使85%以上的学生能做到每天锻炼一小时"②。而实际上许多学校都做不到，由于监督机制落实不到位，甚至没有监督放任自流，致使阳光体育运动轰轰烈烈地开始，最终草草了之。

（二）学校体育评价体系单一化

长期以来，我国的教育评价体系存在问题，一直是"唯分数、唯排名、唯升学、唯文凭"。学校体育在学校教育领域中没有地位，与我国的教育体制、评价体制等也有很大的关系。例如，在我国教育体制下的升学制度、选拔制度中，除了体育专业学生在高考时要测试体育

---

① 慈鑫：《学生体质测试数据成了"造假重灾区"》，《中国青年报》2014年11月24日第4版。
② 教育部：《教育部、国家体育总局、共青团中央关于开展全国亿万学生阳光体育运动的通知》，中华人民共和国教育部政府门户网站，http://www.moe.gov.cn/srcsite/A17/moe_938/S3276/200612/t20061220_ 80870.html，2006年12月20日。

项目之外，其他学生没有身体素质的测试和运动成绩的考试。这使得绝大多数学生只需学好智育课程即可，体育不需要评价考核。我国的这种应试教育使得人们更关注文化课成绩，体育成绩是否优秀并不影响高考成绩。因此，受功利主义的影响，体育成了"无关紧要"的事情。

学校工作评价单一。学生的升学直接与文化课成绩挂钩，与体育成绩关系不大，仅有初三的体育中考与升学有关。各省对于体育占中考总成绩的分值不同，如陕西省体育总分值为50分，其中15分为平时考核成绩，35分为中考成绩；文化课有语数外各120分，物理70分，化学50分，思想品德60分，历史40分。体育课与文化课相比，确实显得无足轻重。在这种应试教育的社会环境中，人们难免存在急功近利的心态，学生身心全面发展的目标难以实现，文化课成为学校教育的重中之重，学校体育工作成为可有可无的事情。

学校体育的评价单一。许多专家学者认为影响青少年体质健康或者影响青少年参与体育锻炼积极性的最核心因素是评价体系，在目前的评价中，学生的体质健康水平所占份额较低，在学校办学质量评估中所占比重也较低；此外，学校的体育办学条件在学校办学质量评估中所占份额较低，这样的评估方式造成了"学校体育说起来重要，做起来次要，忙起来不要"的窘迫状况。

我国衡量一所学校的学校体育工作开展状况，其评价指标包括学生在各级各类比赛中获得的奖牌数量与名次、向国家输送的运动员人数、高考体育生的升学率等。除了学校体育的评价不够完善之外，体育内部的激励机制失衡也导致学校体育的发展滞后和地位低微，竞技体育的多元高额奖励与学校体育的单一化形成强大反差。

此外，政府对一些学校体育工作缺乏评价机制，只有监督机制。没有完善的评价体系将会影响学校体育工作的顺利开展。例如，政府

第四章 问题剖析：我国学校体育话语权存在的问题与原因

要求对于学校体育教学的开展状况以及学生体质健康状况进行监测与监督，但是没有评价，这使得学校更加关注少数体育尖子生的运动成绩，而忽视了绝大多数学生的体质健康状况。此外，国家、当地政府、社会组织等都没有对学校体育有相应的激励机制。国家对学校体育没有奖励制度，却有惩罚制度，对学生体质状况连续下滑三年的学校取消评优，甚至将一些学校体育主管行政部门领导的业绩与学生体质状况挂钩。但是因为只有惩罚没有奖励，学校体育工作的动力不足，体育管理者与工作者形成"只要使学校体育工作达标，达到最低及格标准即可，只要不被惩罚即可，学校体育工作即使做得再好，也没有任何奖励，没有必要花费过多的精力提高学生体质状况"这种消极的观念，不利于调动学校体育工作者的积极性和主动性，不利于学校体育工作的认真实施和学校体育的发展。

（三）尚未建立中国特色的学校体育话语体系

体育学科与其他学科相比，还处于弱势地位，还没有形成自己的话语体系，存在学科话语缺失的危机。[①] 目前，我国尚未形成具有中国特色的学校体育话语体系。原有的学校体育话语体系是西方体育文化霸权的话语体系，具有很强的历史惯性，这种西方体育文化霸权的话语体系从清末时期就已经存在。第二次鸦片战争之后，国外的教会学校在我国有了较大发展，数量大幅增多，当时的教会学校普遍开设体操课程；洋务运动时期，我国陆续开办了一些新式军事学堂和普通学堂，也设有体操课，并且以兵式体操、普通体操和田径运动为主；甲午战争之后，严复在《原强》一文中指出，体、智、德三育是国家民族富强的基础，体力尤为重要；1904 年《奏定学堂章程》中要求"各

---

① 范美丽、钟贵钦：《学科规训视野下大学体育学科话语权的缺失与重建》，《贵州体育科技》2015 年第 4 期。

学堂一体练习兵式体操为肄武事",标志着中国现代学校体育制度的确立;新体育的军国民教育思潮宣传尚武精神,人们普遍认为养成尚武精神必须从体操入手,从而增强国民的体质;辛亥革命后的教育认为学校体育是军国民教育的主要内容;"五四运动"之后,自然体育思想取代了军国民体育思潮,美国杜威实用主义教育思想也对我国学校体育产生了很大影响;欧美田径和球类运动取代了兵式体操成为我国学校体育的主体,"体操课"改为"体育课"。① 总体而言,西方学校体育文化对我国近现代学校体育具有深远的影响。

西方体育文化霸权掌控下的学校体育话语体现西方的体育文化,这种话语体系在形成的过程中被逐渐内化,成为社会行为和社会行动的参照,社会成员对原有话语体系的认同,也是对自身利益的一种维护。原有的意识形态、学校体育观念对现行的学校体育改革具有较大的约束作用。随着社会的发展和人们观念的变化,为了维护自身学校体育的利益需求,就要改变原有的话语体系,形成新的话语体系以适应社会的变化、人们需求的变化。

我国学校体育的管理制度,是自上而下的管理体系,政府负责顶层设计,进行宏观管理,如教育部主管各级各类学校的体育工作,再如各省教育厅体卫艺处等的中层管理;而学校则是具体执行单位,负责落实各种学校体育的规章制度和政策法规,体育教师则作为基层执行者,具体开展学校体育工作,如体育课堂教学、课外体育活动、大课间、运动队训练与比赛等。作为学校体育工作者,相对而言,在自己的工作领域基本处于弱势地位,其话语权体现社会地位,低微的社会地位也表明体育工作者的话语权不足,其在话语权力体系中不占优势。

---

① 潘绍伟、于可红:《学校体育学(第二版)》,高等教育出版社2008年版,第12—16、20页。

第四章 问题剖析：我国学校体育话语权存在的问题与原因

本章小结

研究发现，我国学校体育话语权存在的主要问题有五个：一是部分话语主体对学校体育存在认知偏差与偏见，包括社会对学校体育的不认可，部分主管体育行政领导、校领导对学校体育的认知偏差，体育教师对学校体育的认知不足，学生对学校体育的认同度较低；二是学校体育话语内容质量参差不齐，包括政府话语质量高，社会话语质量较低，学校话语质量良莠不齐；三是学校体育话语平台有限，学校体育宣传力度不足，包括媒体对学校体育的关注度较低，对学校体育的宣传力量薄弱；四是话语环境各有优劣，包括法制较为健全，政策较为完善，重智育轻体育，经济支持较少，社会认同度低；五是学校体育话语权的权力失衡，包括不同话语主体的学校体育话语权不平衡，不同性别的学校体育话语权不平衡，国家层面的国际学校体育话语权欠缺。

学校体育话语权存在问题的原因：一是学校体育自身实力不强，体育学科为弱势学科，学校体育地位低微，学校体育思想不够成熟；二是传统观念的影响，"尚文轻武"观念的束缚，社会偏见的桎梏，认知水平与话语能力的限制；三是制度建设不完善，监督问责机制落实不到位，学校体育评价体系单一化，尚未建立中国特色的学校体育话语体系。

第五章 发展策略：我国学校体育话语权的提升策略

话语权的缺失，会导致中年闰土式的麻木不仁，使人们不再争取自身的学校体育权益，从说话分量不足或者说话无人听（无声），到无话可说（失语）。当人们缺乏话语权时，无法有效表达自己的诉求，就有可能利用控诉性的话语求得社会关注。为了应对我国体育学校体育话语权存在的缺失问题，本章将从学校体育的价值认同、有效表达、传播渠道、制度保障、实力基础和考试制定六个方面提出我国学校体育话语权的提升策略。

第一节 实现价值认同：转变观念，树立"健康第一"的教育理念

话语是否具有权力、拥有话语权，在很大程度上取决于话语所包含的价值观和意识形态的认同度。[①] "认同感所在，话语权所生。" 因此，要拥有学校体育话语权，就要使学校体育价值观得到社会认同。一方面，转变传统对学校体育的偏见，增强对学校体育的情感认同、

---

① 张志洲：《话语质量：提升国际话语权的关键》，《红旗文稿》2010年第14期。

价值认同和行为认同；另一方面，遵循学校体育的发展规律，树立"健康第一"的教育理念，增强人们对学校体育的认知，进而提高学校体育话语的影响力。

随着学校体育"增强体质、教育、娱乐、社会化、情感发展"的多元功能得到认可，逐渐形成了多维的学校体育观。首先，要树立科学健康观，培养话语主体正确的学校体育观，明确学校体育是促进学生健康的重要途径；同时，增强参与主体的主体意识和参与意识，使学生充分认识自身的话语权，执行话语权，自觉参与体育健身，拥有捍卫自身健康的主动性和积极性。其次，对学校来说，除了积极开展学校体育工作，维护学生的体育权益，进行教育和宣传，还要加强话语主体对学校体育的理性认知和情感认同，培养学生树立科学的学校体育价值观，提高认知水平、增强参与意识、构建学校体育思想体系。

一 提高认知水平

话语内容在传播的过程中会产生失真的状况，因此，话语在传播的过程中，会被过滤、被曲解，从而导致话语内容所包含的信息失效，出现偏差。首先，媒体部门会因为经济利益等因素为"博眼球"吸引社会的关注度和注意力，有时会过度夸大事实或者"捏造"事实；其次，随着信息技术的发展，在如今信息量暴增的时代，不同的信息来源使得人们获得形形色色甚至自相矛盾的信息，需要辨识信息的真伪。这就要求人们不断地提高自身的认知水平，避免被错误信息或者虚假信息所蒙蔽，从大量信息中搜寻到真实、有效的信息。

哈贝马斯认为话语主体应该具备可领会真实性、真诚性和正确性。[①] 话语主体的话语内容要能被话语对象（他人）理解，话语主体

---

① [德] 哈贝马斯：《交往与社会进化》，张博树译，重庆出版社1989年版，第3页。

在进行话语表达时，表达的话语内容真实、表达态度真诚，相对容易获得话语对象的理解和信任，话语内容的正确也更易获得认同。

提高主管体育的校领导对学校体育的认知水平，使其重视学校体育。

第一，主管学校体育的校领导重视体育，可以提高执行上级有关学校体育政策法规的力度，确保学校体育制度的下沉。这是提升学校体育话语权的前提。许多学校体育政策卓有成效，但是到了学校可能会被束之高阁。例如《学校体育工作条例》中规定体育教师与其他教师同工同酬，但是实际上，绝大多数学校没有执行。例如，普通高等学校的公共体育教学部，体育教师与其他教师相比，并没有同工同酬，尤其是技术课教师，其教学工作量为课时×0.7。近年来，折算系数从0.7改为0.8，虽然有所提高，体育教师的教学工作得到一定的认可，但与其他教师相比，还是明显存在同工不同酬的问题。虽然部分学校体育教师的教学工作量按照课时计算，但是其他理论教师的教学工作量则是课时的1.1倍，依然同工不同酬。尤其是在基层的中小学，出操、训练等都不计工作量。《学校体育工作条例》中明确规定，要求中小学校保证学生每天有一小时的体育活动时间，但是这一要求一直得不到有效落实。尽管我国制定了一系列有关学校体育的政策、法规和条例以增强学生体质，但是学校的执行力不佳。

第二，提高中小学校长对学校体育的认知，也是提升学校体育话语权的关键，甚至有人激进地认为"不懂体育的人不能当校长"。目前，许多主管学校体育工作的校领导认为体育是锦上添花的学科，学校体育工作更是基础之外增光添彩的事情，学校的教学理念是"升学率第一"。再者，有些校领导重视体育，也是希望利用体育给学校"争面子"，尤其是在学校体育竞赛中取得好成绩为校争光而已。"加强中小学校长队伍建设，努力造就一支政治过硬、品德高尚、业务精湛、治校有方的校长队伍。面向全体中小学校长,加大培训力度,实施校长国培计划,重点开展乡村中小学骨干校长培训和名校长研修。"① 中小学校长的国培计划,使其对学校体育有正确的认识,了解到学校体育的目的不仅在于提高学生身体健康水平,增强学生体质,还在于让学生形成健康第一的观念,养成终身锻炼的习惯,从而重视学校体育工作的开展。

基层体育教师经常抱怨"人微言轻",上层不知下层疾苦,从而导致学校体育政策文化认同、社会认同与心理认同的缺失②,进而导致学校体育政策制度执行力不足。因此,注重中小学基层体育教师的队伍建设,还要积极对体育教师进行培训,提高体育教师的待遇。

二 增强参与意识

增强学校体育参与主体的主动意识和参与意识,使体育教师和学生充分认识自身拥有的话语权,积极执行话语权,自觉参与体育活动,拥有捍卫自身健康的主动性和积极性。例如,鼓励体育教师积极参与学校教育管理事务,确定体育教师在学校体育事务中的决策地位,提高体育教师在学校的话语地位等。不仅主管体育的校领导要积极带头参加体育锻炼和体育活动,其他教师包括班主任也要转变观念,积极参加体育活动。体育教师作为学校体育工作的执行者,更是应该积极宣传学校体育工作,带动学生参与体育锻炼,增强学生参与意识的同时,对学校体育产生行为认同,积极参与其中。

---

① 教育部:《中共中央国务院关于全面深化新时代教师队伍建设改革的意见》,中华人民共和国教育部政府门户网站,http://www.moe.gov.cn/jyb_xxgk/moe_1777/moe_1778/201801/t20180131_326144.html,2018年1月20日。

② 张文鹏、王健:《新中国成立以来学校体育政策的演进:基于政策文本的研究》,《体育科学》2015年第2期。

三 构建学校体育思想体系

学校体育话语质量依赖于学校体育话语的理论性、科学性、前瞻性、逻辑性、完整性和准确性，而学校体育思想、学科建设是学校体育话语质量的保障。学校体育思想建设、学校体育学科发展，能够增强学校体育话语的学术性和理论性，为学校体育话语的科学性、理论性和先进性奠定坚实的基础。

要提升话语内容的质量，提高话语的说服力，就要有思想，提升理论说服力。大力发展和繁荣学校体育思想，构建成熟的学校体育思想体系，建立具有中国特色的学校体育话语体系，可以使我国学校体育的话语表达具有更坚实的基础和更广泛的自由。学校体育学科自身的发展可以促进学校体育思想的建立、发展和完善，形成正确的学校体育价值观和科学的学校体育教育理念。

第二节 促进有效表达：培养话语能力，提高话语质量

话语主体要提升话语权，需要把握话语内容的质量。通俗地讲，关键在于说什么和怎么说。尤其是弱势群体，把握好说什么和怎么说这两个环节，才有可能形成有效的话语表达，进而实现话语权。

对于弱势群体来说，提升体育话语权要实施弱势群体自治。弱势群体要维护自身的权益，就要学会发声，学会用主流意识形态的表达方式进行利益诉求，掌握维权的途径和方式，了解学校体育利益表达的渠道和程序；还应该培养教师和学生的话语能力，增强其关于学校体育话语的完整性、逻辑性和准确性，提高话语内容的质量；注重话语内容的表达，优化话语表达的方式，提高话语内容的质量，进而

提升话语的说服力和影响力，增强社会认同感。要想提高话语内容的质量，增强话语内容的说服力，就"要使话语内容及时关照社会现实"①，只有话语内容反映社会现实才能保持话语内容的先进性，提高话语的说服力。话语表达方式要通俗化，简单明了，浅显易懂，坚决抛弃晦涩难懂的术语。

一 促进体育教师专业化

要加强学校体育教师的队伍建设。对学校体育工作的具体执行部门——学校来说，要积极开展体育教师队伍的专业化和学术化建设，使其学会用主流意识形态的表达方式进行利益诉求，了解和掌握学校体育话语表达的程序和方法，以便更加有效地表达学校体育的利益诉求，提高其话语质量。

二 注重提高权威者的话语质量

作为学校体育话语的权威者，体育管理者（体育界权威专家等）关于学校体育的话语表达比其他人员的话语更具分量和影响力，更能影响社会公众对学校体育的认知，因此，他们的话语能力和话语质量更为重要。

三 提高学生的话语表达能力

作为学校体育的最终受益者——学生，应该格外关注自身的学校体育利益诉求，要学会表述自己的学校体育需求，能够用符合主流意识形态的学校体育话语来阐明自身的观点或想法。

---

① 刘勇：《当代中国主流价值观话语权的思想溯源与现实建构》，博士学位论文，安徽大学，2017年，第44—45页。

第三节 优化传播渠道：拓宽话语平台，提升宣传力度

学校体育诉求通过话语平台可以有效传播，因此，拓宽话语平台是提升话语权的前提。拓宽学校体育的话语平台，可以通过媒体平台建设来进行。例如，积极开展公共媒体平台建设，加大对学校体育的宣传力度，在中央、地方体育频道中加大对学校体育的正面报道。例如，中央电视台的"我是体育教师"栏目。尤其是网络上，除了对竞技体育赛事、大众健身、体育产业的报道之外，还应增加关于学校体育的报道。"校园足球"只是学校体育的一个抓手，但是在许多体育网络宣传中只有校园足球的相关报道，以偏概全，不能全面展示学校体育的发展状况。

话语权的强弱在一定程度上取决于话语传播的深度与广度，因此，要提升学校体育话语权，就要提高学校体育的宣传力度，拓宽宣传的覆盖面。媒体的传播力和影响力能够体现话语权的分量，在互联网时代，应用信息技术有助于增强媒体的传播力和影响力。

一 积极开展公共媒体平台建设

积极开展公共媒体平台建设，运用信息技术加强媒体对学校体育的正面宣传，拓宽话语平台，综合利用电视、网络、报纸和期刊等媒体加大对学校体育的报道，并确保话语表达渠道的通畅。应用传播理论，重视传播的作用，拓宽话语平台，综合运用多种传播载体，通过广播、电视、电影、网络等对学校体育进行积极的宣传。

二 加强媒体的议程设置能力

加强媒体的议程设置能力主要表现为，可以通过议程设置来确定

媒体报道学校体育的正面议题和内容，提升媒体对学校体育的宣传范围和力度，传播健康理念，使人们认识到学校体育对于健康教育的促进作用和重要影响，消除人们对学校体育的误解和偏见，提高学校体育的影响力，实现社会对学校体育的认同，进而提升学校体育的话语权。

对于媒体而言，可以进行议程设置来确定报道关于学校体育的主题和内容，吸引民众的注意和关注，引导社会舆论。媒体对不同议题采用何种顺序进行报道，也会影响受众对议题重要性排序的判断。媒体的传播力和影响力能够体现话语权的分量，因此，可以通过提升媒体的传播力和影响力来提升话语权。随着信息技术的发展，媒体已经成为一种强大的社会力量，它对社会和民众具有重要的导向作用，能够影响人们的认识和行为。互联网时代，应用信息技术有助于增强媒体的传播力和影响力，进而提升其话语权。因此，运用信息技术加强媒体对学校体育的正面宣传和报道，传播健康理念，使人们认识到学校体育对于健康教育的促进作用和重要影响，消除人们的偏见，提高学校体育的影响力，实现社会对学校体育的认同，提升学校体育的话语权。

三 通畅与学校沟通的话语平台

通过调查发现，体育教师与主管体育的校领导之间大部分没有相互沟通的话语平台。不仅应该专门建立与校长沟通的平台，方便体育教师就学校体育工作等问题与校长沟通；也应该建立并优化学生与校长、家长与校长之间沟通的话语平台，明确采用的具体渠道，完善学生表达体育诉求的话语平台，使学生拥有场所和渠道来提出对学校体育利益的诉求。

此外，对于社会组织或者基层的诉求，例如，民间体育组织、体育教师、家长和学生的学校体育诉求，可以广开言路，如进行民意调查、召开听证会，有助于收集个体的、缺乏组织的零散民众关于学校体育发展的意见和建议；也可以增设专门倾听弱势群体的机构，例如信访办等，给缺乏学校体育话语权的个人或群体提供反映其诉求的新场所。

加强对外交流，开展学校体育的国际交流与合作，利用民族传统体育项目积极开展体育教学与文化交流，积极运用相关机构和组织进行话语传播。例如，宣传中华民族传统体育文化，通过开办孔子学院这种以教授汉语和传播中国文化为宗旨的非营利性教育机构，有效进行文化输出，积极宣传我国传统体育文化，增强国外认同，展示东方体育文化的魅力。在对外交流的过程中，要坚持客观、中立的话语立场，维护大多数国家的体育权益，从而获得国际社会的认可。

四 加大学校体育的宣传力度

媒体对学校体育的宣传不足，多是对竞技体育、社会体育和体育产业的宣传，也有关于校园足球等的报道，但是部分媒体对于学校体育的负面报道使得学校体育的教育认同和社会认同不足。在教育场域内，学校体育的教育认同有待提高；在体育场域，学校体育的社会认同应进一步增强。应加强对学校体育的教育引导，使教师、学生和家长们都认识到学生体质健康的重要性，学校和社会都应加强对中小学生体质健康的管理。首先要加强对社会的宣传教育和引导。各地、各媒体，尤其是主流媒体应该加强对学生体质健康重要性的宣传，中小学校要通过体育与健康课程、大课间、课外体育锻炼、体育竞赛、班团队活动、家校协同联动等多种形式加强教育引导，让家长和中小学生科学认识体质健康的影响因素，了解运动在增强体质、促进健康、预防肥胖与近视、锤炼意志、健全人格等方面的重要作用，提高学生的体育素养与健康素养，增强体质健康管理的意识和能力。①

此外，在加大宣传学校体育的同时，也要加大对家庭体育的宣传，使家长们意识到家庭体育对学生体质健康的作用，大力推广家庭体育，鼓励开展锻炼。学校布置体育家庭作业，家长应积极敦促学生认真完成体育家庭作业，为学生提供良好的锻炼资源，并与学校保持及时沟通。

第四节　提供制度保障：营造良好的话语环境

营造学校体育话语表达的良好环境以增强学校体育话语的外在助力，包括法制环境、政策环境、文化环境、经济环境和社会环境等。良好的话语环境是不同的话语主体之间自由交流与对话的基础，有利于消解话语霸权。学校体育不是一个部门的事情，它不仅仅是学校的内部事务，还需要多个部门共同参与解决，包括教育、体育、卫生等行政部门，以及共青团组织等。因此，政府、社会和学校要多方协同，大力合作，形成政府主导，各部门协作，全社会参与的多方合作的保障机制，积极推动学校体育的发展。作为学校体育的话语权威部门，政府应该积极引导社会舆论，加大对学校体育的正面宣传；教育部、国家体育总局、卫生健康委员会、共青团中央、中华全国学生联合会等多部门应协同合作，共同制定并颁布有利于学校体育发展的政策文件；社会应全员参与，关注学生健康状况；学校应认真落实体育工作，积极开展阳光体育活动；学生应积极参与体育锻炼，不断提高其健康水平和运动技能水平等。各方积极合作，进一步推动有利于提升学校

---

① 教育部：《关于进一步加强中小学生体质健康管理工作的通知》，中华人民共和国教育部政府门户网站，http：//www.moe.gov.cn/srcsite/A17/moe_943/moe_947/202104/t20210425_528082.html，2021年4月21日。

体育话语权的政策和措施的执行，营造有利于学校体育的社会环境、经济环境和文化环境等，营造全社会关心、重视和支持学校体育的良好氛围，营造浓郁的校园体育文化氛围，促使学校体育获得其应有的地位和权益，努力消除社会上关于学校体育的各种不利舆论影响和偏见，消解学校体育在体育领域、教育领域的话语劣势。

此外，学校应组建健康教育委员会或者体育工作委员会，营造学生表达体育诉求的良好环境，使学生获得公平的话语权。政府应积极协调、社会、学校、体育教师和学生的力量共同努力，推动学校体育话语权从缺失到重构的进程。

一 落实监督问责机制

政府在制定与颁布促进学校体育发展的相关政策文件时，还应落实相关的监督问责机制。通过调查发现，学校体育政策文件没有得到落实，或者执行力度不足的原因，不是没有关于学校体育的监督惩罚条例，而是这些监督问责条例并未被执行。因此，要落实监督问责机制，确保学校体育政策文件得到执行和落实。

二 促进文化融合，实现社会认同

中国的传统体育文化是谦让，以和为贵，尊师重道。但是过于尊重师长，而忽视维护自身权利和权益，在面对不公或者不合理的待遇时，选择沉默，其"不发声"只会导致自身话语权的式微。在传承传统体育文化的同时，不滥用谦让、尊师等美德，要敢于质疑，勇于维护自身的体育权益。通过文化融合，实现文化认同。文化认同是提升我国传统体育文化话语权的起点。

美国文化软实力具有同化、感召和规制的力量，发展中国家民众对西方体育文化的崇尚表现为一种无意识的强势文化渗透。例如 NBA

是美国文化的一种象征。① 当强势文化对弱势文化产生剧烈冲击时，弱势文化要积极采取自我优化的方法，增强文化自觉，了解本国传统文化的来源，进行自我保护，同时，要具有文化自信。在西方文化，尤其是西方体育文化占据主流的文化背景下，非西方体育文化要不断进行自我挖掘，产生自我认同，实现他人认同。

我国传统体育文化要与世界接轨，被世人认同，就要进行中西方文化的融合。文化要有普适性，更容易获得感召力和影响力。体育是文化的重要组成部分，校园体育文化也是一种文化形式，要提高学校体育话语权，就要积极发展我国的体育文化、校园体育文化，弘扬和传播中华民族传统体育文化。

全球化打破了文化的地域限制，长期以来，存在西方文化单方输出的文化霸权现象。东西方体育文化属于不同地域的文化，在东西方体育文化交流和冲突的过程中，我们应积极推动东西方体育文化的融合和共存，学习西方体育的优秀文化和先进发展经验，以融入国际体育话语体系。

我国的对外宣传，可以向他国民众输出本国的传统体育文化、校园体育文化和学校体育价值观，能够为我国的学校体育、体育事业的发展营造良好的国际话语环境，从而赢得世界的认同。②

文化是话语力量的来源，因此，文化有深度，话语权才有力度。③中华民族传统体育文化使我国体育更具生命力和影响力，并且，中华武术的对外传播与交流已经成为中国与世界文化交流的桥梁与纽带。④

---

① 程雪峰：《媒介推力与文化强势：对中国体育话语权缺失的再认识》，《中国体育科技》2015年第5期。
② 曾诚、邓星华：《体育国际话语权与中国国家形象建构》，《体育学刊》2016年第2期。
③ 张殿军：《硬实力、软实力与中国话语权的建构》，《中共福建省委党校学报》2011年第7期。
④ 梁立启等：《我国体育话语权的产生基础与有效发挥研究》，《武汉体育学院学报》2017年第7期。

要构建具有中国特色的学校体育话语体系，使我国的学校体育话语体系具有世界性和民族性。世界性用于国际交流，获得世界认同；而民族性则保持本土性，具有独特的文化魅力。

营造良好的校园体育文化氛围。校园体育文化是参与、组织和观赏学校体育运动的思维方式与行为方式，是学校体育运动知识、技能、制度和观念的总称。在不同地域，体育运动受不同文化的影响，表现出各自本土化的特征。① 在文化融合的过程中，要注意不同地域本土文化与域外文化的冲突与共存，使得校园体育文化获得认同。

学校体育话语权属于文化软实力的范畴。学校体育文化的同化、融合与认同是文化软实力建设的重要内容之一。因此，提升学校体育话语权的途径之一就是积极开展校园体育文化建设。校园体育文化是体育文化的重要组成部分，也是世界体育文化的组成部分之一。在文化融合的过程中，应该注意东西方体育文化的冲突与共存，在体育全球化发展的趋势下，努力发展校园体育文化，向全社会、向全世界传播中国的校园体育文化，让世界认识、了解我国的传统体育文化。

三 构建中国特色的学校体育话语体系

"文化软实力"对内，强调文化的凝聚力；对外，则强调文化的吸引力、感召力和影响力。要提升学校体育话语权，就要凝聚校园体育文化，增强人们对学校体育的认同感和信任，提高学校体育的地位，推动学校体育的发展；同时，对学校体育界内部而言，要提高弱势群体中体育教师和学生的学校体育话语权利。在与国外进行学校体育交流和学习的过程中，要注意我国学校体育文化或者民族传统体育文化

---

① 朱肇营：《基于篮球文学的媒介话语权探析》，《芒种》2017年第6期。

的吸引力和影响力，尤其是在国际交流日益频繁的全球化发展的背景下，应构建具有中国特色的学校体育话语体系。

大力发展和繁荣学校体育思想，构建成熟的学校体育思想体系，建立并健全中国特色的学校体育话语体系，能够使我国学校体育的话语表达具有更坚实的基础和更广泛的自由。

学校体育学科的发展，学校体育思想的形成，依赖于学校体育话语体系的建立。目前学校体育一直没有形成自己的话语体系，导致学校体育一直处于学校教育话语体系的边缘和支配地位，使得学校体育缺少话语表达的机会和效力。

随着体育全球化的发展，国际体育的发展离不开中国的声音，而中国也需要借助国际体育舞台来表达自己的利益需求，因此，要构建具有中国特色的体育话语体系。而我国目前注重建立竞技体育话语体系、全民体育话语体系和民族体育话语体系以推动竞技体育、群众体育和民族传统体育的发展，忽视了学校体育话语体系的建构。虽然从广义上讲，全民健身或者群众体育包括学校体育，学生群体也属于全民的范围，甚至也有学者认为学校体育分属于群众体育和竞技体育，即学校体育的一部分内容属于群众体育，另一部分属于竞技体育；但是绝大多数学者还是认为学校体育具有自身的独特性。学校是意识形态传播的重要场所，是培养学校体育价值观的主要阵地，学生群体的特殊性使得其体育利益需求与其他群体明显不同，因此，应构建学校体育话语体系以完善体育话语体系。

学校体育对于健康教育和健康中国建设具有重要作用，在学校实施健康教育，将健康教育纳入国民教育体系，可以更有效地开展健康教育；而将健康教育融入学校体育，则是最直接、最有效的途径。积极开展学校体育工作，可以推动健康教育的开展，加快健康中国建设的步伐。

话语是思想的载体，缺乏话语权是思想贫乏的表现。要重塑学校体育的话语权，就要繁荣学校体育思想研究，建构学校体育的话语体系。只有当我国的学校体育话语具有较大影响力和权威性时，才能形成自己的话语体系，而不是一味地迁就西方学校体育话语秩序。要营造良好的学校体育国际话语环境，就要打破西方的话语霸权，提升我国学校体育的地位，获得话语的主动权，占据国际话语体系的优势地位。努力消解权威话语对大众的影响，打破霸权，重构学校体育话语体系，拓宽学校体育的话语表达空间，创造自由、民主、多元化的话语环境，才能促进学校体育话语的繁荣，促进不同话语主体话语表达的积极性和主动性，反映绝大多数的学校体育诉求，获得更多数人的认可，进而促进学校体育的健康发展。

构建多元的学校体育国际话语体系，建立与国际接轨的中国学校体育话语体系，与国际接轨，积极参与国际学校体育交流与合作。

此外，构建学校体育话语体系要符合我国的主流意识形态，还要符合国际体育的主流意识形态，体现国际社会认可的学校体育共同诉求。学生体质不佳、肥胖率较高、近视率较高等问题不仅是中国学校体育的问题，也是全球各国普遍面临的问题。因此，建立学校体育话语体系不仅要具有中国特色，还应体现国际认可的普世性。构建学校体育话语体系时，应该注意不仅要符合中国的主流意识形态，还要符合国际的主流意识形态，体现国际社会共同认可的学校体育诉求。在中外体育文化交流的过程中，尤其是学校体育的文化交流中呈现出明显的文化逆差现象，因此，要建立中国特色的体育话语体系。目前，在西方话语霸权的话语环境下，提升中国的学校体育话语权是一个长期的过程，建立具有中国特色的学校体育话语体系更加艰巨。

四 多方协同合作

学校体育话语权并不是仅仅依靠学校体育自身实力的提高就能够获得，还需要其他部门的积极配合。学校体育工作不是一个部门的事情，需要寻求其他部门的协作和支持，各方共同努力，形成合力，营造各种有利于提升学校体育话语权的话语环境。此外，家庭、学校、政府、社会要共同关心支持学生的全面健康成长，提高学生的体质健康水平，共同推动学校体育的发展。学校体育需要多方协作，正如"县级以上地方政府应当建立由教育、人力资源和社会保障、财政、体育、卫生等行政部门以及共青团、妇联等单位参加的学生体质健康促进工作联席会议制度"。

第五节 增强实力基础：提高学校体育的实力

根据软实力理论，硬实力是提升话语权的基础和关键，话语权是软实力的一种表现形式。要提升学校体育话语权，增强学校体育的实力至关重要。只有增强了自身的实力，才具有话语表达的物质基础。可以通过学校体育课程设置、学校体育活动、学校体育竞赛、体育艺术节或者体育文化节等来提高学校体育的实力，进而彰显学校体育话语权。提升学校体育话语权，要积极开展学校体育教学改革，更新体育教育观念，树立健康观念，关注青少年的体质健康，加强学校体育工作，增强学校体育的影响力和认同感。

社会认同与其自身的发展密切相关，因此，要拥有、提升学校体育话语权，就要促进学校体育的发展，增强学校体育的自身实力。实力是话语权的基础[①]，实力越强大，就越具有话语表达的机会和自由，

[①] 张殿军：《硬实力、软实力与中国话语权的建构》，《中共福建省委党校学报》2011年第7期。

越容易获得社会认同。只有增强自身的实力，才具有话语表达的基础，没有实力，何谈话语权？提升自身水平是争取话语权的必要途径。无论是在体育领域还是在教育领域，学校体育要取得话语权，就要提高其自身实力。只有这样，才能更有效地提升学校体育的地位和影响力，使其拥有更多的话语权。通过增强学校体育的自身实力，可以夯实学校体育话语表达的物质基础。

一 改善学校体育办学条件

增强学校体育实力，首先要改善学校体育的办学条件，尤其是农村地区或经济落后地区的学校，需要配备专业的体育教师、必备的场地器材，以解决其体育专业教师匮乏和场地设施严重不足的问题。正如《湖北省人民政府办公厅关于进一步明确青少年体育工作职责分工的通知》中提出的"加快农村学校体育设施和体育教师队伍的建设"，积极实施"全国中小学生课外文体活动工程"。

二 均衡学校体育发展条件

对于不同区域的学校体育应进行梯级经费投入，均衡各地区学校体育的教学条件和发展水平，解决学校体育区域发展差异较大的问题。同时，在学校内部，具体执行学校体育工作时，要保证学生每天至少1小时的运动，并且不得挤占、挪用体育课，保障学生参与体育进行锻炼的权利。

三 增强学生体质健康

学校体育的实力主要体现为学生的身体健康状况、运动技术水平和校园体育文化或者运动氛围等。因此，要增强学生体质和健康，提高学生运动技能，大力发展校园体育文化。例如，认真落实阳光体育运动,积极开展体育教学改革与实践,促进体育信息化教学以提高学生的运动技能,通过举办学校体育活动、体育竞赛、体育艺术节或文化节等丰富校园体育文化,切实提高学生的健康水平。增强学生体质是提升学校体育话语权的重要途径。

四 积极开展学校体育改革

学校体育工作的改革涉及许多方面,包括学校体育教学、组织和评估等方面的改革。开展更加丰富的体育教学活动,因地制宜,以更符合青少年的生理和心理发展特点的方式来组织体育教学及体育竞赛等活动。例如,编制学生喜欢的课间操,开发更多学生喜欢的体育项目,让学生爱上体育课。根据当地的教学条件、师资情况等创编出更多深受学生喜爱又能达到锻炼效果的学校体育活动。

新时代加强学校体育工作、推动学校体育的发展,首先要开展学校体育教学改革,"体育课应该打破原来单一的以体质提升作为体育课基础的体育教学模式,更重要的是回到育人的角度"。可以将竞技体育作为学校体育育人的载体,实现体育课的多功能育人。可以在体育课上融入竞技运动,并且将每一项竞技运动变成游戏。竞技运动的起点从 play(玩)开始,在玩的过程中,被赋予不同的规则成为 game(游戏),再经过不断的规范化成为 sport(体育运动),再进一步则是 elite sport(竞技运动)。而学校体育,尤其是青少年的体育教育,更注重以游戏和玩为主,将竞技体育的篮球做减法就成为游戏,再减就是玩。体育教学的内容要以游戏为主,将竞技运动游戏化,让学生通过参与游戏化的运动,感受或者体验合作与竞争,进而培养学生的合作意识、公平竞争意识和自律意识等,真正达到以体育人的目标。从培养学生合作精神的价值出发,可以发现,单一运动项目的教育价值没有团队型的同场竞技运动项目的教育价值大,因此,在选择运动项目时应该注意不同运动项目的教育价值。①

第六节　完善考试制度：凸显学校体育的主体地位

体育是教育的基石，"学校体育是实现立德树人根本任务、提升学生综合素质的基础性工程，是加快推进教育现代化、建设教育强国体育强国的重要工作"，具有"以体育智、以体育心"的独特功能②。学校体育在教育领域中应该处于主体地位。但不论是在体育领域还是学校教育领域，学校体育一直处于边缘地位，要取得话语权，就要赋予学校体育的主体地位，才能有效提升学校体育话语的社会影响力。在访谈中，被访者一致认为，要提高学校体育话语权，最有效、最直接的手段就是夯实体育中考基础，将体育纳入高考必考科目。

一　夯实体育中考基础

（一）体育中考引发的新问题

目前，我国体育中考已经普遍实施，只是各省市中考体育的项目与分值比重有所不同。将体育纳入中考科目，确实调动了学校、学生和家长的内生动力，但是也导致了一些新问题的出现。

1. 初三的体育课变成了中考体育科目的训练课

为了提高中考升学率，提高中考体育的成绩，实现教学业绩，体育教师在初三阶段的体育课已经不按照《体育与健康课程标准》进行

---

① 杨飒：《从奥运会到体育课：以运动作为育人载体》，《光明日报》2021年8月10日第13版。

② 教育部：《中共中央办公厅、国务院办公厅印发〈关于全面加强和改进新时代学校体育工作的意见〉和〈关于全面加强和改进新时代学校美育工作的意见〉》，中华人民共和国教育部政府门户网站，http：//www.moe.gov.cn/jyb_xxgk/moe_1777/moe_1778/202010/t20201015_494794.html，2020年10月15日。

教学，而是教授体育中考涉及的运动项目，并强化训练。

2. 造假成为常态，作弊现象时有发生

体育中考成绩的计算方法一般是现场项目测试成绩＋学校平时考核成绩，学校为了提高学生的体育中考成绩，常常要求体育教师提供的平时成绩均是满分，这明显与实际情况不相符，甚至相去甚远，但业内早已默认这种造假行为。为了提高成绩，一些学生甚至滥用兴奋剂。有媒体报道，一些老师和家长为了在体育中考时获得高分，铤而走险，居然让学生服用兴奋剂。这原本只有在竞技体育中才可能发生的异化现象，竟然在学校体育中出现，并且由于体育中考不做兴奋剂测试，既得利益使得学生盲目效仿。体育中考的初衷是让学生重视体育锻炼，增强身体素质，提高体质健康水平，结果却是一些学生在体育中考前一周服用含有麻黄碱的药物以提高神经系统的兴奋性、增加新陈代谢，从而提高测试成绩。他们忽视了药物可能带来的不良反应，如加速能量消耗，导致过度兴奋、引发心率加快和血压升高等，甚至可能在运动过程中猝死。服用兴奋剂这种作弊行为，严重违背了体育中考的初衷，不仅可能给学生造成严重伤害，破坏社会风气，更是体育道德的沦丧。

3. 迎合投机需求的体育中考短期培训班应运而生

学生和家长平时不注重体育锻炼，到了初三，为了获得最大的短期效益，提高体育中考成绩，进行突击训练，而非真正养成锻炼的习惯，学生并没有形成终身体育的意识。体育中考培训班为了追求利益的最大化，一般会对体育中考测试的项目进行针对性的训练，体育中考短期培训的目的性和功利性太强，将体育工具化，进行短期体育培训与训练只是提高中考体育成绩的一个手段。

(二) 体育中考改革成为社会关注的焦点

体育中考的分值不同，即体育中考成绩在中考总成绩中所占比重不同，使得学校、家长、学生对体育的重视程度有所不同。目前，全国各省、市、自治区的体育中考分数在30—100分，云南省教育厅于2019年12月27日发布了《关于进一步深化高中阶段学校考试招生制度改革的实施意见》，将体育中考的分值从过去的50分升至100分，首次与语数外同分，这一重大改革立即成为教育行业、体育行业、学校、学生、家长关注的焦点。

2020年10月16日，教育部召开新闻发布会，就中共中央办公厅、国务院办公厅《关于全面加强和改进新时代学校体育工作的意见》进行解读。发言人表示体育中考要不断总结经验，逐年增加分值，要达到跟语数外同分值的水平，并在此基础上，启动体育在高考中计分的研究。这引发了社会大众的关注，媒体进行大量报道，会议当天，"中考体育将达到和语数外同分值水平"的话题就登上了微博热搜榜第9位，阅读量达到4.2亿次，讨论量达到3.1万次。目前，只有云南省的体育中考与语数外同分，都是100分。2024年，河南省体育中考分值由70分提高到100分。2023年，陕西省安康市作为试点，体育中考分值提升到100分，但语数外的分值仍是120分。

（三）体育中考的现实困境

体育中考的目的是通过考试督促学生重视体育锻炼、热爱运动、提高身体素质，促进学生的全面发展。但现实困境是中学生学习压力大，社会观念等方面的桎梏，使得学生几乎没有参加锻炼的时间和兴趣。

1. 应试教育是不是体育成绩差的罪魁祸首

一般人们认为学生体质状况不佳是应试教育的结果。应试教育，分数至上，导致学生将大量的时间花在学习上，自然就没有精力进行体育锻炼，缺乏锻炼成绩就不理想。这种说法掩盖了许多问题，并未抓住问题的本质。

2. 学生爱上体育课，却没有通过体育测试

学生爱运动，爱参加体育运动，享受运动的乐趣。体育课上，学生们大汗淋漓、身心放松、充满欢声笑语。未通过考试是因为上体育课的频率较低，一周两次或者三次，每次45分钟，仅仅依靠体育课不足以全面提升学生的身体素质。体育课上进行运动只是学生繁重学习的调剂，完全寄希望于通过体育课来增强学生体质，提高学生体质健康水平，这将赋予体育课过于沉重的压力。对于中学生来说，尤其是毕业班的学生，体育课之外的体育锻炼极为匮乏，而阳光体育工程流于形式，缺乏组织管理，都使体育课的作用显得微不足道，却一直在背教学效果差的黑锅。

3. 学生经过十几年体育课，未形成终身体育的意识和健康的生活理念

学生一入学就开始上体育课，从小学到中学再到大学，至少14年的体育课。小学一年级学跑步，到了大学还在跑步，学生没有学会一项运动技能。体育课是为了促进学生身心健康、提高身体素质、促进全面发展，并不是以教会学生掌握某项特定的运动技能为目的。但学生上了十几年的体育课，也没有养成终身体育的习惯，形成终身体育的意识。评价体育课的质量，并不在于学生是否掌握运动技能，最主要的是让终身运动的意识和健康的生活理念融入体育课教学，将其内化成学生长期的自觉行为。

（四）云南省体育中考案例

2021年云南体育中考包括基础体能测试、专项技能测试、体质健康监测和竞赛加分四个部分，由原来的三年一考改为一年两考。其中，七年级满分20分；八年级满分40分；九年级满分40分，上学期18分，下学期22分。

考试形式变为"随时测试"和"定时测试"两种。此外，为了有

效减少个体先天因素的影响，将视力、身高体重指数、肺活量体重指数由原来的横向比较改为学生自身的纵向比较。见表5-1。

中考体育实行交叉考试，即初中体育教师不参与体育中考的监考，由小学或者高中体育教师以及教体局人员执行。但在实际工作中，中考体育的交叉考试落实并不到位。

表5-1　　　　　云南省2021年体育中考测试项目与分值

测试时间与分值	考试类别	测试项目	分值	考试方式
上学期	必考	50米跑	2	随时测
		1分钟跳绳	2	随时测
		男1000米/女800米	6	定时测
	选考	6选2，男引体向上/女1分钟仰卧起坐、坐位体前屈、200米游泳、立定跳远、投掷实心球、100米跑，每项4分	8	随时测
下学期	必考	15米×4折返跑	3	随时测
		1分钟跳绳	2	随时测
		男1000米/女800米	6	定时测
		视力、身高体重指数BMI、肺活量体重指数	3	定时监测
	选考	N选2，足球、篮球、排球、羽毛球、乒乓球、网球、武术、体操等。其中足球、篮球、排球至少选1项，每项4分	8	随时测

云南省作为中考改革的试点和前哨。体育课还是每周三节，主要利用体育课和大课间活动来进行锻炼。体育课一方面通过跑步提高学生的身体素质，并对体育中考的项目进行针对性训练；另一方面培养学生的体育技能，以篮球和排球为主；大课间活动则以"跑步为主，做操为辅"，初三的学生每天要跑1800米左右，初一、初二的学生强

度会低一点。

学校对体育一直比较重视。从学生初一开始就会在体育课上加强体育锻炼。学校和教师自然会更加注重学生的体育锻炼情况。有的学校给体育教师的配备更加精良，体育课的组织形式进一步加强。

2021年体育已经普遍纳入中考，并且中考体育的分值也在逐步提高，这体现出以下几点信息。

1. 释放出"重视体育"的强烈信号

云南省2021年的中考体育分值增加至100分，与语数外同等分值。安徽省2021年中考体育自主选择两个项目，每个项目30分，总分60分；安徽省从2013年开始中考体育分值每年提高5分，2018年起总分60分。广州从60分增至70分。长春从40分增至50分。西安从30分增至50分，2020年起增至60分。考试是教学的风向标和指挥棒，提高中考体育的分值，无疑是在向社会传递"重视体育"这样一个强烈的信号。

2. 提高中考体育的科学性

改进中考的方法，应提高中考体育的科学性、合理性。考试项目应考虑城乡差异，保障考试的公平性，项目选择应以跑、跳、投为主。

3. 给学生更多元的选择

中考体育不是为了用体育来"区分"和"选拔"高中生，而是为了引起学校、家长对青少年体育锻炼的重视，增强和提高全体学生的身体素质。每个学生的体质不同，为了取得较好的体育成绩，选择的体育项目也会有所不同。学生在选择考试项目时，应该注意：一是所选项目的稳定性。例如，50米跑与长跑项目相比，长跑受偶然因素的影响较小。平时长跑成绩较好、求稳的学生可以选择稳定性强的长跑项目。二是所选项目的发展性，需要快速提升成绩的学生可以选择坐位体前屈等短时间便能见效的项目，而不宜选择需要长期锻炼才能有所提升的项目。三是所选项目的可操作性，受场地器材影响的项目如实心球等，训练的时间难以得到充分保障，需要谨慎选择。

二 探索体育高考取向

（一）将体育纳入高考科目的初步尝试

2020年全国36所强基计划高校招生简章中都提到考生必须参加体育测试环节，且体育测试成绩将作为考生录取的重要依据，体育测试优秀者在同等条件下优先录取。此外，其中的23所高校还明确表示，体育具有一票否决权，即无论考生的高考成绩和学校考核（笔试、面试）成绩有多高，如果考生无故缺席体育测试或者测试不合格，均直接失去录取资格。

具体体育测试的项目见表5-2。体育测试成为必考项目，这必将为推动全社会关心和支持学校体育奠定坚实的社会基础。

表5-2　　部分强基计划高校招生体育测试项目

序号	高校名称	体质测试项目
1	清华大学	身高、体重、肺活量、台阶运动试验、坐位体前屈、立定跳远
2	北京大学	身高体重指数、肺活量、坐位体前屈、立定跳远、仰卧起坐（优秀者在同等条件下优先录取）
3	中国人民大学	肺活量、50米跑（高考成绩85%，校测成绩15%）（优先条件）
4	武汉大学	中长跑（男生1000米/女生800米）、立定跳远（凡有一项测试不合格者即失去参加综合能力测试资格）
5	山东大学	50米跑和立定跳远（测试结果不计入校考成绩，测试不合格不予录取）
6	兰州大学	实心球投掷、坐位体前屈、立定跳远（体育测试不合格者不予录取）

第五章　发展策略：我国学校体育话语权的提升策略

续表

序号	高校名称	体质测试项目
7	中央民族大学	体重指数(BMI)、肺活量、坐位体前屈、立定跳远、男生引体向上/女生1分钟仰卧起坐(测试不合格不予录取)
8	西北工业大学	六选三：体重指数(BMI)、肺活量、坐位体前屈、立定跳远、50米跑、男生引体向上/女生1分钟仰卧起坐(有两项及以上不合格者不予录取)
9	华东师范大学	肺活量、坐位体前屈、立定跳远(未经申请不参加体育测试的考生视为主动放弃强基计划录取资格)
10	国防科技大学	50米跑、立定跳远、男生1000米/女生800米(三项体测成绩平均分须达到60分)
11	中国科学技术大学	50米跑、坐位体前屈、肺活量(未参加或任一项测试不合格的考生，不予录取)
12	浙江大学	身高/体重(BMI)、肺活量、立定跳远、坐位体前屈、50米跑(未达到体质测试要求的不予录取)
13	东南大学	立定跳远、50米跑、坐位体前屈(体育测试不计入总分，体育测试不合格的考生取消后续综合能力测试资格)
14	上海交通大学	身高体重(IBM)、肺活量、坐位体前屈、立定跳远、1分钟跳绳(无故缺席体育测试取消录取资格、体育测试成绩作为综合成绩同分排序的依据)
15	吉林大学	坐位体前屈、跳绳(同等条件下，优先考虑体质测试成绩好的考生)
16	中国农业大学	身高体重指数(BMI)、肺活量、立定跳远、坐位体前屈、50米跑(同等情况下根据体质测试结果优先录取)
17	北京理工大学	男生立定跳远/女生仰卧起坐(体育测试不达标者不予录取)
18	北京航空航天大学	立定跳远和坐位体前屈(体质测试成绩作为录取环节的重要参考、无故不参加视为放弃资格，审核同意后可不参加体质测试，成绩计为60分)

续表

序号	高校名称	体质测试项目
19	大连理工大学	立定跳远必测,男生实心球或引体向上选测一项,女生实心球或1分钟仰卧起坐选测一项(达标性测试,未达标不予录取)
20	华中科技大学	立定跳远、50米跑
21	厦门大学	立定跳远、坐位体前屈、男生引体向上/女生1分钟仰卧起坐(成绩相同体测成绩较高者优先考虑,未参加体育测试则笔试和面试成绩视为无效)
22	中山大学	50米跑(更换测试项目申请审核同意后测试男生引体向上/女生1分钟仰卧起坐)(测试结果不计入总分,体质测试不及格不予录取)
23	南开大学	身体形态、机能等方面的基本素质测试(同等条件下优先录取体质测试成绩更高者)
24	电子科技大学	二选一:立定跳远、男生引体向上/女生仰卧起坐(体质测试得分不计入综合成绩,但作为录取的重要参考)
25	复旦大学	体质测试成绩作为综合成绩同分情况下的排分依据之一

资料来源:各高校官网。

强基计划的36所高校均进行体育测试,释放出新高考改革方向的强烈信号,强基计划的这一举措使体育真正成为综合素质评价的重要组成部分,在一定程度上体现了风向标的作用。这也会在一定程度上让更多的学校、教师、学生和家长重视体育锻炼,重新认识体育的重要意义。

值得注意的是,与体育中考存在相似的弊端。在应试教育的大环境下,将体育纳入高考,或者说高考增加一门考试科目,对学生而言是一种增负。家长赞成学生参加锻炼,但是不赞成增加体育高考。

(二)将体育纳入高考必考科目进一步凸显体育的主体地位

将体育纳入高考必考科目,这在一定程度上凸显了体育的主体地位。目前，体育一直被认为是副科，处于边缘地位，将其纳入高考必考科目，能够使体育回归到教育的主科地位，树立体育在教育场域中的主体地位。体育被确认为"非学科类课程"，非学科类与主科并不矛盾，体育纳入高考，凸显了体育的主体地位，有助于引起人们的普遍重视。

需要注意的问题在于以下方面。

1. 体育高考量化标准

体育非学科类的操作测试与学科类的知识测试不同，没有标准答案，需制定统一的量化考核标准，选择合适的测试项目是将体育纳入高考的必要环节。

2. 体育科目的个体差异比文化科目更加突出

体育测试的是身体素质，而身体素质受遗传因素影响较大，并受天赋影响，个体差异比较明显。即使经过后天训练，个体化差异也不能完全改善，这也导致部分学生从刚开始就受到不公平的教育待遇。

3. 体育教育资源的差异也将导致不同地区学生待遇的不公平

各学校的体育办学条件和教学条件不同，体育资源分配不均衡，将体育纳入中高考，或者提高体育分值，会使部分体育设施不健全、体育师资较弱的农村学校的学生失分更多，从而制造出新的不公平。因此，要注意城乡差异，以跑、跳、投、引体向上、仰卧起坐为主，而部分设置球类项目的地区则给学生很大的选择权，有效保障公平性。

将体育纳入高考，会促进全民对学校体育和学生身体素质的重视。将体育纳入高考，以及中考体育的提分，家长们认为"又多了一门应试科目，会增加学生的负担"。有专家认为，由于我国青少年体质健康问题突出，现阶段和今后很长一个时期，必须加强体育，"考比不考好，练比不练好"。

目前，中考体育已经覆盖全国，初三学生的体质状况明显得到改善，高考体育也在进行初步尝试，若将体育纳入高考必考科目，必将对学校体育产生巨大影响，对学生和家长带来剧烈冲击。新的制度必将引发新的问题。因此，要积极探索，不断完善考试制度，凸显学校体育的主体地位，这将是一个长期过程。

本章小结

本章从学校体育的价值认同、有效表达、传播渠道、制度保障、实力基础和主体地位六个方面提出了我国学校体育话语权的提升策略：一是实现价值认同，转变观念，树立"健康第一"的教育理念；二是促进话语的有效表达，培养话语能力，提高话语质量；三是优化传播渠道，扩宽话语平台，提升宣传力度；四是提供制度保障，营造良好的话语环境，落实监督问责机制；五是增强实力基础，提高学校体育实力，积极开展学校体育改革；六是完善考试制度，凸显学校体育的主体地位。

结　　语

一　研究不足

由于自身研究能力、学术水平以及时间安排、文献资料等主客观因素的限制，本书不可避免地存在着诸多不足之处以及需要改进和完善的地方。

第一，问卷调查对象的选择略显单一。本书对学校体育话语权的大部分话语主体，如教育行政部门主管、主管体育的校领导、体育教研员、体育院系领导、体育组长和体育教师都进行了访谈。由于笔者认为体育教师是学校体育工作的具体执行者，其拥有学校体育话语权的大小和强弱对于学校体育工作的开展具有重要影响，因此，笔者将学校体育话语权的话语主体聚焦于体育教师，尤其是中小学基层体育教师，并仅对中小学体育教师进行了问卷调查，忽视了对学生和家长的调查。再者，体育教师除了中小学体育教师，还涉及大学体育教师，由于大学与中小学的学校体育话语权存在较大不同，调查的重点也有所不同，后续还需进一步进行专门研究。

第二，研究局限于学校场域。由于学校是学校体育话语权实现的重要场所，因此，本书将学校作为学校体育话语权的研究场域进行研究，对社会场域的学校体育话语权研究较少。

第三,在研究方法中,问卷调查法的量化分析略显不足,访谈法可融入深度访谈进行质性研究。

二 研究展望

关于学校体育话语权的研究展望涉及以下几点。

(一) 构建学校体育话语体系的研究

本书对学校体育话语权的话语主体、话语客体、话语内容、话语平台、话语环境和话语效果六个内容要素进行了深入研究。话语主体要实现话语权,必须拥有自己的话语体系。从国家层面看,要使本国的话语体系在国际话语体系中处于主导地位,才能实现国家的话语权,维护国家的利益。从个人层面看,话语主体凭借主流话语体系才能维护自己的权益。因此,话语权的实现离不开话语体系的构建。要真正实现学校体育话语权,就要建构新时代具有中国特色的学校体育话语体系,这将是未来研究的趋势和走向。未来将会以新时代学校体育话语体系的构建展开研究。

进入新时代,国家持续出台了一系列关于学校体育、青少年体育的政策文件,为学校体育的发展创造了良好的政策环境。随着我国经济的发展和社会的进步,人们的社会观念发生了较大的变化,人们认识到健康的重要性,形成了健康的体育生活方式,逐渐树立了"健康第一"的教育理念。法制的完善健全,政策的有力保障,文化的多元融合,经济的快速发展,社会的文明进步,在良好的学校体育话语环境下开展学校体育话语体系研究将有助于构建新时代具有中国特色的学校体育话语体系。

(二) 不同群体学校体育话语权的研究

学校体育话语权的研究涉及不同的话语主体,包括政府、社会、学校和个人。社会媒体的学校体育话语是专业话语，媒体界由于掌握不同话语平台，话语影响范围较广，速度较快，容易引导社会舆论，对普通大众产生较大影响。因此，媒体的学校体育话语权值得关注和研究，媒体对于营造良好的社会环境具有重要作用。

家长作为社会和学校的联结者，是家、校、社协同育人的重要一环，家长的学校体育话语权受到学校的格外关注。家长对学生体育观的形成影响颇大，家长积极参加体育活动，能够带动学生参与其中。研究家长的学校体育话语权有助于协调家长与学校的关系，有助于转变家长的传统观念，维护学生的学校体育权益。

（三）高校体育话语权的研究

中小学与大学的培养对象不同，培养目标不同，学校体育工作的内容和重点也存在不同。大学是学生终身体育观念形成的关键阶段，研究高校体育话语权对于促进高校体育工作的开展具有积极的作用。高校体育话语权也是未来学校体育话语权研究的重要内容。

附录一　调查问卷

关于学校体育话语权的调查问卷
中小学体育教师问卷

尊敬的老师：

　　您好！本问卷是一份纯学术研究的匿名问卷，旨在了解我国学校体育话语权的现实状况。

　　学校体育话语权是指话语主体表达学校体育权益诉求的权利与权力，本问卷主要从话语主体、话语客体、话语内容、话语平台、话语环境和话语效果六个维度来研究。本问卷调查所得资料仅用于学术研究，我们将严格保密，恳请您真实填写，谢谢！

　　衷心感谢您的参与和支持！

学校体育话语权研究课题组

一　基本信息

1. 您的性别（　　）　　A. 男　　　　　　B. 女

2. 您的年龄（　　）　　A. 30 岁及以下　　B. 31—45 岁
　　　　　　　　　　　C. 46 岁及以上

3. 您的学历（　　）　　A. 专科　　　　　　B. 本科
　　　　　　　　　　　C. 硕士研究生　　　D. 博士研究生

4. 您的教龄（   ）　　　A. 少于 5 年　　　B. 5—10 年

   C. 11—20 年　　　D. 20 年以上

5. 您所在的学校是（   ）　A. 小学　B. 初中　C. 高中

   D. 九年一贯制　　　E. 其他

6. 您学校所在地是_____省_____市

7. 您的职称是（   ）　　　A. 高级　　　　　B. 一级

   C. 二级　　　　　D. 三级

8. 您的身份（   ）　　　A. 体育教师　　　B. 体育组长

   C. 教研员　　　　D. 其他_____

二　话语主体

1. 在您学校，学校体育的发展现在主要取决于哪类主体？（可多选）（   ）

   A. 政府　　B. 学校　　C. 家长　　D 学生

   E. 社会　　F. 其他

2. 您每一学期大概要开多少次关于学校体育工作的会议？（   ）

   A. 0 次　　B. 1—5 次　　C. 6—10 次　　D. 10 次以上

   E. 其他

3. 关于贵校体育发展的政策主要由谁来给您传达？（   ）

   A. 校领导　　B. 体育组长　　C. 其他体育教师

   D. 自己　　E. 其他

4. 您在贵校的学校体育工作会议中发言的状况如何？（   ）

   A. 经常发言　B. 偶尔发言　C. 一般　　D. 很少发言

   E. 从不发言

5. 贵校是否经常邀请学生家长参加校运会或者学校体育活动？（   ）

A. 经常邀请　　　B. 偶尔邀请　　　C. 一般

D. 很少邀请　　　E. 从不邀请

6. 贵校在修订学校体育相关制度时是否会征询学生的意见？（　　）

A. 经常征询　　　B. 偶尔征询　　　C. 一般

D. 很少征询　　　E. 从不征询

7. 贵校是否经常邀请校外专家（包括教研员）来指导学校体育工作？（　　）

A. 经常邀请　　　B. 偶尔邀请　　　C. 一般

D. 很少邀请　　　E. 从不邀请

三　话语客体

1. 您认为贵校学校体育的发展应该取决于哪类主体？（可多选）（　　）

A. 政府　　　　　B. 学校　　　　　C. 家长

D. 学生　　　　　E. 社会　　　　　F. 其他_____

2. 您是否同意体育教师参与贵校的学校体育发展决策？（　　）

A. 非常同意　　　B. 同意　　　　　C. 一般

D. 不同意　　　　E. 非常不同意

3. 您是否同意学生参与贵校的学校体育的发展决策？（　　）

A. 非常同意　　　B. 同意　　　　　C. 一般

D. 不同意　　　　E. 非常不同意

4. 您是否同意家长参与贵校的学校体育的发展决策？（　　）

A. 非常同意　　　B. 同意　　　　　C. 一般

D. 不同意　　　　E. 非常不同意

四　话语内容

1. 您认为贵校是否重视学校体育工作？（　　）

A. 非常重视　　　B 重视　　　　　C. 一般

D. 不重视　　　　E. 非常不重视

2. 您认为贵校的体育工作开展的状况如何？（　　）

A. 非常好　　　　B. 好　　　　　C. 一般

D. 不好　　　　　E. 非常不好

3. 您平均每周的教学课时量是多少？（　　）

A. 6—8 课时　　　B. 9—12 课时　　C. 13—16 课时

D. 17—20 课时　　E. >20 课时

4. 您每周出操的次数是多少？（　　）

A. 不出操　　　　B. 1—2 次　　　C. 3—4 次　　　D. 5 次

5. 您平均每天在校工作时长是多少？（　　）

A. 4 小时以内　　B. 4—6 小时　　C. 6—8 小时

D. 8—10 小时　　E. 10 小时以上

6. 除教学工作之外，您的其他工作任务有哪些？（　　）

A. 早操　　　　　B. 课间操　　　C. 课外体育活动

D. 运动队训练　　E. 参赛指导　　 F. 课后服务　　G. 其他

这些其他工作任务中哪些算工作量？（　　）

7. 您学校体育教师的工作量折算系数是多少？（　　）

A. 0.6　　B. 0.7　　C. 0.8　　D. 0.9　　E. 1.0

8. 您学校体育教师的课时费是否低于其他学科教师？（　　）

A. 是　　　　　　B. 否

9. 您觉得贵校的资源与保障是否能满足您教学的需要？（　　）

A. 完全满足　　　B. 比较满足　　　C. 一般

D. 比较不满足　　E. 完全不满足

10. 您在工作中是否关注国家颁布的相关学校体育政策文件？（　　）

A. 非常关注　　　B 关注　　　　C. 一般

D. 不关注　　　　E. 非常不关注

11. 您在工作中是否关注贵校学校体育的相关制度文件？（　　　）

A. 非常关注　　　B 关注　　　　C. 一般

D. 不关注　　　　E. 非常不关注

12. 作为体育教师，您认为您在学校体育工作中是否具有话语权？（　　　）

A. 是　　　　　　B. 否

******上题回答"是"的请作答第（1）题，上题回答"否"的请作答第（2）题。

（1）您认为您在哪些方面拥有话语权？（　　　）（可多选）

A. 课堂教学　　　B. 课外活动　　　C. 课后训练

D. 课后服务　　　E. 指导参赛　　　F. 学校体育管理

G. 学生体质与健康　　　　　　　H. 学校体育政策落实

I. 学校体育资源与保障　　　　　J. 其他_____

（2）您认为您在哪些方面没有话语权？（　　　）（可多选）

A. 课堂教学　　　B. 课外活动　　　C. 课后训练

D. 课后服务　　　E. 指导参赛　　　F. 学校体育管理

G. 学生体质与健康　　　　　　　H. 学校体育政策落实

I. 学校体育资源与保障　　　　　J. 其他_____

五　话语平台

1. 国家颁布的相关学校体育政策文件您一般是通过什么渠道获知的？（　　　）（可多选）

A. 纸质媒体　　　B. 广播电视　　　C. 网络信息平台

D. 会议平台　　　E. 教育教学平台　F. 社交活动

G. 其他_____

2. 您学校主要以什么样的形式传达相关学校体育政策文件？（　　）（可多选）

  A. 纸质媒体　　　B. 广播电视　　　C. 网络信息平台

  D. 会议平台　　　E. 教育教学平台　F. 社交活动

  G. 其他_____

3. 贵校是否具有体育教师与校领导沟通的平台？（　　）

  A. 有　　　　　　B. 没有

4. 如果有，请问是何种形式？（　　）（若没有可不答此题）

  A. 纸质媒体　　　B. 网络信息平台　C. 会议平台

  D. 教育教学平台　E. 社交活动　　　G. 其他_____

六　话语环境

1. 您认为贵校学校体育发展的法制环境如何？（　　）

  A. 很好　　B. 较好　　C. 一般　　D. 不太好　　E. 很不好

2. 您认为贵校学校体育发展的政策环境如何？（　　）

  A. 很好　　B. 较好　　C. 一般　　D. 不太好　　E. 很不好

3. 您认为贵校学校体育发展的经费保障如何？（　　）

  A. 很好　　B. 较好　　C. 一般　　D. 不太好　　E. 很不好

4. 您认为贵校学校体育的发展是否会考虑当地的社会舆论环境？（　　）

  A. 经常考虑　B. 偶尔考虑　C. 一般　　D. 不考虑

  E. 从不考虑

5. 您认为贵校学校体育的发展是否会考虑当地的文化环境？（　　）

  A. 经常考虑　B. 偶尔考虑　C. 一般　　D. 不考虑

  E. 从不考虑

6. 您认为贵校对体育教师是否存在偏见？（   ）

A. 是   B. 否

选择"是"的，您认为具体偏见主要体现在_____。

7. 您认为社会对体育教师是否存在偏见？（   ）

A. 是   B. 否

选择"是"的，您认为具体偏见主要体现在_____。

七　话语效果

1. 您认为国家学校体育政策在贵校的落实情况如何？（   ）

A. 很好   B. 好   C. 一般   D. 差   E. 很差

2. 您觉得与其他学科教师相比，您拥有的话语权情况如何？（   ）

A. 很大   B. 较大   C. 差不多   D. 较小   E. 很小

3. 您认为贵校体育是否存在话语权的性别差异问题？（   ）

A. 是   B. 否

选择"是"的，您认为具体表现是_____。

4. 您认为提升学校体育话语权，应该如何做？（可多选）

（1）政府（   ）

A. 严格落实党和政府制定的学校体育相关政策

B. 加大检查监督执纪的力度

C. 严格落实问责机制

（2）全社会（   ）

D. 树立健康第一的教育理念

E. 培育学校体育良好的舆论环境

（3）校领导（   ）

F. 落实学校体育的相关政策

G. 保障学校体育工作顺利开展

H. 带头参加体育锻炼和体育活动

I. 畅通话语表达渠道

（4）其他教职员工（　　　）

J. 全面了解学校体育的重要作用

K. 逐渐转变观念

L. 积极参加体育活动

（5）体育教师（　　　）

M. 努力做好各项学校体育工作

N. 提高自身知识水平和话语能力

O. 积极宣传学校体育工作

P. 加强校园体育文化建设

再次感谢您的支持！

附录二 访谈提纲

中小学体育教师访谈提纲

尊敬的老师：

您好！本次访谈是一份纯学术研究的访谈，旨在了解我国学校体育话语权的现实状况。本次访谈所得资料仅用于学术研究，我们将严格保密，恳请您真实回答，衷心感谢您的参与和支持！

1. 您的身份是体育教师、体育组长还是其他？
2. 您所在学校对学校体育工作的重视程度如何？
3. 您所在学校的体育工作开展得如何？
4. 作为体育教师，您平均每周的教学课时量有多少？每周出操几次？
5. 平均每天在校的时长是多少？
6. 除教学工作之外，您的其他工作任务还有什么，哪些计算工作量，如何计算工作量？
7. 所在学校体育教师的工作量折算系数是多少？
8. 您觉得与其他教师相比，您的话语权状况如何？
9. 您对于学校的体育工作是否拥有话语权？关于学校体育工作，您认为哪些方面有话语权，哪些方面没有话语权？

10. 您认为学校对体育教师是否存在偏见，偏见主要体现在哪些方面？

11. 您认为社会对体育教师是否存在偏见，偏见主要体现在哪些方面？

12. 您认为学校体育话语权是否存在性别差异问题，具体表现是什么？

13. 您认为要提升学校体育话语权，应该如何做？

附录三　前期研究成果

我国学校体育话语权的现实困境与提升策略*

摘　要：学校体育话语权体现了人们对学校体育的利益诉求的机会和权力。从话语权的视角出发，研究关于学校体育的认知、话语能力和话语平台的困境，通过分析得出我国学校体育地位相对低微，缺乏话语权。究其原因，主要是学校体育自身发展不足，话语主体存在认知偏见，话语表达环境不佳，话语平台建设不完善和时代特色不鲜明等。据此，提出增强学校体育的实力，培养科学的学校体育观，营造良好的话语环境，拓宽话语平台，抓住时代契机融合健康教育等建议以提升学校体育话语权。

关键词：学校体育，话语权；话语表达；困境

"话语"始于20世纪50年代语言学的研究，是大于句子的语言单位[1]，是对语言的使用，包括口语、文字及其他表述方式[2]。到20世纪70年代，"话语"突破语言范畴的界限，作为承载文化和价值观的载

---

* 2018年第四届体育学科发展青年论坛交流。

[1] Michael Stubbs, *Discourse Analysis*: *A Social Linguistic Analysis on Natural Language*, Cambridge: University Press of Cambridge, 1982.

[2] ［英］诺曼·费尔克拉夫：《话语与社会变迁》，殷晓蓉译，华夏出版社2003年版，第58页。

体进入权力视域,与"权力"相结合,产生了"话语权"的概念,人们开始从权力的视角研究话语背后的意义,认为话语是实现各种权力的最佳途径,可以传递、产生和强化权力。① 话语权就是说话的主导权或者控制权,它是掌握和控制社会的一种表征,是权利与权力的统一,其中权利是指话语的自由和机会,而权力则是强调话语的权威与影响。② 因此,话语权的"权"重在"权力"而非"权利",是话语力量的体现。③ 简单地说,话语权是人们以话语为手段表达意见、实现权益和维护利益的权利与权力。④

近年来,"话语权"被引入体育领域,出现了"体育话语权"的概念。体育话语权是体育话语表达权利与权力的统一,是话语主体将包含其思想与价值的体育话语通过教育、媒体和制度等形式表达出来,并最终获得国际或社会认可的行为和过程。⑤ "话语权"还可以与"学校体育"联系在一起,进一步微观细化,产生"学校体育话语权"的概念,应用话语权力理论来研究学校体育领域的各种现象和问题。学校体育话语权是用话语来表达学校体育的诉求,是使学校体育能够获得公平发展的机会和持续发展的动力,它是指话语主体通过话语来表达关于学校体育利益诉求的机会与能力。因此,研究学校体育话语权有助于了解话语主体是否能够有效表达学校体育的诉求和声音,有利于从话语权的视角分析学校体育的问题所在,进而传播校园体育文化和价值观念,拓宽学校体育的发展空间和路径,保障学生的体育利益,

---

① [法]米歇尔·福柯:《性史》,张廷琛等译,上海科学技术文献出版社1989年版,第99页。
② 程雪峰:《媒介推力与文化强势:对中国体育话语权缺失的再认识》,《中国体育科技》2015年第5期。
③ 王征、谭智平:《中国竞技体育话语权研究》,《山东社会科学》2015年第S2期。
④ 陈开举:《话语权的文化学研究》,中山大学出版社2012年版,第178页。
⑤ 梁立启等:《话语权:全球化时代中国体育的诉求》,《北京体育大学学报》2014年第11期。

提高学校体育的影响力，提升学校体育的地位。

一　我国学校体育话语权的现实困境

研究我国学校体育话语权的现实困境，必须从话语权的视角进行分析。话语权的基本要素是知识、话语能力和话语平台，其中知识是指包括世界观与价值观等的认知；话语能力主要涉及话语表达的形式是否完整、逻辑是否严谨、内容是否准确等方面；话语平台则是话语表达的途径或者渠道，它是话语权的实现场所。① 因此，从认知、话语表达和话语平台三个方面来分析我国学校体育话语权的现实状况。

（一）认知困境：政府高度重视、学校应付执行与学生消极参与

认知困境表现为话语主体对学校体育的认知存在问题。学校体育的话语主体包括政府、社会和学校，其中在学校内部还包括校长、体育组长、体育教师和学生等。政府作为学校体育话语的权威者，高度重视学校体育的发展，政府为了促进学校体育的发展、增强学生体质，制定出台一系列关于学校体育的政策。据统计，自1979—2008年的30年，中央政府共颁布了268件有关学校体育的政策和法规②。2007年，中共中央、国务院颁布了新中国成立以来关于学校体育规格最高的文件——《关于加强青少年体育增强青少年体质的意见》（"中央7号文件"），这凸显了政府对于学校体育的重视。此外，学校体育工作还被列入政府政绩和教育行政部门、学校负责人业绩考核指标。

学校作为学校体育工作的具体执行部门，对于学校体育的认知却不足以支撑其认真落实学校体育相关政策文件。调查发现，有些学校

---

① 陈开举：《话语权的文化学研究》，中山大学出版社2012年版，第153页。
② 刘宁等：《改革开放以来我国学校体育政策、法规演变脉络之研究》，《体育科学》2009年第12期。

的初中毕业班和高中毕业班压根就没有开设体育课,有些学校甚至根本就没有把体育卫生工作纳入学校教育之中①,大多数学校几乎没有执行过"中央7号文件"中部署的任何工作②,以致学校体育处于"说起来很重要,做起来可以不要"的尴尬境地③。例如学校落实阳光体育运动的情况,在阳光体育运动开展之初,政府部门的强力推进使其开展得轰轰烈烈,但是随着时间的推移,因为学校自身利益的需求和缺乏执行监督,越来越多的学校开始敷衍了事④,最后不了了之。

学生是学校体育的主要参与者,但是其参与意识淡薄,主体观念不强,不懂得行使和捍卫自己的体育权益,缺乏表达自身体育利益诉求的主动性和自觉性。⑤ 再者,在应试教育环境下,升学压力、学校考核、父母期盼等致使学生消极参与学校体育活动。例如学生消极对待学校组织的体质测评,应付差事只要达标即可;即使体育中考,较少有学生进行长期锻炼,大部分学生是短期突击训练,甚至还有学生滥用兴奋剂以取得高分。

(二) 话语表达困境:利益诉求迫切与话语能力欠缺

体育是教育的基石,学校体育不可或缺,我国学校体育的利益诉求非常迫切。学生作为学校体育的核心利益主体和最终利益主体,相

---

① 李少群、卢其宝:《落实"中央7号文件"的基本状况》,《中国学校体育》2012年第7期。
② 慈鑫:《拯救政策为何止不住青少年体质的下滑》,中青在线,http://zqb.cyol.com/content/2010-03/21/content_3144196.htm,2010年3月21日。
③ 张劲松、张树巍:《高校体育新常态的发展特征与目标实现路径》,《中国学校体育》(高等教育)2016年第3期。
④ 张劲松、张树巍:《高校体育新常态的发展特征与目标实现路径》,《中国学校体育》(高等教育)2016年第3期。
⑤ 夏青、秦小平:《论弱势群体体育基本利益的保障——基于公民话语权的视角》,《西安体育学院学报》2014年第2期。

对而言最关注的是自身的体质健康状况，但是我国学生的体质状况一直不尽如人意。1985—2010年，青少年体质健康状况连续下滑；2010年，青少年体质健康水平下滑的趋势得到初步遏制；2015年，中学生的各种体质测试数据都已止跌并逐步回升，但是大学生耐力素质依然持续下降①。这种状况使得政府、社会、家长都非常焦虑学生的体质健康，政府不断颁布学校体育相关政策以促进学生身心健康的全面发展，学生的健康利益诉求非常迫切。

话语表达反映的是话语主体所关注的利益相关的观点和立场，可以通过其形式、逻辑和内容评价话语表达的质量，而话语表达的质量与话语主体的认知水平、话语对象的意识形态密切相关。② 我国关于学校体育的话语表达质量普遍不高，话语能力较弱。大众的学校体育观念受社会舆论的影响较大，人云亦云的从众行为等使得大众关于学校体育的话语质量不高；而一些体育教师和体育管理者虽然对学校体育有相当的认知，但是看到学校体育得不到普遍重视，他们便使用一些缺乏理性的言论或话语来表达其诉求，并试图通过提高学校体育的政治基调来促进学校体育的发展、提高学校体育的地位，致使其关于学校体育的话语内容缺乏逻辑和条理。例如，夸大学校体育的政治价值，过分强调体育促进智育等。

(三) 话语平台困境：媒体宣传薄弱

在信息社会，话语平台主要以各种媒体的形式存在，话语平台是话语表达的载体或者渠道，包括期刊、报纸、电视和网络等，它能够影响话语表达的内容和质量。

---

① 陈善平等：《学校体育政策态度对大学生体质健康标准测试数据的影响》，《成都体育学院学报》2016年第2期。
② 张志洲：《话语质量：提升国际话语权的关键》，《红旗文稿》2010年第14期。

附表 3-1 2016 年 CSSCI 体育期刊发表的关于学校体育的论文数量

序号	期刊	期数	论文总数(篇)	学校体育论文数量(篇)
1	《体育科学》	12	134	6
2	《中国体育科技》	6	121	2
3	《北京体育大学学报》	12	260	45
4	《天津体育学院学报》	6	94	3
5	《上海体育学院学报》	6	94	6
6	《武汉体育学院学报》	12	191	22
7	《西安体育学院学报》	6	123	6
8	《体育学刊》	6	154	37
9	《体育与科学》	6	103	5
10	《沈阳体育学院学报》	6	170	8
合计			1444	140

我国关于学校体育的第一种全国性的刊物是《学校体育》，1981年创刊，后改名为《中国学校体育》，为月刊，2014 年改为半月刊。期刊对于学校体育的宣传不太多，以 2016 年的 10 种 CSSCI 体育期刊为例，其发表的关于学校体育的论文数量见附表 3-1，其中凡属于学校体育研究范畴的论文均被归为学校体育论文。由附表 3-1 可知，2016年 10 种 CSSCI 体育期刊发表有关学校体育的论文只占 9.7%。2017 年再次成为 CSSCI 体育期刊的《成都体育学院学报》，2016 年发表 127 篇论文，关于学校体育的论文也只有 13 篇，占 10.2%。报纸以《中国体育报》为例，2016 年该报纸共有 14433 条报道，其中关于学校体育或者校园体育的报道有 282 条，仅占 1.95%；再以《中国教育报》为例，2016 年该报纸全年共有 14375 条报道，其中关于体育的报道仅有 133 条，占 0.93%。

电视以 CCTV 5 体育频道为例，主要栏目是实况录像、健身动起来、体育晨报、武林大会、赛事集锦、体坛快讯、体育新闻、篮球公园、体育世界等，主要涉及竞技体育的赛事欣赏、大众体育和体育产业，很少涉及学校体育。不过，2017年9月10日CCTV 5体育频道启动了《我是体育教师》大型公益宣传节目，其目的在于通过电视节目使社会各界更深入地了解体育教师这一行业，扭转社会对体育教师的认识偏差，进而更关注和支持学校体育工作。网络中的体育网站较多，有央视体育、新华体育、新浪体育、乐视体育、网易体育、搜狐体育、PPTV体育、东方体育、优酷体育、CCTV 5、凤凰体育等。这些体育网站一般进行竞技体育赛事直播或者转播、体育产业和社会体育等宣传报道，偶有关于校园足球的报道。我国竞技体育的迅猛发展和辉煌成绩，使得人们和媒体界更多地关注竞技体育，而非学校体育。

综上所述，从话语权的三大要素来分析，我国关于学校体育的认知、话语能力和话语平台都存在发展困境。从认知层面来看，政府高度重视学校体育，并颁布了一系列关于学校体育的政策文件以增强学生体质、促进学生身心全面发展和推动学校体育的发展等；社会近年来已经认识到学校体育的重要性，但是由于学生体质状况不佳，对于学校体育不太认可；学校作为学校体育工作的具体执行者，由于升学压力，落实学校体育相关政策时，往往应付差事，敷衍了事；而学生作为学校体育的主要参与者，主动参与和自觉参与意识不强。就话语能力而言，关于学校体育和学生身心健康的利益诉求极为迫切，但是关于学校体育的话语表达逻辑性不强，质量不高。从话语平台的视角来看，无论是传统的期刊、报纸和电视，还是网络新媒体，关于学校体育的媒体报道较少，宣传力量较为薄弱，社会关注度较低。我国学校体育话语权三大要素的发展困境使得学校体育的地位应然重要，实然边缘，学校体育在体育领域中处于弱势地位，被竞技体育霸占话语权，处于"无声"状态；在学校教育领域中地位低微，被智育课程边缘化，处于"失语"状态，这些都反映了我国学校体育话语权的式微，即学校体育缺乏话语权。

二 学校体育缺乏话语权的原因

（一）学校体育自身发展不足

学校体育缺乏话语权是多方面的，学校体育最主要的原因是自身发展不足。我国属于竞技体育强国，但是学校体育的发展不容乐观，这主要体现在以下几点：一是，学校体育的办学条件较差。有调查发现，农村平均一所学校0.8个体育教师，体育场地器材达标的小学不到50%，中学不到30%[1]，农村学校明显存在体育师资匮乏和场地器材严重不足的现象。二是，我国各地学校体育的教学条件和发展水平极不平衡，并不是经济水平高的地区教学条件就好，城市有经费没有场地，农村有场地没经费。学校体育"说起来重要，做起来次要，忙起来不要"。2011年调查显示，能够每天让学生锻炼1小时的学校不足20%，大多数学校的体育课被其他主科挤占。三是，学校体育工作的核心目标之一学生体质健康一直无法实现。2012年部队征兵北京市应征入伍的青年体检合格率不足一成，90%的青年人入伍体检成绩不合格，这就反映了我国学生体质状况低下到让人担忧的境地。学校体育如果不能增强学生体质，不能提高学生健康水平，就没有话语地位，没有话语权。四是，我国学校体育思想还不够成熟，没有形成健全的话语体系。话语是思想的载体[2]，学校体育话语体现的是学校体育的思想，我国有关学校体育的话语内容许多都是套用或者移植教育领域的一些话语。例如，套用认知学习理论、混合学习理论等进行体育教学，

---

[1] 孙科：《学校体育，路在何方?》，《体育与科学》2013年第2期。
[2] 王智慧：《论体育强国视域下的国家体育话语能力》，《西安体育学院学报》2014年第3期。

忽视了智育与体育的差异,将知识学习和技能学习混为一谈,没有形成自身的话语风格,其内含的价值理念和思想难以有效地通过话语表达出来,使得其话语内容质量不高,缺乏分量,无法引起社会的关注和共鸣。学校体育得不到社会认同,致使不断边缘化;而学校体育的边缘化又进一步导致其失去内在支撑,发展根基不稳,如此恶性循环,使其发展更加滞后,社会更无法认同,没有话语权,发展前景堪忧。由此可见,要获得话语权,自身发展是关键。

(二) 话语主体对学校体育的认知偏见

首先,社会对学校体育存在认知偏见,学校体育是"学校内的体育"的基本认知和"关起校门开展体育"的惯性做法依然主导着学校体育的发展[1]。20世纪80年代以后,体质教育、运动技术教育、快乐体育、终身体育、健康教育等纷纷登上学校体育的舞台[2],但是这些学校体育改革措施并没有取得多大实效,学生体质依然不容乐观,学生健康状况不高,运动技能水平较低,使得学校体育话语的内在价值失衡[3],导致社会对学校体育改革的不满和对学校体育的误解和偏见。其次,体育管理者和体育教师自身对于学校体育的认识也存在不足。这主要表现在他们对学校体育的质量评价观念不正确,有的将提高学生的运动技术作为学校体育的目的,只关注学生运动技能学习,不传授相关理论知识和健身方法;有的强调学生体质的增强和学校体质达标率的提升,忽视学生的兴趣;还有的只是将体育作为德育和心理健康教育的手段,忽略了体育促进健康、增强体质的本质功能,沦丧了学

---

① 黄爱峰、王健:《学校体育发展的10大问题省思》,《北京体育大学学报》2015年第2期。

② 梁立启、邓星华:《国外学校体育思想的传入及其对我国当代学校体育发展的启示》,《体育学刊》2013年第5期。

③ 孙淑慧:《20世纪80年代中期以来我国学校体育话语现象的反思与探析》,《成都体育学院学报》2010年第2期。

校体育的主体地位[①]。体育管理者和体育教师自身对于学校体育的认识存在误解和偏见,致使其在落实学校体育工作或者执行学校体育政策时出现偏差和错误。最后,学生对学校体育不认可。调查发现,部分大学生对学校体育的内容、执行和效果不尽认同,满意度不高,并且存在不严格遵守学校体育政策的现象[②]。话语能力与话语主体的认知水平密切相关,社会、学校与学生,甚至体育管理者与体育教师对学校体育都或多或少地存在认知偏见,对学校体育的认识和理解不到位,导致其话语表达时,形式不够完整、逻辑不尽严谨,内容稍欠准确,关于学校体育的话语质量不佳,话语能力较差,不能较好地表达学校体育的利益诉求。

(三) 学校体育的话语表达环境不佳

学校体育话语表达的环境包括社会环境、经济环境、文化环境等。与竞技体育、社会体育相比,学校体育的话语表达环境整体不佳。首先,从社会发展的角度来看,人类体质健康下滑不仅是中国的问题,也是全球的问题。竞技体育的迅猛发展和辉煌成绩,社会有目共睹,认可度高,社会体育大众健身开展得如火如荼。而学校体育却一直受到社会大众的质疑,学生体质不佳使得学校体育得不到社会认可,这种社会环境使人们不注意或者不屑于倾听学校体育的诉求。其次,从经济环境来看,国家对于竞技体育的投入力度远远大于对学校体育的投入力度,体育博彩业所获得的体育公益金也是大多投入社会体育;在学校内部,学校对体育的投入也是微乎其微。没有良好的经济支撑,学校体育缺乏发展的后劲。最后,我国的文化传统强调的是整体利益

---

① 张劲松、张树巍:《高校体育新常态的发展特征与目标实现路径》,《中国学校体育》(高等教育) 2016 年第 3 期。
② 陈善平等:《学校体育政策态度对大学生体质健康标准测试数据的影响》,《成都体育学院学报》2016 年第 2 期。

大于个人利益，注重的是国家利益高于个人利益，注重用竞技体育的政治功能来体现强国心态，竞技体育的文化氛围比较浓厚，而学校体育的文化氛围相比薄弱，大多数学校还都没有形成校园体育文化。我国的传统文化本身就不太重视运动，注重智力而非体力，这不利于我国学校体育的发展。

（四）学校体育话语平台建设不完善

学校体育话语表达的平台建设不够完善，政府具有话语平台，但是社会和学校，尤其是学生几乎没有表达其学校体育利益诉求的话语平台。当学生的体育权益受到侵害或者体育权益无法实现时，学生不知道向什么部门或组织去表达自己的体育诉求，导致学生诉求无门或者无效，最终无语，不再诉求。媒体作为话语表达的载体，对于学校体育的一些负面报道也会严重影响学校体育的话语权。随着媒体的商业化运作，为了提高收视率、点击率、关注度和阅读量，媒体很有可能为了满足绝大多数人的猎奇心理和起哄心态，有选择性地推送一些信息，对事件进行夸大和丑化。此外，话语表达的渠道不完全通畅，信息可能在传播过程中产生失真，造成误解，而人们对于媒体信息的识别能力较差，在不了解真相的情况下，也可能对学校体育产生偏见。例如，学校体育伤害事故的夸大报道和不实报道等给学校体育带来了许多负面影响，甚至有的学校因为担心体育伤害事故的发生，进行"放羊式"教学，致使学校体育的正常开展无法得到保证。

（五）学校体育发展的时代特色不鲜明

《"健康中国2030"规划纲要》中明确提出，"将健康教育纳入国民教育体系，把健康教育作为所有教育阶段素质教育的重要内容"。[①]

---

① 《"健康中国2030"规划纲要》，人民网，http：//health.people.com.cn/n1/2016/1129/c408564-28909495.html，2016年10月26日。

但是，人们目前普遍关注的是健康的外在条件，如医疗制度的完善，医疗体系的健全等，对于健康教育的落实则是无关痛痒。并且学校在实施健康教育的过程中，更多关注的是医疗与卫生，侧重于改善学校的卫生条件和生活环境，侧重于康复保健，忽视学校体育对健康的促进作用；在学校体育教学过程中，更多关注的是学生的运动技能学习，忽视了学生健康理念的培养，甚至省略了健康知识的传授。绝大多数学校并没有真正落实健康教育的内容，学校体育仍然是"重技轻教"，没有专门的健康教育课时计划，只是偶尔下雨天无法进行室外体育教学时，在室内随机开展健康教育。[1] 学生健康意识不足，尚未形成健康行为和习惯，学校体育在健康教育中的这种"无为"，使得学校体育的发展缺乏时代特色，后劲不足，空间不大。学校体育的发展不结合时代特色，不融入健康中国的建设中，就无法获得话语分量，无法有效行使话语权。

三 提升学校体育话语权的实施对策

（一）培育话语表达的坚实基础，增强学校体育实力

要具有话语权，使话语具有权力，很大程度上取决于它所包含的价值观和意识形态的认同度。[2] 要拥有话语权，前提是得到社会的承认和认可，而社会的认同与其自身的发展密切相关。实力强大，才有话语表达的机会和自由，才有说话的权利。无论在体育领域还是教育领域，学校体育要取得话语权，就要提高其自身实力，这样才能有效提升学校体育的社会影响力和话语权。只有增强自身的实力，才具有话语表达的基础，没有实力，何谈话语权，提升自身水平是争取话语权的必要途径。学校体育的实力主要体现为学生的身体健康状况、运动

---

[1] 冯雅男、李金龙：《对体育课和健康教育关系的审视》，《体育学刊》2015年第2期。
[2] 张志洲：《话语质量：提升国际话语权的关键》，《红旗文稿》2010年第14期。

技术水平和校园体育文化或者运动氛围等。增强学生体质和健康，提高学生运动技能，大力发展校园体育文化将有助于提高学校体育的实力，如积极参与学校教育事务，通过学校体育活动、学校体育竞赛、体育艺术节或者文化节等活动来提升学校体育的实力。此外，构建成熟的学校体育思想，建立完善的学校体育话语体系，使我国学校体育具有自己独特的话语体系。

（二）树立科学的学校体育观，解决认知和话语表达困境

遵循学校体育的发展规律，树立科学健康观，培养话语主体正确的学校体育观，使社会、体育管理者、体育教师和学生对学校体育有一个公正、客观和全面的认知和了解，遵循学校体育的发展规律，明确学校体育是促进学生健康的重要途径；同时，增强参与主体的主体意识和参与意识，使学生充分认识自身的话语权，执行话语权，自觉参与体育健身，拥有捍卫自身健康的主动性和积极性。对学校来说，除了积极开展学校体育工作，维护学生的体育权益，进行教育和宣传之外，还应该培养教师和学生的话语能力，增强关于学校体育话语的完整性、逻辑性和准确性，提高话语内容的质量。

（三）多方协同，营造话语表达的良好环境

良好的话语环境是不同的话语主体之间自由交流与对话的基础，有利于消解话语霸权。学校体育不是一个部门的事情，它不只是学校的内部事务，还需要多个部门共同参与解决，包括教育、体育、卫生等行政部门，还有共青团组织等。因此，政府、社会和学校要多方协同，政府主导、各部门协作、全社会参与积极推动学校体育的发展，政府应该引导社会舆论，加大对学校体育的正面宣传，进一步推动有利于学校体育提升话语权的政策和措施的执行，营造有利于学校体育的社会环境、经济环境和文化环境等，营造全社会关心、重视和支持

学校体育的良好氛围，促使学校体育获得其应有的地位和权利，消除社会上的不利舆论影响和偏见。此外，组建学校健康教育委员会或者学校体育工作委员会，营造学生表达体育诉求的良好环境，使学生获得公平的话语权。积极协调政府、社会、学校、体育教师和学生的力量共同努力，推动学校体育话语权从缺失到重构的进程。

（四）提升媒体宣传能力，拓宽话语平台

媒体的传播力和影响力能够体现话语权的分量，因此，可以通过提升媒体的传播力和影响力来提升话语权。随着信息技术的发展，媒体已经成为一种强大的社会力量，它对社会和民众具有重要的导向作用，能够影响人们的认识和行为。互联网时代，应用信息技术有助于增强媒体的传播力和影响力，进而提升其话语权。因此，运用信息技术加强媒体对学校体育的正面宣传和报道，传播健康理念，使人们认识到学校体育对于健康教育的促进作用和重要影响，消除人们的偏见，提高学校体育的影响力，实现社会对学校体育的认同，提升学校体育的话语权。

（五）融合健康教育，抓住时代契机

现阶段，健康中国上升为国家战略，全方位的健康中国建设正是健康教育发展的大好时机，而进行健康教育最有效的途径就是将健康教育纳入国民教育体系，在学校积极开展健康教育。学校体育要借健康中国建设的东风顺势而上，抓住健康中国的时代契机，融合健康教育，将健康教育的内容渗透到学校体育的教学之中，争取学校体育在健康教育中的话语优势，为学校体育的发展创造持久动力，增强学校体育话语的权威和影响力，通过落实健康教育来获得学校体育与其他学科平等的话语权，提升其话语空间。学校体育要抓住健康中国建设提供的话语表达契机，占据健康教育的优势地位和主动权，在有效促进学生健康的同时，推动健康中国建设的步伐，从而为自身获得更多话语表达的权力，提升学校体育话语的权威和影响力。

四　结语

从话语权的三个核心要素——认知、话语能力和话语平台出发，发现我国学校体育的话语表达存在政府高度重视、学校应付执行与学生参与意识淡薄的认知困境，学校体育利益诉求迫切与话语能力欠缺的话语表达困境，以及媒体宣传薄弱的话语平台困境，指出我国学校体育的地位应然重要、实然边缘，在体育领域和教育领域缺乏话语权。建议通过增强学校体育实力、树立科学的学校体育观、营造良好的话语环境、提升媒体的宣传能力和融合健康教育来提升学生体育话语权。学校体育话语权的提升，有助于学校体育的发展，能够使学校体育获得公平发展的机会和权力，保障学生的体育权益，有利于健康教育的推广和实施，有助于健康中国国家战略的实施，加快健康中国的建设步伐，这是学校体育发展的必然趋势。

基于话语权视角的我国学校体育的现实状况与提升策略*

【摘要】

研究目的：

从话语权的视角研究学校体育的现实状况，旨在有效表达学校体育的诉求和声音，通过提升学校体育话语权，拓宽学校体育发展的空间和路径，保障学校体育权益，以期提升学校体育的地位，进而推动学校体育的持续发展。

研究方法：

文献资料法、访谈法、数理统计法与逻辑分析等。

研究结果：

（1）学校体育的话语认知状况表现为政府高度重视、社会不认可、学校应付差事与学生主体观念淡薄。政府作为学校体育话语的权威者，高度重视学校体育的发展，并制定出台了一系列的政策、法规和文件等以促进学校体育发展和增强学生体质；社会近年来已经认识到学校体育的重要性，但是由于学生体质状况不佳的现实，不太认可学校体育；学校作为学校体育工作的具体执行者，受升学压力等影响，在落实学校体育相关政策时，往往应付差事；学生作为学校体育的主要参与者，主体观念淡薄，缺乏参与意识。

（2）学校体育的话语表达状况为利益诉求迫切与话语能力欠缺。政府和社会各界普遍关注学生的健康状况，学生的体质健康诉求极其迫切，但是关于诉求的表达话语质量普遍不高。普通民众的学校体育观念受社会舆论的影响较大，受其认知水平的限制容易人云亦云；而

---

* 2019年第十一届全国体育科学大会墙报交流。

一些体育教师或者学校体育管理者话语能力有限,看到学校体育未得到普遍重视,过于期盼提高学校体育的地位,反而致使其话语内容缺乏理性和逻辑,不能服众。

(3)学校体育的话语平台发展状况是媒体多元化发展与宣传力度相对薄弱。我国关于学校体育的第一种全国性刊物是《学校体育》,后改名为《中国学校体育》。相对其他媒体而言,期刊对学校体育的宣传较多,2014—2018年的9种CSSCI体育期刊发表学校体育相关论文的5年平均占比为12.1%。报纸对学校体育的宣传极为薄弱,以《中国体育报》和《中国教育报》为例,关于学校体育的报道仅占1.95%和0.93%。电视以CCTV 5体育频道为例,该频道虽然于2017年教师节启动了《我是体育教师》大型公益宣传活动,其目的在于扭转社会对体育教师的认识偏差,但是,其栏目主要涉及竞技体育的赛事欣赏、大众体育和体育产业,很少涉及学校体育。而网络新媒体等各种体育网站关于学校体育的宣传报道更少,社会关注度较低。

(4)通过分析发现,学校体育缺乏话语权的原因在于以下几点。第一,学校体育自身发展不足,这主要体现为:首先,学校体育的办学条件较差,尤其是农村学校体育师资不足,体育场地器材不达标;其次,我国各地学校体育的教学条件和发展水平极不平衡,城市有经费没有场地,农村有场地没经费;再次,学生体质健康的目标一直无法实现;最后,我国学校体育思想还不够成熟,没有形成健全的话语体系。第二,认知水平不到位:首先,社会对学校体育存在认知偏见;其次,体育管理者和体育教师自身对于学校体育的认识也存在不足;最后,学生不认可。第三,话语环境不通畅:首先,社会环境,人类体质下滑是全球的问题,竞技体育迅猛发展,社会体育如火如荼,而学校体育一直饱受质疑,这使得人们不注意或者不屑于倾听学校体育的诉求;其次,经济环境,国家对于竞技体育、社会体育的投入力度远远大于对学校体育的投入力度;最后,文化环境,我国的传统文化本身尚文轻武,注重智育而非体育,学校体育的文化氛围较为薄弱。第四,话语平台不完善:首先,学生主体没有学校体育利益诉求的话语平台;其次,缺乏监管机构致使媒体为了吸眼球而夸大对学校体育的负面报道。第五,话语时代特色不鲜明。健康教育已被纳入国民教育体系,但是学校在实施健康教育的过程中,侧重于改善学校的卫生条件和生活环境,侧重于康复保健,忽视学校体育对健康的促进作用,并且,在学校体育教学中侧重学生运动技能的学习,忽视学生健康理念的培养,甚至省略了健康知识的传授。这使得学校体育的发展缺乏健康中国建设的时代特色。

结论:

(1)从话语权的视角分析我国学校体育的现实状况有以下几个方面。认知方面:政府高度重视、社会不认可、学校应付执行与学生参与意识淡薄;话语表达方面:学校体育利益诉求迫切、话语能力欠缺与话语质量不高;话语平台方面:媒体多元化与宣传力度不足。由此可知,我国学校体育缺乏话语权。

(2)学校体育缺乏话语权的原因在于学校体育自身发展不足,认知水平不到位,话语环境不通畅,话语平台不完善,时代特色不鲜明。

(3)学校体育话语权的提升策略是:夯实学校体育话语权的实力基础,提升学校体育的认知水平,营造学校体育良好的话语环境,拓宽学校体育的话语平台,抓住学校体育的时代契机。

关键词:话语权,学校体育,现实表达,提升策略

学校体育话语权的概念界定、理论阐释与体系构建*

研究目的：

学校体育话语权作为一种文化软实力，体现学校体育的发展水平和社会地位，代表学校体育的改革方向和前进动力。学校体育话语权的弱化是新时代学校体育仍未加强的重要原因之一。本研究通过阐释学校体育话语权的概念与本质、构建学校体育话语权体系，以期促进学校体育意识与价值观的有效传播，使社会公众、家长、教育者达成共识，正视并重视学校体育，从而推动学校体育的改革和高质量发展。

研究方法：

本研究采用文献资料法，以"话语权""体育话语权""教育话语权"分别为篇名与关键词进行检索；并采用专家访谈、逻辑分析等方法进行研究。

结果与分析：

第一，学校体育话语权是在一定话语环境下，话语主体借助话语平台以话语表达自身意愿、维护学校体育权益的权利与权力。第二，学校体育话语权包括三重含义：从宏观上看，学校体育话语权是指一个国家在进行学校体育国际交流时所拥有的决策权、表达权、传播权和议题设置权等；从中观上看，学校体育话语权是指社会和学校等关于学校体育工作的主导权、表达权和传播权等；从微观上看，学校体育话语权是个人表达学校体育利益诉求的表达权、传播权和评价权等。第三，学校体育话语权的本体是学校体育话语，价值是学校体育价值观，实践是将"理论话语"转变为"实践话语"，即学校体育政策文

---

* 2023年第一届全国学生（青年）运动会学科论文陕西省级评选（非基础段）一等奖。

件的落实与执行。话语权的"质"是话语权力,有大小强弱之分;话语权的"量"是话语权利,有多寡之分。

结论与建议:

第一,学校体育话语权的内在本质反映学校体育话语权是学校体育地位的体现,其核心主体是体育教师,最终受益者是学生。第二,学校体育话语权体系包括话语主体、话语客体、话语内容、话语平台、话语环境和话语效果六个指标内容。第三,建议构建学校体育话语权体系时,应遵循话语主体多元化、话语内容优质化、话语平台多样化、话语环境规范化、话语效果正向化。

关键词:学校体育话语权;概念界定;阐释;体系构建

一 研究目的

学校体育话语权作为一种文化软实力,体现学校体育的发展水平和社会地位,代表学校体育的改革方向和前进动力。学校体育话语权的弱化是新时代学校体育仍未加强的重要原因之一。目前,关于学校体育话语权的研究多为经验研究,如学校体育话语权的性别差异[1]、民族传统体育项目在体育教学中的失语[2]等,多数研究尚局限于学校体育话语权缺失的现状表述、经验分析和提升策略等;而其理论研究则多是关于学校体育话语[3][4]和体育学科话语权[5]的研究,关于学校体育话语权的系统理论研究较为罕见。提升学校体育话语权以期提升学校体

---

[1] 汪全先、王健:《我国学校体育性别问题的根源及其消解》,《体育学刊》2017年第2期。

[2] 田怡然:《文化生态视角下关于民族传统体育话语权之思考》,《文体用品与科技》2017年第6期。

[3] 孙淑慧:《20世纪80年代中期以来我国学校体育话语现象的反思与探析》,《成都体育学院学报》2010年第2期。

[4] 刘韬:《中国学校体育百年话语分析》,博士学位论文,湖南师范大学,2015年。

[5] 范美丽、钟贵钦:《学科规训视野下大学体育学科话语权的缺失与重建》,《贵州体育科技》2015年第4期。

育的地位、推动学校体育的发展，首先就应该明确学校体育权的概念、内涵和本质。本研究尝试通过阐释学校体育话语权的概念与本质、构建学校体育话语权体系，以促进学校体育意识与价值观的有效传播，使社会公众、家长、教育者达成共识，正视并重视学校体育，从而推动学校体育的改革和高质量发展。

二 研究方法

（一）文献资料法

本研究以"话语权""体育话语权""教育话语权"分别为篇名与关键词在中国知网上进行检索。

（二）逻辑分析法

通过逻辑分析进行相关概念的辨析，从而对学校体育话语权进行概念界定和理论阐释，并初步构建了学校体育话语权体系。

三 结果与分析

（一）学校体育话语权的概念界定

在教育场域，学校体育是教育的基石，学校体育话语权是教育话语权的重要组成部分；在体育场域，学校体育是体育不可或缺的组成部分，学校体育话语权是体育话语权的细化与深入。因此，学校体育话语权是教育话语权与体育话语权的下位概念。学校体育话语权这一称谓包含两个基本语素，"学校体育"与"话语权"。根据词组的语义分析，其中"学校体育"是限定词，"话语权"是中心词，但并不是"学校体育的话语权"的偏重关系，话语权的话语主体不可能是"学校体育"，而是国家、学校或个人等。依据话语权力理论与传播理论，借鉴话语权和体育话语权的概念，对学校体育话语权进行如下界定。

1. 广义和狭义的概念界定

学校体育话语权有广义和狭义之分，从广义上来看，学校体育话语权是指一个国家在进行学校体育国际交流活动时所拥有的表达权、传播权、议题设置权等；从狭义上看，学校体育话语权是话语主体表达其学校体育利益诉求的表达权、传播权、评价权等。

2. 依据不同层面的概念界定

学校体育话语权有公民与国家两个层面的含义，从公民层面出发，学校体育话语权是指公民表达学校体育权益诉求的权利与权力，权力并不是人人享有，对于公民而言，侧重于学校体育话语权利的多寡；从国家层面来看，学校体育话语权是指一个国家在进行学校体育国际交流时所拥有的权利与权力等，在此强调的国家的学校体育话语权力，体现一个国家在国际交流中处理学校体育国际交流事务时所处的地位，是否拥有主导权等。

从宏观层面来看，学校体育话语权是指一个国家在进行学校体育国际交流时所拥有的决策权、表达权、传播权和议题设置权等；从中观层面来看，学校体育话语权是社会和学校关于学校体育工作的主导权、表达权和传播权等，其主体包括媒体、社会组织、企业以及各级各类学校；从微观层面来看，学校体育话语权是个人表达其学校体育利益诉求的表达权、传播权和评价权等，其中个人包括主管体育的校领导、体育教师、学生和家长等。不同群体之间学校体育话语权利有多寡之分，相同群体之间学校体育话语权力有大小和强弱之分。

3. 传播学视角的概念界定

从传播学的视角来看，学校体育话语权是在一定话语环境下，话语主体借助话语平台用话语表达自身意愿、维护学校体育权益的权利与权力。由于话语权是权力与权利的统一，话语权作为一种权利，是一种资格，是一种身份认证，是人人均可享有的权利；而话语权作为一种权力，则是社会关系和地位的一种象征，体现话语的影响力和权威性，是一种力量的体现。因此话语权重在权力，研究话语权的重点是研究其话语权力的大小和强弱，期望通过提升话语权力，提高话语主体的地位。学校体育话语权作为一种话语权，具有话语权的共性，因此，学校体育话语权是话语主体表达其学校体育权益诉求的权利，对学校体育的发展和学校体育事务自由发表意见、表达利益诉求的权力。

学校体育话语权作为话语权在学校体育领域的展现，重在研究学校体育话语权利的多寡与话语权力的强弱。学校体育话语权作为一种权利，人人公平享有；但是作为一种权力，并非人人平等的。

综上所述，学校体育话语权是用话语来表达学校体育的诉求，是使学校体育能够获得公平发展的机会和持续发展的动力。它是在一定话语环境下，话语主体借助话语平台以话语表达自身意愿、维护学校体育权益的权利与权力。学校体育话语权作为一种文化软实力，具有三重含义：从宏观上看，学校体育话语权是指一个国家在进行学校体育国际交流时所拥有的决策权、表达权、传播权和议题设置权等；从中观上看，学校体育话语权是指社会与学校等关于学校体育工作的主导权、表达权和传播权等；从微观上看，学校体育话语权是个人表达其学校体育利益诉求的表达权、传播权和评价权等。

（二）学校体育话语权的理论阐释

1. 学校体育话语权的本体、价值与实践

本体论是理解学校体育话语权的理论先导。明晰学校体育话语权的本体、价值与实践，才能够正确把握学校体育话语权的科学内涵、话语生成和践行，树立科学的学校体育价值观，增强学校体育的社会认同，提升学校体育话语权，推动学校体育的发展，进而提高学校体育的发展水平和社会地位。

学校体育话语权的本体是学校体育话语。由于话语权用话语表达来实现，而话语表达通过媒体传播来实现，可见，话语的产生离不开媒介的传播。因此，话语权涉及话语本身的含义与话语传播的能力[①]。学校体育话语权的获得、提升与媒体传播密不可分。此外，由于学校体育话语权的本体是学校体育话语，拥有、提升学校体育话语权应该围绕学校体育话语进行，应该关注提高学校体育话语内容的质量，提高传播效果，增强学校体育话语的影响力。

学校体育话语背后蕴含着话语主体的学校体育价值观，从宏观上看，学校体育话语权反映一个国家的学校体育国际交流与合作的价值诉求，体现一个国家在国际交流中的地位和学校体育的发展水平；从中观上看，学校体育话语权体现学校或社会组织在社会中所处的地位；从微观上看，学校体育话语权反映了话语主体的学校体育权益和价值诉求，体现话语主体的社会地位。学校体育话语权作为一种权力的表征，蕴含着话语主体的意识形态和价值观念。社会发展不同时期，学校体育价值观有所不同；不同的地域文化蕴含不同的学校体育价值观。

学校体育话语权的实践过程就是将学校体育"理论话语"转化为"实践话语"的过程，将学校体育政策文件等落实践行的过程。例如，体育教师学校体育话语权的实践就是具体执行学校体育工作，通过教授学生运动技能、增强学生体质来实现学校体育的价值。

2. 学校体育话语权的质与量

不同群体拥有不同的话语权利，相同群体可以拥有不同的话语权力，这使得人们更为关注话语权的"质"，即话语权力。拥有不同的话语权力，反映话语权"质"的区别，即拥有话语权力的大小与强弱，话语权力的大小反映话语传播的范围和广度，话语权力的强弱则反映

---

① 梁立启等：《话语权：全球化时代中国体育的诉求》，《北京体育大学学报》2014年第11期。

话语影响的程度和深度。

从权利的角度看,话语权主要表现为表达权、议题设置权和决策权等。拥有决策权,体现话语主体在场域内占据优势地位,处于支配与统治的关系。以中小学为例,主管体育工作的校长、体育组长、体育教师和学生在学校教育场域所处的位置不同,权力自上而下的运行机制使得他们掌握不同的资本。话语权是一种文化软实力的表征,也可以被视为是一种文化资本。不同群体掌握不同的文化资本,因此,拥有不同的话语权。拥有不同的话语权利,反映话语权"量"的区别,即拥有话语权利的多寡。

3. 学校体育话语权的内在本质

(1) 学校体育地位的体现

话语权反映事物的发展水平和地位,因此,学校体育话语权体现了学校体育的发展水平和社会地位。从宏观上看,学校体育话语权体现一个国家在国际体系中的地位,反映学校体育的发展水平和地位;从中观上看,学校体育话语权反映学校体育界的社会地位,体现社会对学校体育的认同度;从微观上看,学校体育话语权体现在学校内部关于学校体育工作的主导权与决策权,反映不同话语主体的学校体育价值、观念、意识形态的影响力,以及社会对学校体育工作者尤其是体育教师的认可度。

(2) 核心主体是体育教师

从国家层面上看,学校体育话语权的基础是本国学校体育的实力,而学校体育的实力具体体现为学校体育工作的开展状况,包括体育课程设置、体育课堂教学、课外体育活动、校园体育文化等多个方面。而这些具体学校体育工作的践行者是体育教师,体育教师肩负着学校绝大部分体育工作任务,是学校体育工作的具体执行者,是学校体育工作的主力军,体育教师对基层学校体育工作的开展和落实具有必不可缺、无可替代的作用。因此,学校体育话语权的核心主体是体育教师。

(3) 最终受益者是学生

学校体育话语权的最终受益者是学生。作为一种话语权利,话语权是公民身份的一种象征,是一项人人应该拥有的基本权利,学校体育话语权多是师生表达其学校体育观念和利益诉求的自由和资格,在公民与国家的关系上,"公民权利是第一位的,国家权力是第二位的"。从权利角度来审视学校体育话语权,国家为了保障学生的体育权利,增强学生体质而进行的话语诉求从而维护青少年的体育发展权益。在教育场域,在学校,学校体育话语权体现的是学校体育的发展水平和学校体育在学校教育中所处的地位,反映的是关于学校体育权益的诉求,学校体育的最终受益者是学生,因此,学校体育话语权的最终受益者也是学生。

(三) 学校体育话语权的体系构建

依据传播理论,话语权在话语传播的过程中产生与形成,即在一定话语环境中,话语主体借助话语平台将话语内容传播给话语客体,获得话语反馈,达到预期的话语效果,从而形成话语权,这是话语权的生成机制。因此,话语权体系主要包括话语主体、话语客体、话语内容、话语平台、话语环境和话语效果六个指标要素。学校体育话语权的体系应依照话语权体系的共性构建。构建学校体育话语权体系是实现学校体育话语权的基础,也是学校体育话语权优化路径的理论依据。

1. 话语主体多元化

话语主体,即话语的传播者,它是话语权生成的主体要素。话语主体是研究"谁来说"的问题。话语主体包括话语行为主体和话语实施主体,话语行为主体一般为国家或者政府,而话语实施主体为个人或组织①。话语主体通过话语实践,"确立其社会地位"②,并影响他人,从而获得话语权。学校体育话语主体多元化,不仅包括政府、社会和学校,其中政府主要是国家各级政府部门,如国务院、教育部、省、市、县等各级地方政府;社会则包括各种社会组织,如体育学会、协会、俱乐部等,还包括媒体界、企业、社会大众等。从个人层面上看,教育行政部门的管理者代表政府,主管体育的校领导、体育组长(体育部系主任、体育学院院长)、体育教师和学生则是学校的不同个体,而家长是代表社会的个体。

2. 话语内容优质化

话语内容,即"说什么"的问题,需要注意话语的逻辑和质量。话语内容的表达要具有逻辑性、完整性和真实性,让话语客体能够听懂并且认可,才能达到话语传播的效果,才能赢得话语权。话语内容的质量直接影响话语的传播效果,因此,要注意提高话语内容的质量。从国家层面来看,话语内容是由一个国家的实力及其在处理国际事务中的地位和拥有的影响决定的③,它反映一个国家所关注的与自身利益相关或与承担的国际责任、义务相关的观点和立场,话语内容涉及政治、经济、军事、文化和社会生活等许多方面④。从个人层面来看,话语内容体现话语主体的利益诉求,反映其观点与立场,而话语内容的质量与话语主体的认知水平以及话语客体的意识形态密切相关⑤。

---

① 梁立启等:《话语权:全球化时代中国体育的诉求》,《北京体育大学学报》2014年第11期。
② 王治河:《福柯》,湖南教育出版社1999年版。
③ 梁凯音:《论国际话语权与中国拓展国际话语权的新思路》,《当代世界与社会主义》2009年第3期。
④ 谭达顺:《在失衡的格局中失权:我国国际体育话语权现状分析及拓展路径研究——基于伦敦奥运会不公平事件的思索》,《成都体育学院学报》2013年第5期。
⑤ 张志洲:《话语质量:提升国际话语权的关键》,《红旗文稿》2010年第14期。

3. 话语平台多样化

话语平台是指话语主体通过何种载体或者渠道表达或传播话语，研究"怎么说"的问题。话语平台是话语主体实现话语权形成影响力的重要手段，包括各种纸质媒体如报纸、期刊、书籍等，广播电视、网络数字平台、教育教学平台、会议平台和社交平台等。人们进行话语交流与传播时必须借助一定的话语平台。话语平台是话语主体向话语客体传递话语内容时采用的载体、途径或者渠道。话语平台的掌控有助于话语传播的效果，因此，话语主体在选择话语平台时，要综合运用多种平台，扩宽话语平台，以便更有效地进行话语传播。话语平台的覆盖面越广，话语客体也就越多。话语平台是否健全和完善决定了话语权是否能够实现。

4. 话语环境规范化

话语环境是话语权实现的场所，它是话语表达的氛围。话语环境主要包括法治环境、政策环境、文化环境、经济环境和社会环境等。良好的话语环境是话语主体之间自由交流与对话的基础，话语环境的优劣直接影响到话语表达的效果。话语环境规范化，即法制健全、政策完善、文化先进、经济繁荣、社会进步，有利于表达诉求、实现话语效果，拥有并提升话语权。营造规范化的学校体育话语环境，有助于提升学校体育话语权。

5. 话语效果正向化

话语效果也称为话语反馈，是话语主体所表达的观点、立场和主张等最终获得的结果和效果，研究"说得怎么样"，是话语表达获得的结果，即研究话语主体的话语内容是否得到话语客体的反应、接受和认同。话语效果有正向效果和负向效果，正向效果表现为话语客体对话语内容的接受和认同，其中认同可以分为情感认同、价值认同和行为认同。对学校体育话语的情感认同是话语客体在理性的基础上，对学校体育话语的肯定和满意，能够形成一种相对稳定的、基于情感的肯定和赞同；对学校体育话语的价值认同是话语客体能够以共同的学校体育价值观作为标准来规范自己，并自觉地将其内化为自己的信念；而对学校体育话语的行为认同是话语客体对学校体育话语内容一致的实践行动，积极遵守或者践行学校体育话语的指向。因此，话语效果的正向化有助于实现、提升学校体育话语权。

四　结论与建议

（一）结论

（1）从传播学的视角来看，学校体育话语权是在一定话语环境下，话语主体借助话语平台用话语表达自身意愿、维护学校体育权益的权利与权力。

（2）学校体育话语权的内在本质反映学校体育话语权是学校体育地位的体现，核心主体是体育教师，最终受益者是学生。

（3）学校体育话语权体系包括话语主体、话语客体、话语内容、话语平台、话语环境和话语效果六个指标内容。

（二）建议

（1）提升学校体育话语权首先应增强学校体育界尤其是体育教师的话语能力，使其能够有效使用多种话语平台高质量地表达其关于学校体育权益的诉求，实现学校体育意识与价值观的有效传播，促使社会公众、家长、教育者对学校体育达成共识，从而有助于提升学校体育的地位。

（2）实现学校体育话语权的场所和主阵地是学校，因此，在学校体育教学和管理实践中，应该维护学生的学校体育话语权利，保障体育教师的学校体育话语权利，提升体育教师的学校体育话语权力，只有这样，才有可能推动学校体育的发展。

（3）构建学校体育话语权体系有助于学校体育话语权的产生与形成，因此，提升学校体育话语权关键在于构建科学的学校体育话语权体系。依据话语权体系的六个指标，建议构建体系时应该遵循话语主体多元化、话语内容优质化、话语平台多样化、话语环境规范化和话语效果正向化，只有这样，才有可能构建出科学的学校体育话语权体系。

参考文献

一 中文图书著作文献

(一) 中文著作

曹可强：《体育产业概论》，复旦大学出版社2004年版。

陈开举：《话语权的文化学研究》，中山大学出版社2012年版。

陈堂发：《媒介话语权解析》，新华出版社2007年版。

但昭彬：《话语权与权力——中国近现代教育宗旨的话语分析》，山东教育出版社2008年版。

洪波：《思想政治教育话语范式转化研究》，浙江大学出版社2012年版。

冷淞：《新形势下媒体国际传播与话语权竞争》，中国社会科学出版社2016年版。

李金水：《中国公民话语权研究》，吉林人民出版社2009年版。

李林：《中国学校体育热点问题研究报告》，化学工业出版社2016年版。

刘学义：《话语权转移：转型时期媒体言论话语权实践的社会路径分析》，中国传媒大学出版社2008年版。

刘永涛：《话语政治：符号权力和美国对外政策》，复旦大学出版社

2014年版。

潘绍伟、于可红：《学校体育学（第二版）》，高等教育出版社2008年版。

邱小平：《表达自由——美国宪法第一修正案研究》，北京大学出版社2005年版。

全国体育学院教材委员会：《运动训练学》，人民体育出版社2002年版。

庹继光：《奥林匹克传播论》，巴蜀书社2007年版。

王治河：《福柯》，湖南教育出版社1999年版。

吴瑛：《中国话语权生产机制研究：基于西方舆论对外交部新闻发言人引用的实证分析》，上海交通大学出版社2014年版。

杨敏：《话语的社会性与政治性阐释》，光明日报出版社2015年版。

曾文莉、谭秀湖：《中国电视娱乐节目受众话语权力研究》，中国广播电视出版社2012年版。

张国庆：《话语权：美国为什么总是赢得主动》，江苏人民出版社2010年版。

张国庆：《媒体话语权：美国媒体如何影响世界》，中国人民大学出版社2012年版。

张宏：《中国出版走出去的话语权和传播力构建》，苏州大学出版社2015年版。

郑保卫：《新闻理论新编》，中国人民大学出版社2007年版。

郑乐平：《超越现代主义和后现代主义：论新的社会理论空间之建构》，上海教育出版社2003年版。

（二）中文析出文献

陈锡尧：《马拉松赛事的圈层文化：当今社会的多元价值体现》，全球视野下的生态体育发展论坛论文，丽江，2018年。

何亚非：《发挥华侨传播中华文化优势》，载姜加林、于运全编《构建融通中外的对外话语体系："第四届全国对外传播理论研讨会"论文集》，外文出版社2016年版。

蒋建国：《不断增强中国话语的影响力和感召力》，载姜加林、于运全编《构建融通中外的对外话语体系："第四届全国对外传播理论研讨会"论文集》，外文出版社2016年版。

李慎明：《对西方话语体系应有清醒的判断》，载张国祚编《中国文化软实力研究报告（2010）》，社会科学文献出版社2011版。

刘轶、董涛：《平台·内容·机制：构建我国现代传播体系的三个维度》，载姜加林、于运全编《构建融通中外的对外话语体系："第四届全国对外传播理论研讨会"论文集》，外文出版社2016年版。

袁莎：《话语、权力与说服：建构有效的对外话语体系》，载姜加林、于运全编《构建融通中外的对外话语体系："第四届全国对外传播理论研讨会"论文集》，外文出版社2016年版。

张铭清：《文化软实力的重要指标：话语权》，载张国祚编《中国文化软实力研究报告（2010）》，社会科学文献出版社2011年版。

周明伟：《着力构建融通中外的话语体系》，载姜加林、于运全编《构建融通中外的对外话语体系："第四届全国对外传播理论研讨会"论文集》，外文出版社2016年版。

（三）中译著作

［英］Ken Green：《理解体育教育》，王健、董国永主译，华中师范大学出版社2015年版。

［美］阿尔温·托夫勒：《权力的转移》，刘红等译，中共中央党校出版社1991年版。

［德］哈贝马斯：《交往与社会进化》，张博树译，重庆出版社 1989 年版。

［美］加布里埃尔·A. 阿尔蒙德、小 G. 宾厄姆·鲍威尔：《比较政治学：体系、过程和政策》，曹沛霖等译，上海译文出版社 1987 年版。

［美］杰西·格·卢茨：《中国教会大学史（1850—1950）》，曾钜生译，浙江教育出版社 1987 年版。

［英］伯特兰·罗素：《权力论》，靳建国译，东方出版社 1988 年版。

［法］米歇尔·福柯：《规训与惩罚》，刘北成等译，生活·读书·新知三联书店 1999 年版。

［法］米歇尔·福柯：《权力的眼睛》，严锋译，上海人民出版社 1997 年版。

［法］米歇尔·福柯：《性史》，张廷琛等译，上海科学技术文献出版社 1989 年版。

［法］米歇尔·福柯：《语言与翻译的政治》，许宝强等译，中央编译出版社 2001 年版。

［法］米歇尔·福柯：《知识考古学》，谢强等译，生活·读书·新知三联书店 1998 年版。

［英］尼克·史蒂文森：《认识媒介文化》，王文斌译，商务印书馆 2001 年版。

［英］诺曼·费尔克拉夫：《话语与社会变迁》，殷晓蓉译，华夏出版社 2003 年版。

［荷］托伊恩·A. 梵·迪克：《作为话语的新闻》，曾庆香译，华夏出版社 2003 年版。

［美］约瑟夫·奈：《软力量——世界政坛成功之道》，吴晓辉译，东方出版社 2005 年版。

(四) 中文期刊

本刊记者:《面向未来:新体育科学暨学校体育国际会议——中美体育教师实践展示研讨课在苏州市振华中学召开》,《中国学校体育》2011年第11期。

陈凤林:《国际足球赛事中VAR技术与裁判话语权冲突研究》,《科教导刊》2017年第16期。

陈善平等:《学校体育政策态度对大学生体质健康标准测试数据的影响》,《成都体育学院学报》2016年第2期。

陈豌卿:《今日之体育及体育教师》,《浙江体育月刊》1937年第7期。

陈曦等:《大数据语境下教育者话语权的重构》,《教育理论与实践》2021年第1期。

陈晔:《我国奥运会争议判罚中的话语权分析》,《体育文化导刊》2013年第6期。

程雪峰:《媒介推力与文化强势:对中国体育话语权缺失的再认识》,《中国体育科技》2015年第5期。

董世军等:《现代思想政治教育话语及其困境分析》,《长春大学学报》2007年第1期。

范美丽、钟贵钦:《学科规训视野下大学体育学科话语权的缺失与重建》,《贵州体育科技》2015年第4期。

范蕴玉、周建祥:《高校辅导员思想政治教育话语能力提升策略研究》,《重庆电子工程职业学院学报》2019年第5期。

冯广艺:《论话语权》,《福建师范大学学报》(哲学社会科学版)2008年第4期。

冯雅男等:《困境与视角:对我国基础教育体育课程改革的思考》,《北京体育大学学报》2017年第8期。

冯雅男、李金龙:《对体育课和健康教育关系的审视》,《体育学刊》

2015年第2期。

高贯发：《武术话语权刍议》，《体育研究与教育》2017年第2期。

高嵩等：《弱势群体体育利益话语权保障研究》，《河北体育学院学报》2013年第6期。

郭三娟、殷雨晴：《基础教育改革中教师话语权的缺失与构建》，《教育理论与实践》2018年第3期。

韩庆祥：《全球化背景下"中国话语体系"建设与"中国话语权"》，《中共中央党校学报》2014年第5期。

侯丽羽、张耀灿：《论思想政治教育话语的三种基本形态》，《马克思主义研究》2018年第12期。

黄爱峰、王健：《学校体育发展的10大问题省思》，《北京体育大学学报》2015年第2期。

季嵘：《举国体制背景下运动员话语权的提升策略研究》，《南京体育学院学报》（自然科学版）2014年第1期。

荆雯：《我国竞技体育国际话语权问题研究》，《体育文化导刊》2013年第9期。

黎彬：《ICT时代体育话语权重构的启示》，《首都体育学院学报》2010年第2期。

李爱国：《基于微信平台的高校辅导员思想政治教育话语权提升策略研究》，《黑河学刊》2020年第2期。

李达伟：《我国运动员话语权发展研究》，《内江师范学院学报》2012年第4期。

李飞、刘莹：《学前教育立法背景下幼儿园教师的话语权重构》，《陕西学前师范学院学报》2020年第1期。

李鹏：《当代大学生要有健全的体魄》，《学校体育》1986年第5期。

李少群、卢其宝：《落实"中央7号文件"不妨从"校长重视体育"

抓起》,《体育教学》2012 年第 7 期。

李少群、卢其宝:《落实"中央 7 号文件"的基本状况》,《中国学校体育》2012 年第 7 期。

李源等:《社会转型期武术文化的现代角色转换与话语权的重拾》,《山东体育学院学报》2013 年第 5 期。

梁凯音:《论国际话语权与中国拓展国际话语权的新思路》,《当代世界与社会主义》2009 年第 3 期。

梁立启等:《话语权:全球化时代中国体育的诉求》,《北京体育大学学报》2014 年第 11 期。

梁立启、邓星华:《国外学校体育思想的传入及其对我国当代学校体育发展的启示》,《体育学刊》2013 年第 5 期。

梁立启等:《我国体育话语权的产生基础与有效发挥研究》,《武汉体育学院学报》2017 年第 7 期。

梁玉春:《实然与应然:中国国际话语权面临的困境与提升策略》,《云南行政学院学报》2013 年第 4 期。

廖莉、李艳翎:《国际体育话语权的内涵研究》,《当代体育科技》2014 年第 16 期。

廖莉、李艳翎:《论国际竞技体育话语权的内涵及特征》,《当代体育科技》2014 年第 12 期。

廖莉、李艳翎:《论我国竞技体育国际话语权缺失感》,《当代体育科技》2014 年第 15 期。

刘剑:《20 世纪 20 年代我国体育话语权诉求的历史回顾》,《体育学刊》2010 年第 7 期。

刘鹏:《运动员话语权的缺失致因——基于"庄朵朵事件"的思考》,《延安大学学报》(自然科学版)2014 年第 4 期。

刘宁等:《改革开放以来我国学校体育政策、法规演变脉络之研究》,

《体育科学》2009 年第 12 期。

刘树桥：《法的内容：权利、权力、义务之思辨》，《南昌大学学报》（人文社会科学版）2008 年第 4 期。

刘晓丽、万晓红：《建设体育强国时期的中国体育国际形象传播》，《传媒观察》2015 年第 1 期。

刘笑盈：《关于构建中国话语体系的思考》，《对外传播》2013 年第 6 期。

刘昕：《关于体育课程实施若干问题的理论探析》，《北京体育大学学报》2011 年第 9 期。

刘永涛：《语言与国际关系：拓展政治分析的新视角》，《世界经济与政治》2011 年第 7 期。

刘雨辰、龙畅：《高校高水平运动队竞技话语权探析》，《体育世界》2013 年第 6 期。

刘运显、舒大凡：《论如何提升辅导员在大学生网络思想政治教育中的话语权》，《学校党建与思想教育》2016 年第 8 期。

刘占鲁、孙勇：《论奥林匹克语境下武术话语权力的缺失》，《广州体育学院学报》2013 年第 1 期。

陆红梅、李军：《高校道德教育话语权创新及其实践途径》，《黑龙江高教研究》2010 年第 12 期。

陆镜：《朝中有人与体育话语权》，《南风窗》2008 年第 15 期。

陆攀：《体育报道与主流意识形态的话语权——基于话语分析的视角》，《绥化学院学报》2015 年第 5 期。

马冠楠、刘桂海：《大国崛起背景下的体育准备》，《南京体育学院学报》2011 年第 4 期。

毛志强等：《人类命运共同体话语权建构的三重选择：本体·价值·实践》，《学术探索》2019 年第 2 期。

莫勇波：《论话语权的政治意涵》，《中共中央党校学报》2008 年第 4 期。

邱仁富：《思想政治教育话语创新论》，《电子科技大学学报》（社会科学版）2010 年第 5 期。

阮建平：《话语权与国际秩序的建构》，《现代国际关系》2003 年第 5 期。

沈翔：《中国体育国际话语权提升的博弈策略》，《科技资讯》2017 年第 11 期。

沈翔：《中国体育国际话语权现状与提升对策》，《科技资讯》2017 年第 12 期。

孙科等：《观念的错位——对伦敦奥运会报道系列事件的分析》，《体育与科学》2012 年第 5 期。

孙科：《学校体育，路在何方？》，《体育与科学》2013 年第 2 期。

孙淑慧：《20 世纪 80 年代中期以来我国学校体育话语现象的反思与探析》，《成都体育学院学报》2010 年第 2 期。

孙玉马：《中国武术对外传播中的话语权研究》，《武术研究》2017 年第 7 期。

谭达顺：《在失衡的格局中失权：我国国际体育话语权现状分析及拓展路径研究——基于伦敦奥运会不公平事件的思索》，《成都体育学院学报》2013 年第 5 期。

唐东辉、张文羽：《当代传媒话语权下对女性体育文化的思考》，《体育与科学》2006 年第 2 期。

唐国军、刘国普：《集体行动困境视阈下农民话语权保障探索》，《云南行政学院学报》2010 年第 6 期。

唐小华：《学生课堂话语权蕴含的价值观教育》，《教学与管理》2020 年第 18 期。

陶丽、顾丹丹：《师生互动视角下学生话语权的缺失与建构》，《湖北师范大学学报》（哲学社会科学版）2020 年第 1 期。

田怡然：《文化生态视角下关于民族传统体育话语权之思考》，《文体用品与科技》2017 年第 6 期。

童志坚、袁古洁：《弱势群体体育权利保障的国际法渊源分析》，《体育科学》2013 年第 8 期。

汪全先等：《我国民族传统体育文化的当代困境与消解》，《武汉体育学院学报》2015 年第 7 期。

汪全先、王健：《我国学校体育性别问题的根源及其消解》，《体育学刊》2017 年第 2 期。

汪文涛等：《花样游泳掌门人的话语权》，《方圆》2017 年第 1 期。

王传峰：《当前我国学校道德教育话语权的式微》，《教育科学研究》2010 年第 5 期。

王峰等：《城镇化进程中新生代农民工体育话语权的思考》，《体育科学研究》2014 年第 3 期。

王凤仙：《基于社会排斥理论的农民工体育权益保障研究》，《南京体育学院学报》（社会科学版）2010 年第 6 期。

王岗：《找回中国武术的文化话语权》，《中华武术》2008 年第 6 期。

王岗：《中国武术发展的文化路径——从文化话语权谈起》，《搏击》2008 年第 5 期。

王丽平：《知识经济时代中国高等教育转型的理论与实践》，《太原大学学报》2013 年第 4 期。

王爽等：《中国国际体育话语权现状浅析及困局解读》，《当代体育科技》2014 年第 5 期。

王晓：《体育大众传播中话语权分析》，《山西师大体育学院学报》2011 年第 1 期。

王越、王涛：《文化软实力提升中国话语权探究》，《东北师范大学学报》（哲学社会科学版）2013 年第 5 期。

王征、谭智平：《中国竞技体育话语权研究》，《山东社会科学》2015

年第 S2 期。

王智慧:《论体育强国视域下的国家体育话语能力》,《西安体育学院学报》2014 年第 3 期。

吴贤军:《基于两种逻辑向度的中国国际话语权构建问题审视》,《东南学术》2015 年第 5 期。

吴瑛:《信息传播视角下的话语权生产机制研究》,《四川大学学报》(哲学社会科学版) 2011 年第 3 期。

夏青、秦小平:《论弱势群体体育基本利益的保障——基于公民话语权的视角》,《西安体育学院学报》2014 年第 2 期。

谢军、陈少坚:《中国特色国际体育关系理论研究》,《体育科学研究》2010 年第 2 期。

谢群、徐建军:《高校辅导员网络思想政治教育话语权的建构——基于网络语言视角》,《湘潭大学学报》(哲学社会科学版) 2018 年第 1 期。

谢宜轩:《基于我国综合实力增长的国际体育赛事话语权研究》,《陕西教育 (高教)》2016 年第 2 期。

徐大超:《论中国的国际话语权及其"硬权力"基础》,《当代世界》2010 年第 6 期。

徐军义:《福柯的话语权力理论分析》,《文教资料》2010 年第 35 期。

徐涛、张迈曾:《高等教育话语的新变迁——机构身份再构建的跨学科研究》,《河北大学学报》(哲学社会科学版) 2004 年第 3 期。

许苏明:《论思想政治教育的话语转换》,《东南大学学报》(哲学社会科学版) 2014 年第 2 期。

杨建义:《论信息时代思想政治工作的话语权》,《思想教育研究》2006 年第 8 期。

游蕴琦:《健康教育的困境及与体育课堂教学整合的策略》,《体育学刊》2014 年第 5 期。

袁赛男：《中国国际话语权的现实困境与适时转向——以"一带一路"战略实施中的新对外话语体系为例》，《理论视野》2015年第6期。

詹锦平：《软实力与中国在奥运文化中话语权的相关性分析——兼论中国武术进入奥运的路径之选》，《山东体育科技》2013年第6期。

曾诚、邓星华：《体育国际话语权与中国国家形象建构》，《体育学刊》2016年第2期。

张殿军：《硬实力、软实力与中国话语权的建构》，《中共福建省委党校学报》2011年第7期。

张国祚：《关于"话语权"的几点思考》，《求是》2009年第9期。

张健：《话语权的解释框架及公民社会中的话语表达》，《湖南行政学院学报》2008年第5期。

张劲松、张树巍：《高校体育新常态的发展特征与目标实现路径》，《中国学校体育》（高等教育）2016年第3期。

张军生、徐立宏：《关于我国国际体育赛事话语权的感悟》，《才智》2015年第36期。

张鲲、王佳：《竞技体育话语权的提升策略研究》，《四川体育科学》2017年第3期。

张凌：《问题探究：教育话语权形成的逻辑起点》，《教育理论与实践》2021年第10期。

张梅花：《论大众文化与思想政治理论课的话语权控制》，《广州大学学报》（社会科学版）2012年第1期。

张铭清：《话语权刍议》，《中国广播电视学刊》2009年第2期。

张世威、宋成刚：《社会排斥与农民工体育话语权的缺失》，《天津体育学院学报》2008年第2期。

张守忠、李源：《性别差异视域下女性参与竞技体育话语权缺失与建构》，《南京体育学院学报》2015年第4期。

张文鹏、王健：《新中国成立以来学校体育政策的演进：基于政策文本的研究》，《体育科学》2015 年第 2 期。

张晓义、永树理：《中国体育国际话语权：现实困境与提升方略——以里约奥运会为切入点》，《思想战线》2017 年第 4 期。

张晓义：《体育全球化：中国体育的态度与制度应对》，《北京体育大学学报》2016 年第 2 期。

张学文：《重塑话语体系：构建中国特色的高等教育话语逻辑》，《中国高教研究》2015 年第 7 期。

张洋、何玲：《新世纪我国青少年体质健康发展研究——中国青少年体质健康状况动态分析——基于 2000—2014 年四次国民体质健康监测数据》，《中国青年研究》2016 年第 6 期。

张振龙等：《体育权利的基本问题》，《体育学刊》2008 年第 2 期。

张志洲：《话语质量：提升国际话语权的关键》，《红旗文稿》2010 年第 14 期。

张志洲：《中国国际话语权的困局与出路》，《绿叶》2009 年第 5 期。

郑杭生：《学术话语权与中国社会学发展》，《中国社会科学》2011 年第 2 期。

周炯：《论微时代情境下高校思想政治教育话语权建构》，《湖南师范大学教育科学学报》2015 年第 3 期。

朱以财、刘志民：《"一带一路"高等教育共同体话语权：现状评析与提升路径》，《现代大学教育》2020 年第 1 期。

朱肇莹：《基于篮球文化的媒介话语权探析》，《芒种》2017 年第 6 期。

（五）中文学位论文

胡银银：《改革开放以来我国意识形态话语权问题研究》，博士学位论文，南开大学，2014 年。

黄晓钟：《中国媒介话语秩序重构》，博士学位论文，四川大学，2007年。

贾绍俊：《中国共产党思想政治教育话语权建设研究》，博士学位论文，哈尔滨师范大学，2021年。

李慧：《从广场舞纠纷看体育弱势群体话语权的缺失》，硕士学位论文，重庆大学，2016年。

廖莉：《论国际竞技体育话语权》，博士学位论文，湖南师范大学，2014年。

刘韬：《中国学校体育百年话语分析》，博士学位论文，湖南师范大学，2015年。

刘勇：《当代中国主流价值观话语权的思想溯源与现实建构》，博士学位论文，安徽大学，2017年。

史姗姗：《思想政治教育话语权研究》，博士学位论文，武汉大学，2014年。

王爽：《中国体育国际话语权的博弈策略研究》，硕士学位论文，郑州大学，2014年。

王征：《中国竞技体育话语权研究》，硕士学位论文，湖南大学，2016年。

（六）中文网站

《2021年全国各地市体育中考（分值、项目）大预告》，中招网，https：//www.zhongzhao.org.cn/news/show-334584.html，2024年4月18日。

《半个月三起中学生戴口罩跑步猝死事件！多地紧急通知：体育课不戴口罩！》，齐鲁网，http：//news.iqilu.com/shandong/yuanchuang/2020/0508/4538712.shtml，2020年5月8日。

《国务院办公厅关于强化学校体育促进学生身心健康全面发展的意见》，

政府网，http：//www.gov.cn/zhengce/content/2016-05/06/content_5070778.htm，2016年5月6日。

《"健康中国2030"规划纲要》，人民网，http：//health.people.com.cn/n1/2016/1129/c408564-28909495.html，2016年10月26日。

慈鑫：《拯救政策为何止不住青少年体质的下滑》，中青在线，http：//zqb.cyol.com/content/2010-03/21/content_3144196.htm，2010年3月21日。

樊未晨：《教育部：全国各地已经实现"体育中考"全覆盖》，中国青年网，https：//baijiahao.baidu.com/s?id=1686038437809557325&wfr=spider&for=pc，2020年12月14日。

《疯狂｜为在中考体育拿高分　家长让孩子吃兴奋剂！谁该"吃药"？》，央视网，http：//m.news.cctv.com/2017/07/13/ARTIgSBrnhHCyctF67-SEvpuw170713.shtml，2017年7月13日。

教育部：《教育部、国家体育总局、共青团中央关于开展全国亿万学生阳光体育运动的通知》，中华人民共和国教育部政府门户网站，http：//www.moe.gov.cn/srcsite/A17/moe_938/S3276/200612/t20061220_80870.html，2006年12月20日。

教育部：《高等学校体育工作基本标准》，中华人民共和国教育部政府门户网站，http：//www.moe.gov.cn/srcsite/A17/moe_938/s3273/201406/t20140612_171180.html，2014年6月12日。

教育部：《〈体育与健康〉教学改革指导纲要（试行）印发》，中华人民共和国教育部政府门户网站，http：//www.moe.gov.cn/jyb_xwfb/gzdt_gzdt/s5987/202107/t20210722_546095.htm，2021年7月22日。

教育部：《关于进一步加强中小学生体质健康管理工作的通知》，中华人民共和国教育部政府门户网站，ttp：//www.moe.gov.cn/srcsite/

A17/moe_ 943/moe_ 947/202104/t20210425_ 528082. html，2021 年 4 月 21 日。

教育部：《关于进一步明确义务教育阶段校外培训学科类和非学科类范围的通知》，中华人民共和国教育部政府门户网站，http：// www. moe. gov. cn/srcsite/A29/202107/t20210730_ 547807. html，2021 年 7 月 29 日。

教育部：《关于全面加强和改进新时代学校体育工作的意见》和《关于全面加强和改进新时代学校美育工作的意见》，中华人民共和国教育部政府门户网站，http：//www. moe. gov. cn/jyb_ xxgk/moe_ 1777/moe_ 1778/202010/t20201015_ 494794. html，2020 年 10 月 15 日。

教育部：《中共中央国务院关于全面深化新时代教师队伍建设改革的意见》，中华人民共和国教育部政府门户网站，http：//www. moe. gov. cn/jyb_ xxgk/moe_ 1777/moe_ 1778/201801/t20180131_ 326144. html，2018 年 1 月 20 日。

李爱群、王思：《"体教融合：理念·方法·路径"学术研讨会成功举办》，武汉体育学院官网，https：//www. whsu. edu. cn/info /1053/ 54381. htm，2020 年 7 月 1 日。

李笑萌：《加强体育课健体、育魂、育人功效》，光明网，https：// m. gmw. cn/baijia/2021 – 03/11/34676450. html，2021 年 3 月 11 日。

刘博超：《让孩子拥有更多"体育时间"》，光明网，https：//m. gmw. cn/baijia/2021 – 05/09/34830143. html，2021 年 5 月 9 日。

周洪鹏：《新华社评：伦敦奥运中国为何屡遭不公　英德受益》，搜狐体育，https：//sports. sohu. com/20120820/n351073565. shtml，2012 年 8 月 20 日。

《中共湖南省委湖南省人民政府关于加强我省青少年体育增强青少年体质的实施意见》，湖南省政府网，http：//jyt. hunan. gov. cn/sjyt/

xxgk/tzgg/201701/t20170120_ 3946521. html,2008 年 6 月 24 日。

邹硕:《教育部:利用网络平台,"停课不停学"》,中国日报网,http://cn. chinadaily. com. cn/a/202001/29/WS5e317e41a3107bb6b579c28b. html,2020 年 1 月 29 日。

《人民日报:申诉全败要弄清玩法 话语权很重要》,光明网,https://topics. gmw. cn/2012-08/13/content_ 4775936. htm,2012 年 8 月 13 日。

(七) 中文报纸

慈鑫:《学生体质测试数据成了"造假重灾区"》,《中国青年报》2014 年 11 月 24 日第 4 版。

梁凯音:《国际话语权:文化强国的必然要求》,《中国教育报》2011 年 12 月 6 日第 11 版。

林剑:《用好学校"话语权"》,《中国体育报》2019 年 5 月 21 日第 6 版。

《体育老师怎么不能当班主任?》,《中国青年报》2020 年 10 月 17 日第 5 版。

杨飒:《从奥运会到体育课:以运动作为育人载体》,《光明日报》2021 年 8 月 10 日第 13 版。

张玮:《评邵斌改判门,中国体育需要话语权》,《解放日报》2011 年 3 月 29 日第 11 版。

二 英文学术文献

(一) 英文著作

Bourdieu Pierre, *Language and Symbolic Power*, Cambridge: Harvard University Press, 1991.

Caldwell, David, et al., "Discourse, Linguistics, Sport and the Academy", in David Caldwell, etc., eds., *The Discourse of Sport: Analyses from Social Linguistics*, New York: Routledge, 2016.

Foucault Michael, *The History of Sexuality*, trans BY Robert Hurley, New York: Vintage Books, 1990.

Hunter L., "Research Into Elementary Physical Education Programs", in D. Kirk, D. Macdonald and M. O'Sullivan, eds., *The Handbook of Physical Education*, London: Sage Publication, 2006.

KhosraviNik Y., Kopytowska M. W., "Why Discourse Matters: Negotiating Identity in the Mediatized World", New York: Peter Lang, 2014.

Murray Stuart, *Sports Diplomacy: Origins, Theory and Practice*, Abingdon: Routledge, 2018.

Merkel Udo, "Sports as a Foreign Policy and Diplomatic Tool", in Alan Bairner, etc, eds., *Routledge Handbook of Sport and Politics*, Abingdon: Routledge, Sage Rublications, 2016.

Nye, Joseph S., *Soft Power: The Means To Success in World Politics*, Public affairs, 2004.

Stroot, S. A., Ko, B., "Inducation of Beginning Physical Educators into the School setting", in D. Kirk, D. Macdonald and M. O'Sullivan, eds., *The Handbook of Physical Education*, London: Sage Publications, 2006.

Tony Schirato, *Sports Discourse*, London: Bloomsbury, 2013.

(二) 英文期刊

Adams A. and Harris K., "Making Sense of the Lack of Evidence Discourse, Power and Knowledge in the Field of Sport for Development", *International Journal of Public Sector Management*, Vol. 27, No. 2, 2014.

Anna H., "Power of Discourse or Discourse of the Powerful?: The Reconstruction of Global Childhood Norms in the Drafting of the UN Convention on the Rights of the Child", *Journal of Language and Politics*, Vol. 10, No. 1, 2011.

Atton C., "Far-Right Media on the Internet: Culture, Discourse and Power", *New Media & Society*, Vol. 8, No. 4, 2006.

Candela A., "Students' Power in Classroom Discourse", *Linguistics & Education*, Vol. 10, No. 2, 1998.

Casey M., Mooney A., Smyth J., et al., "'Power, Regulation and Physically Active Identities': the Experiences of Rural and Regional Living Adolescent Girls", *Gender and Education*, Vol. 28, No. 1, 2016.

Cushion C. and Jones R. L., "Power, Discourse, and Symbolic Violence in Professional Youth Soccer: The Case of Albion Football Club", *Sociology of Sport Journal*, Vol. 23, No. 2, 2006.

Donna Kalmbach Phillipsa & Robert Ch Nava, Narab, "Biopower, Disciplinary Power and the Production of The 'Good Latino/a Teacher'", *Discourse: Studies in the Cultural Politics of Education*, Vol. 32, No. 1, 2011.

Gabriel Medina, Benno Pokorny and Jes Weigelt, "The Power of Discourse: Hard Lessons for Traditional Forest Communities in the Amazon", *Forest Policy and Economics*, Vol. 11, No. 5-6, 2009.

Gerdin, Göran, "It's Not Like You are Less of a Man Just Because You Don't Play Rugby'—boys' Problem Matisation of Gender During Secondary School Physical Education Lessons in New Zealand", *Sport, Education & Society*, *Vol. 22*, *No. 8*, 2017.

Gerdin, Göran A., "'Culture of Everyone Doing It' and 'Playing Games'-Discourses of Pleasure in Boys' Physical Education", *Asia-Pacific Jour-*

nal of Health, Sport and Physical Education, Vol. 7, No. 1, 2016.

Gupta, Amit, "The Globalization of Sports, the Rise of Non – Western Nations, and the Impact on International Sporting Events", *The International of the History of Sport*, Vol. 26, No. 12, 2009.

Irwin B. and Hramiak A., "A Discourse Analysis of Trainee Teacher Identity in Online Discussion Forums", *Technology Pedagogy & Education*, Vol. 19, No. 3, 2010.

Johns D. P. and Johns J. S., "Surveillance, Subjectivism and Technologies of Power: An Analysis of the Discursive Practice of High – Performance Sport", *International Review for the Sociology of Sport*, Vol. 35, No. 2, 2000.

Johns and David P., "Changing the Hong Kong Physical Education Curriculum: A Post – Structural Case Study", *Journal of Educational Change*, *Vol. 4*, *No. 4*, 2003.

Jonathan, J., B., et al., "The Unfulfillable Promise of Meritocracy: Three Lessons and Their Implications for Justice in Education", *Social Justice Research*, Vol. 29, No. 1, 2016.

Lillqvist E., Louhiala – Salminen L. and Kankaanranta A., "Power relations in Social Media Discourse: Dialogization and Monologization on Corporate Facebook Pages", *Discourse Context & Media*, 2016, 12.

Loes de Jong, Jacobiene Meirink and Wilfried Admiraal, "School – Based Teacher Collaboration: Different Learning Opportunities Across Various Contexts", *Teaching and Teacher Education*, 2019.

Monkman K. and Hoffman L., "Girls' Education: The Power of Policy Discourse", *Theory and Research in Education*, Vol. 11, No. 1, 2013.

Neden J., "Reflexivity Dialogues: An Inquiry into How Reflexivity is Constructed in Family Therapy Education", *University of Northumbria at Newcastle (United Kingdom)*, 2012.

Nonomura T., "A Woman's Discourse on 'Mother' and 'Education' in Antebellum America: Lydia Huntley Sigourney, Letters to Mothers, 1834", *Research Bulletin*, 1998.

Webb, Louisa A., Doune Macdonald, "Techniques of Power in Physical Education and the Under - representation of Women in Leadership", *Journal of Teaching in Physical Education*, Vol. 26, No. 3, 2007.

(三) 报告

Clyde Binfield and John Stevenson, "Introduction", in Clyde Binfield, John Stevenson, *Sport, Culture and Politics*, Sheffield Academic Press, 1993.

Rofe, J. Simon, "Introduction: Establishing the Field of Play", *Sport Diplomacy: Games Within Games*, Manchester: Manchester University Press, 2018.

后 记

　　萌发对学校体育话语权的研究始于博士学位论文选题阶段。学者们一直关注学校体育的发展，致力于维护学校体育权益。如何维护学校体育权益是非常值得研究的问题。近些年来，学者们普遍认为通过提升话语权可以有效维护并实现利益诉求，随着话语权研究的深入和细化，关于"体育话语权"的研究不断涌现，学者们更多地关注如何在国际体育赛事和国际体育组织中提升体育话语权以维护国家的体育权益，各种关于"体育话语权""体育国际话语权""竞技体育话语权"的研究层出不穷，但是从话语权的视角来研究学校体育的成果少之又少，个别学者研究了学校体育话语权的现实问题，但是相关理论研究极为少见，关于"学校体育话语权"的概念更是空白。依据话语权力理论，提升学校体育话语权有助于维护学校体育权益，提高学校体育的发展水平，提升学校体育的地位，进而推动学校体育的发展。鉴于此，本人选择进行学校体育话语权的研究。首先，从概念界定出发，解析学校体育话语权的概念和要素；其次，通过调查我国学校体育话语权的现实状况，发现存在的问题并剖析原因；最后提出我国学校体育话语权的提升策略。期望通过本书，尽可能地为提升学校体育话语权贡献自己的微薄之力。

关于中国学校体育话语权的研究涉及概念界定、内容创新等现实问题，需要运用多学科的知识和原理，这就要求作者具备管理学、教育学、体育学、传播学等多学科背景，但囿于本人的知识结构和理论水平等限制，研究难免存在疏漏和不足之处，恳请专家、学者和同仁们不吝赐教。

在本书的写作过程中，我的博士生导师王健教授不仅提出了宝贵的意见和建议，还鼓励我不畏困难、努力前行。感谢广西师范大学谢翔教授、河南大学杨军教授、中国地质大学杨汉教授、郑州大学赵子建教授、湖北大学张春合教授和陕西师范大学万炳军教授，在百忙之中参与讨论，并提出修改意见。感谢陕西师范大学史兵教授、杨小帆教授给予的帮助。感谢王家大院师门的各位师兄、师姐、师弟和师妹们，尤其是董国永、凌晨、翟寅飞、刘珍、许熠哲、汪全先、王先茂、饶林峰、刘欣然、何毅、李乐虎等，他们的陪伴和支持给予我坚持下去的动力。

此外，本书在写作过程中，参考借鉴了国内外专家学者大量的研究成果和文献资料，书中已一一注明，如有疏忽，还请海涵。在此，对于各位给予的启发和帮助表示诚挚的敬意和衷心的感谢！

2023 年 10 月 30 日